《北京市青年宫志》编委会　编著

北京市青年宫志

（1995—2015）

北京联合出版公司
Beijing United Publishing Co.,Ltd.

图书在版编目（CIP）数据

北京市青年宫志 /《北京市青年宫志》编委会编著 . -- 北京：北京联合出版公司，
2016.5

ISBN 978-7-5502-7802-8

Ⅰ . ①北… Ⅱ . ①北… Ⅲ . ①青年宫—概况—北京市 Ⅳ . ① G249.271

中国版本图书馆 CIP 数据核字 (2016) 第 112800 号

北京市青年宫志
（1995 — 2015）

编　　著：《北京市青年宫志》编委会
责任编辑：赵晓秋　方　理
版式设计：宋微微

北京联合出版公司出版
（北京市西城区德外大街 83 号楼 9 层　100088）
北京山华苑印刷有限责任公司印刷　　新华书店经销
字数 34 千字　787mm×1092mm　1/16　21.75 印张
2016 年 5 月第 1 版　2016 年 5 月第 1 次印刷
ISBN 978-7-5502-7802-8
定价：128.00 元

▲ 1986 年，北京市青年宫选址建设工作全面展开

▲ 1988 年 5 月 4 日，市有关领导出席了北京市青年宫奠基仪式

▲ 北京市青年宫奠基仪式上，领导与工作人员合影

▲ 北京市青年宫建设期间施工现场

▲ 1995 年 10 月，领导同志为青年宫落成仪式剪彩

▲ 在青年宫落成仪式上，原北京市委副书记陈广文讲话

▲ 在青年宫落成仪式上，原团市委书记姚望讲话

▲ 北京市青年宫主任冯松青主持落成仪式

▲ 大运会火炬在西藏传递

▲ 2001年，北京市青年宫参与承办了第21届世界大学生运动会全国火炬传递工作。出发仪式上，国务院副总理李岚清点燃了大运会火炬

▲ 2005年，北京市青年宫承办了"中国青少年社会教育论坛——娱乐与青少年成长论坛"的"娱乐经济"、"网络娱乐"、"运动娱乐"分论坛

▲ 娱乐经济分论坛

▲ 北京市青年宫开业十周年庆典

▲ 2008奥林匹克青年营营外活动参观故宫

▲ 2008奥林匹克青年营营外活动参观梅兰芳大剧院

▲ 青少年绘画作品装饰奥运村

▲ 北京市青年宫参与国庆60周年制证工作

▲ 受国庆指挥部委托，为国庆60周年游园活动拍照

▲ APEC 活动前期召开工作现场会

▲ 北京市青年宫参与 APEC 活动的部分工作人员合影

▲ 北京市青年宫参与的 2014 年 APEC 会议欢迎晚会圆满结束

▲ 北京市青年宫参与 2015 北京国际田联世界田径锦标赛工作人员合影

▲ 青年宫主任冯松青检查组织工作

▲ 2015 年，北京市心理志愿者服务总队成立

▲ 参加北京市心理志愿者服务总队成立仪式的全体人员合影

▲ 大学生就业压力管理论坛

▲ 参观新疆和田县木雕创业项目

▲ 青年创业大讲堂

▲ 青年创业论坛

▲ 校园双选会

▲ "北京七日"摄影大赛开办的摄影讲座

▲ "北京七日"摄影大赛颁奖

▲ 北京青年艺术节新青年文化艺术体验营

▲ 2014北京青年艺术节歌剧经典音乐会

▲ 第三届北京青年艺术节K歌大赛颁奖

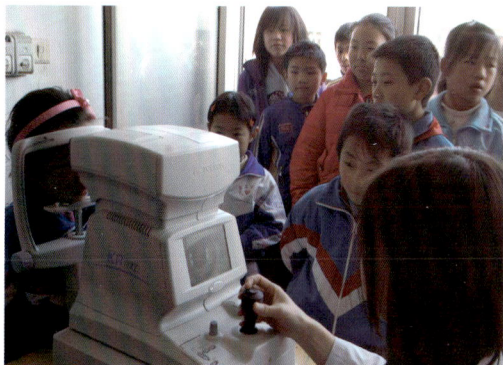

▲ "关爱眼部健康，减缓近视发展"青少年用眼卫生系列公益活动免费为学生检测视力

▲ 绘画大赛优秀作品展

▲ 北京家庭才艺大赛

▲ "梦圆五月 情定北京"集体婚礼上，新人们放飞心愿卡

▲ "爱在北京城 情定园博园"绿色公益集体婚礼

▲ 大型交友联谊活动

▲ 交友联谊俱乐部活动

▲ 在"阳光下成长——少年强中国强"情景音乐会

▲ 北京青年艺术团赴韩国演出

▲ 北京青年艺术团慰问演出

▲ 团市委书记常宇出席青少年公益电影节闭幕式

▲ 第十届北京青少年公益电影节开幕式上，少年儿童为艺术家、专家代表敬献佩戴红领巾

▲ 北京青少年公益电影节校园展映评选活动中同学们积极投票

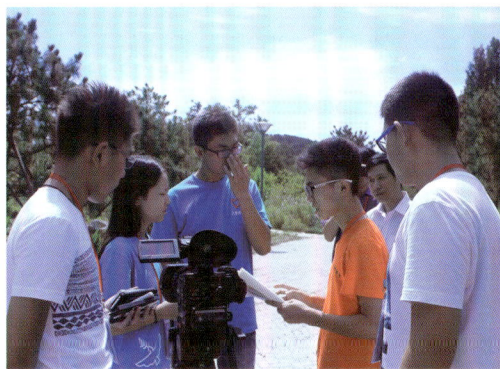

▲ 酷拍挑战营拍摄现场

▲ 百场电影进工地启动仪式

▲ 建设者观看电影《天河》

▲ 电影快车开进社区青年汇

▲ 电影快车开进福利院

▲ 北京青年剧场开幕仪式暨演出季发布会

▲ 青少年生态环境大学堂

▲ 影星刘德华到青年宫参加电影首映式

▲ 影星施瓦辛格到青年宫参加活动

▲ 2008 年北京青年公益音乐会

▲ 2012 年北京青年公益音乐会

▲ 声乐专场音乐会

▲ 学员音乐会

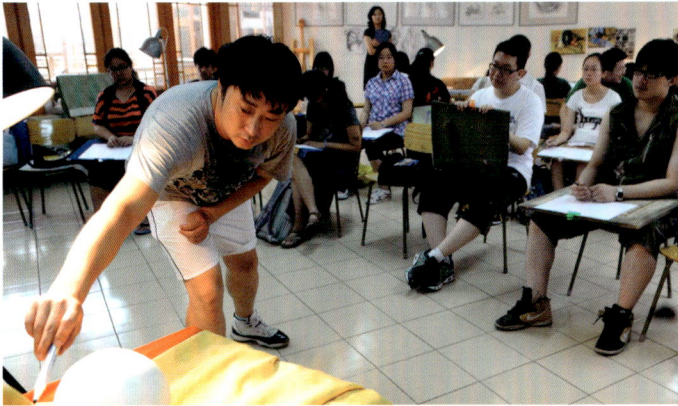

▲ 素描培训班

▲ 青年宫中老年钢琴活动

▲ "六一"健康杯乒乓球赛

▲ 2010北京青年台球个人挑战赛

▲ 台球俱乐部会员赛

▲ 助残日活动中帮助残疾朋友练习台球

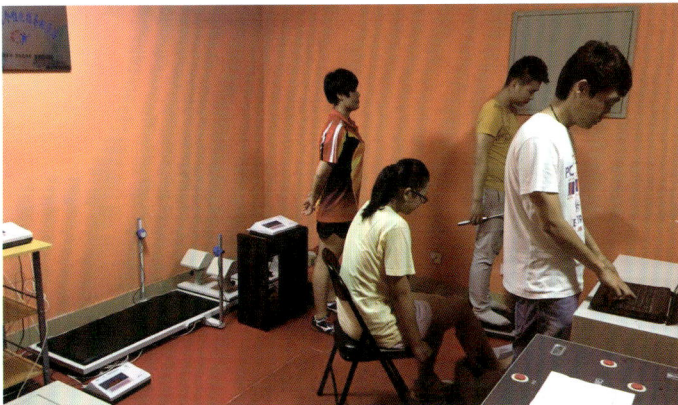

▲ 体测室免费为百姓进行体能测试

▲ 游泳馆日常教学

▲ 2014 年攀岩比赛颁奖

▲ 攀岩比赛中

▲ 全民健身太极拳

▲ 羽毛球训练

▲ 健身馆

▲ 员工拓展训练

▲ 青年宫开展理论学习

▲ 长走健身活动

▲ 2015北京青年梦想舞台"红色骑迹·北京抗战遗迹探访活动"

▲ 青年美术馆庆"五四"笔会活动

北京市青年宫开业二十周年公益音乐会

▲ 领导观看展览

▲ 领导观看展览

▲ 领导观看展览

▲ 领导观看音乐会

▲ 领导观看音乐会

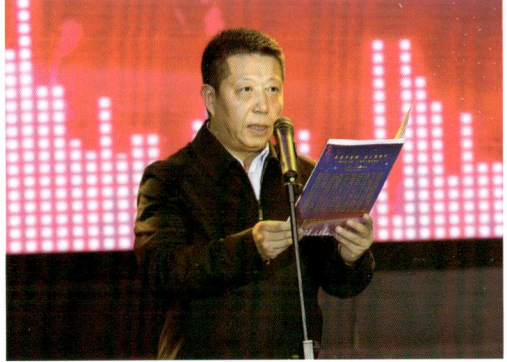

▲ 中国青少年宫协会会长许华平宣读贺信

▲ 共青团北京市委员会副书记郭文杰致辞

▲ 北京市青年宫主任冯松青致辞

▲ 1800 个魔方拼图装点青年宫

▲ 电影夏令营小营员表演歌舞

▲ 青年宫学员古筝齐奏

▲ 著名导演翟俊杰接受采访

▲ 西藏中学学生表演舞蹈

▲ 著名书法家淳一向青年宫赠送墨宝

▲ 西城区残联向青年宫献锦旗

▲ 老琴童表演钢琴四手联弹

▲ 青年宫员工小合唱

▲ 创业导师与青年真情对话

▲ 歌舞《共筑中国梦》

▲ 合影

▲ 青年宫全家福

▲ 领导班子合影

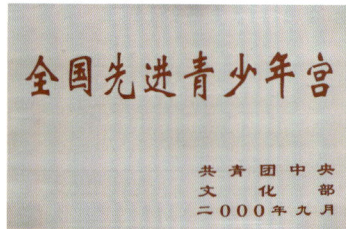

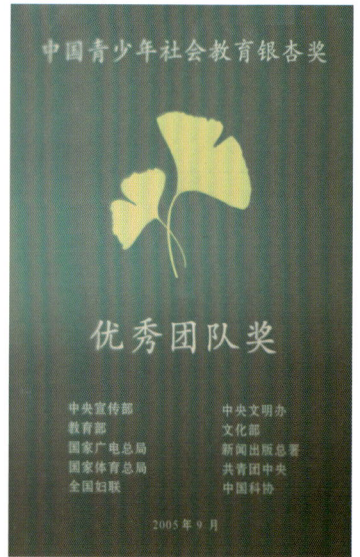

凡 例

一、本志书在撰写过程中，坚持以马列主义、毛泽东思想和邓小平理论为指导，以"三个代表"重要思想和科学发展观为统领；坚持辩证唯物主义和历史唯物主义的思想方法，遵循实事求是、详实简明的原则，尽力突出了志书"存史、资政、育人"的功能。同时，为了跟上时代发展步伐，使本志书起到激励后人为"实现中华民族伟大复兴的中国梦"做贡献的作用，在撰写过程中，尽力将所有原始资料进行了详细分析，力求准确、详实地记录下北京市青年宫20年的发展历程，为后人学习和工作提供参考。

二、本志书按序言、前言、概述、正文顺序排列。概述统领全书各章之内容，位列凡例、序言、前言之后。概述独立成章，高度概括本书之内容，但在结构上与各章并行。本志书采用概述—章—节、各节中再分一级、二级标题或更多层级标题的框架结构和横排纵写（各章内容横向排列、每章内容按时间顺序纵向叙述）的方法撰写，以增强本志书的整体性和系统性，便于后人查看。

三、本志书依据该详则详，该简则简的原则，实事求是地叙述了北京市青年宫1995年至2015年20年间所走过的历程，为后人了解北京市青年宫20年的发展状况，提供了详实的资料。

四、为了做到内容尽量详实、直观，本志书以文为主，并辅以图、表作为补充说明。同时在正文之前插入彩照，力求直观地反映北京市青年宫20年间的发展变化。

五、本志书在记述过程中一律采用公元纪年。

六、本志书撰写材料来源于北京市青年宫档案室和青年宫各部室。在本志书撰写的过程中，对材料进行了详细的分析和编排，力求如实地反映20年来北京市青年宫发展的历史脉络与现状。

七、本志书主要采用以类系事、以事系人、分类记述、序列章节的方法进行编写，并在记述过程中突出了执简驭繁、详今略古、生不立传的原则。同时在以类系事、以事系人的记述中，对各个时段的情况，均以年代为标记。

八、本志书写作文体为语文体，直陈事实，不做评述，寓观点于具体事件的记述之中，让后人在查阅本志书时，自己体会出"存史、资政、育人"之功能，并从中受到教育和启发。

编　者

2016 年 1 月

序　言

载史修志，志叙春秋。当《北京市青年宫志》这份宝贵的史料置于案头的时候，我相信无论是对北京市青年宫寄托希望、付出心血的各级领导、团干部，还是挥洒青春汗水、坚守工作岗位的青年宫人，都会为之心潮澎湃。因为细心研读，见微知著，不仅可以从中感知青年宫发展历史，感受廿载世事沧桑，还可以从青年宫发展的轨迹中看到青年向前跨跃的矫健步伐，听到时代进步的厚重足音。本志既是留给每位青年宫人的珍贵史料，也是献给每位关心青年事业、关爱青年宫成长的同仁的一份特殊礼物。

1995 年 12 月 8 日，在市委、市政府的亲切关怀下，凝聚着几代团干部期盼和夙愿的北京市青年宫正式落成开业。

回首二十年，青年宫为我们展现出一幅奋进成长、发展壮大的画卷，为我们带来了喜悦与希冀。目前青年宫已成为面向首都、推进青少年公益事业发展的重要阵地，成为加强青少年思想道德教育、弘扬传统文化精髓、在多样化文化环境中唱响主旋律的动力源泉。值此落成开业二十年之际，我代表共青团北京市委员会对青年宫取得的出色成绩表示热烈祝贺！向辛勤工作在青少年文化建设一线的青年宫全体干部职工表示亲切慰问！向二十年来积极关注、热心支持青年宫建设发展及首都青少年事业发展的社会各界表示衷心感谢！

二十年来，在历届团市委领导的倾情关注和大力支持下，青年宫领导班子带领全体干部职工认真贯彻市委、市政府指示精神，以"坚持公益，服务青年"为宗旨，牢牢把握时代主题，积极捕捉文化热点，埋头建设，深化改革，加速发展，大力加强服务项目建设，用青少年熟悉的语言、喜闻乐见的形式，开展了多层次、多样化、经常性的学习、文化、娱乐、健身、交流活动，为促进首都青少年事业健康持续发展发挥了积极作用。

　　二十年沉淀积累，在迎来青年宫又一个新纪元之际，青年宫已蓄势待发，展现出美好的前景。当前，加快推进改革发展，不断满足广大青少年日益增长的文化生活需求的任务十分艰巨。直面挑战，抓住机遇，奋勇前进，这是青年宫人的不懈追求和自觉行动。希望青年宫励精图治、开拓进取，始终坚持先进文化的前进方向，始终坚持把公益服务放在第一位，紧紧抓住当前青少年事业发展和改革的契机，积极构建适应社会的管理运营机制，整合各方资源，不断发展和培育文化精品，努力打造成为具有竞争能力的、现代化的青少年文化活动阵地，为首都青少年文化事业的繁荣发展贡献力量。

　　预祝北京市青年宫开创更加美好的未来！

共青团北京市委员会书记　常　宇

2015 年 12 月

前　言

　　北京市青年宫是共青团北京市委员会下属的以青年为主要服务对象的综合性文化活动场所。从 1995 年 12 月 8 日开业至今已走过了 20 个年头。

　　20 年来，北京市青年宫在团市委的正确领导和全体青年宫人的辛勤努力下，始终以"坚持公益，服务青年"为宗旨，紧紧围绕首都发展和青年需求，牢牢把握青少年的时代主题，积极捕捉青少年的文化热点，为促进首都青少年文化事业的健康发展发挥了团属阵地的作用，成为了北京青年的青春地标。

　　20 年的激情岁月，20 年的风雨阳光。当我们重新梳理发展轨迹时，会惊喜地发现那属于北青宫特有的青春刻度，已经在我们心中留下了永久的回味……

　　20 年来我们成功参与和承接的重大文化活动，让我们在社会上收获了不小的知名度。我们曾行程两万余公里，把第 21 届世界大学生运动会的火炬传遍了全中国的 200 多所高校；我们曾开奥运会之先河，让普通少儿绘画作品装点了 2008 年北京奥运会每一个运动员、官员的房间；我们曾在国际青年营接待来自世界五大洲的青少年朋友，和他们度过了难忘的时光；我们也曾在国庆六十周年联欢晚会的运行保障、APEC 会议的迎宾表演、世界田径锦标赛的开闭幕式中付出了辛勤的心血和汗水。

　　20 年来我们开展的丰富多彩的文化活动，像一张张青春名片散发着青春的气息和能量。艺术欣赏会、诗歌朗诵会、新年音乐会、青年艺术节、体育节、公益电影节和各类夏令营、冬令营活动，给人们带来了巨大的欢乐与享受；绘画大赛、书法大赛、七日摄影大赛、家庭才艺大赛、卡拉 OK 大赛、放飞风筝比赛、街舞擂台赛、台球对抗赛、攀岩挑战赛等比赛活动，给人们带来了青春的激情与活力。

　　20 年来，我们不断购买政府服务项目，精心打造五大公益品牌，始终与青年为伴，与公益同行，让青少年在成长的道路上找到了家的感觉；我们一次次举办心理减压活动、引导人们健康成长、快乐工作；我们一次次开展就业创业服务，为青年创业人才打开走向社会、进入职场的大门；我们举办的交友联谊，为单身青年找到了幸福的伴侣；我们一次次举办爱眼护眼讲座和其他活动，助力中小学生珍惜眼睛，健康成长；我们举办的公益电影快车活动，将电影送进工地、学校和社区青年汇，赢得了社会的好评。

20年来，我们在一手抓文化活动和公益服务的同时，另一手抓文化经营，根据市场变化和青年需求，推出了深受青年喜爱的文化经营项目，形成了影视演出、艺术培训、康体健身、活动运营等四大经营活动板块。青年人可以在这四大板块里观看大片、欣赏大戏、尽情K歌、尽展舞姿；可以游泳打球、体能训练；可以学有所长、掌握技艺；还可以寻找工作、接受咨询。

20年来，我们以"青春的舞台，百姓的家园"为目标，将触角伸向各类群体，让尽可能多的人得到实惠。我们为残疾青年安排社会实践岗位，组织文体比赛；我们为打工子弟配好眼镜，送去电影；我们为地震灾区孤儿送去"太阳花"项目，让他们体会到了爱的温暖；我们成立的"中老年钢琴俱乐部"，让数千名老琴童享受了晚年的欢乐；我们举办的"和爸爸妈妈一起看电影"活动，拉近了家长和孩子的距离；我们开展的"大手拉小手"活动，则让老人和孩子成为了忘年交。

20年来，我们狠抓班子建设、队伍建设和制度建设，在实践中严抓管理，敢于创新，逐步形成了具有青年宫特色、适合企业特点的双轨制运行模式和以公益服务为主体，以文化活动和文化经营为两翼的运营格局，形成了一支能打硬仗、朝气蓬勃、团结实干的青年宫队伍。企业实力不断壮大，企业运营平稳健康。先后获得了中宣部、团中央、文化部等单位颁发的中国青少年社会教育最高奖项"银杏奖"和"全国先进青少年宫"称号，还获得了团市委颁发的"五四奖状"。

在北京市青年宫开业20周年的历史性节点上，我有幸作为其中的一员，亲历了北京市青年宫从建设到开业，从初创到发展的全过程，见证了青年宫人以开拓进取、默默奉献的精神燃烧青春、践行梦想，把北京市青年宫打造成为服务青年之家、素质提升之地、青春欢聚之园、时尚文化之窗的整个历史过程。

这 20 年是一段令人难忘的历史。虽然它在岁月的长河里只是一瞬间，但它却是企业从新生到青春期的重要成长阶段。我们编写这部《北京市青年宫志》就是在回味我们值得骄傲的青春日志，重温我们共同走过的闪光足迹，唱响我们为之奋斗的青春之歌。

《北京市青年宫志》带给我们的不仅仅是回首往昔时的欣慰与感慨，更重要的是启迪我们展望未来时的自信与坚定。我由衷地希望大家在新的元年直面挑战，励精图治，改革创新，再创辉煌！愿北京市青年宫就像北京市青年宫宫徽上的那只雄鹰一样，迎着朝阳，展翅翱翔！

最后，在《北京市青年宫志》出版之际，我向所有关心支持和参与编纂工作的人员、专家朋友和在此工作过的每一个青年宫人表示真诚的感谢！

北京市青年宫主任 冯松青

2016 年 1 月

目　录

第一编　工　作

第二编　活　动

第三编 大事记

第四编 附 录

概　述

自 1985 年开始筹备建设工作，历经 10 年建设，其间克服了停缓建、资金不足等困难，在市领导的亲切关怀、社会各界的大力支持和青年宫人不懈的努力工作下，崭新的、现代化的北京市青年宫于 1995 年 10 月落成，12 月 8 日正式对外开放。

在 20 年的发展历程中，北京市青年宫十分注重企业文化建设工作。围绕"坚持公益，服务青年"的企业宗旨，确立了将青年宫办成"服务青年之家、素质提升之地、青春欢聚之园、时尚文化之窗"的企业发展目标，形成了"朝气蓬勃、锐意进取"的企业精神，树立了"以服务关爱青年、以活动吸引青年、以品牌影响青年、以环境留住青年"的全新理念，并提出了"学习、创新、团结、奉献"的企业行为准则。

北京市青年宫自开业以来，不断地加快发展步伐，承接了大量的国家级大型文化活动，均获得了圆满成功，得到市领导及各有关部门的高度信任和肯定。北京市青年宫通过参与组织大型活动，也扩大了社会影响力，树立了良好的社会形象，同时也锻炼了员工队伍。

2001 年，在团市委的指导下，北京市青年宫成功组织了第 21 届世界大学生运动会火种采集和全国火炬传递活动。

2008 年，北京市青年宫在奥运会、残奥会期间，积极承接了"2008 北京奥林匹克青年营"营外参观考察活动和志愿者、工作人员信息上报、证件制作发放等一系列工作。同时，青年宫还和组委会签约将 30000 幅儿童画装饰在每一个运动员、官员和媒体记者的房间。

2009 年，北京市青年宫参与了首都国庆 60 周年联欢晚会指挥部证件组工作，受指挥部委托组织历届摄影大赛获奖人员为国庆 60 周年游园活动拍照，为国庆 60 年游园活动留存了大量资料。

2014 年，在 APEC 会议期间，北京市青年宫承担了水立方欢迎活动文化统筹团队的综合保障任务，顺利完成了文化统筹团队《工作手册》的制作，导演组人员政审、信息采集及证件办理，参演团队及工作团队的吃住行等后勤保障工作，得到了市领导及活动指挥部的高度认可和赞扬。

2015 年，在北京国际田联世界田径锦标赛举办期间，北京市青年宫加入世锦赛组委会文化活动部，全面参与了开闭幕式的策划、参演团队组织、运行和后勤保障等工作。

北京市青年宫通过出色完成多次大型活动的组织及实施工作，积累了工作经验，建立了良好口碑，得到了社会广泛赞誉。

北京市青年宫成立 20 年来，以关注青年、关心青年、关爱青年为使命，以青年需求为导向，主动倾听青年心声，助力青年成长，创造了多个公益品牌项目和活动。

2006 年 8 月 8 日，北京青年压力管理服务中心（以下简称中心）正式成立。中心以"从心开始，服务青年"为宗旨，以"让心灵微笑，助社会和谐"为使命，并确定了"专业性、权威性、公益性、实用性"的中心特色。中心通过专业的心理学方法、压力管理课程及各项活动的开展，为社区、企业、学校、部队等单位提供了多项心理减压服务。

北京市青年宫创业就业办公室作为服务青年创业就业的公益部门，通过举办青年创业大讲堂、北京创业导师俱乐部、北京创业青年俱乐部、青年创业门诊巡诊、青年创业比拼、公共就业服务、双选进校园等一系列活动，为青年创业、就业提供了热心周到的服务。

2004 年 2 月，由北京市电影公司和北京市青年宫组建的"送片入校"办公室正式成立。2005 年北京市青年宫"送片入校"办公室改名为"公益电影快车"，将单一的送电影进校园拓展到把电影送到工地、社区、郊区以及福利院、监狱等特殊群体中。北京市青年宫"公益电影快车"出色地完成了十届"百场电影进工地"、十届"百场电影进社区"、第二届至第十一届"北京青少年公益电影节"及其他放映任务。

2010 年 9 月，北京市青年宫推出了北京市单身青年交友联谊项目，该项目是为满足广大单身青年的交友联谊需求而打造的极具公信力的实名婚恋交友平台。该项目通过举办大型交友活动、会员单位专场活动、北京单身青年交友联谊公益讲堂活动及俱乐部活动等内容丰富、形式多样的活动，为广大单身青年提供了相识、相知、相恋、相爱的一站式服务平台。

这些引领青年时尚、贴近青年需求的公益品牌项目，使北京市青年宫成为了服务青年的理想之所。

北京市青年宫作为团属青少年文化活动阵地，自成立以来，积极面向首都青少年，组织开展了大量丰富多彩的文化体育活动，得到了广大青少年的积极参与和社会各界的充分肯定。

20年来，北京市青年宫利用共青团资源和青年宫的平台优势，组织开展了北京青年艺术节、体育节、卡拉OK大赛、青年公益音乐会、北京家庭才艺大赛、"北京七日"摄影大赛等具有全市影响力的文化活动。

同时，北京市青年宫紧紧抓住青少年成长成才需求，在影视、绘画等方面开展了大量富有特色的文化活动。北京青少年公益电影节，已经举办至第十一届，已成为具有全国影响力、深受青少年喜爱的大型电影文化活动；青少年绘画比赛，源于奥运，每年都会有众多青少年参与；青少年用眼卫生系列活动，已经成为全市青少年爱眼、护眼品牌性活动。

北京市青年宫还围绕全民健身的要求，组织开展了北京青年攀岩挑战赛、残疾人乒乓球比赛、青年台球比赛等大量富有特色且深受青年人喜爱的活动。其中，北京青年攀岩挑战赛因其时尚性、挑战性深受广大青年，特别是在校大学生的喜爱。

北京市青年宫多年来组织开展的各类文体活动为青少年朋友及广大市民架起了展示才艺、收获关爱、实现梦想的公益之桥。

北京市青年宫作为一家差额拨款事业单位，积极发挥精神文明建设阵地作用，立足自身优势创设了一批具有鲜明特色的经营项目。通过青年宫人的悉心经营，不仅清还了前期建设贷款，弥补了运转经费不足，还成为了支持青年宫实现可持续发展的经济基础。

回顾北京市青年宫20年来经营业务发展历程，大体经历了以下几个阶段：

经营项目的创设及经营业务的起步阶段。这一阶段的时间跨度为1996年至1999年。这一阶段的工作主要集中在：市场调研与经营项目创设、强化经营意识、开拓营销渠道、建立市场化的经营模式等方面。

经营业务的发展阶段。这一阶段从2000年至2007年。这一阶段工作的重点主要集中在：健全经营运转机制；探索"双轨制"经营模式；拓宽服务经营领域，提升创收水平等方面。

经营品牌的塑造阶段。这一阶段为2008年至2012年。这一阶段经营工作的重点主要放在了经营品牌的塑造上。各经营部门按照青年宫主任办公会议要求，在强化经营业务的品牌意识、拓展品牌传播渠道、建立品牌营销策略、完善品牌体系化建设、提升品牌的知名度和美誉度等方面，开展了大量卓有成效的工作。在经营业绩逐年递增的同时，凭借多个公益品牌项目直接服务青少年，进一步加大支持公益项目的力度。

经营业务的拓展与经营品质的提升阶段。自2012年至今，北京市青年宫经营业务始终坚持在开拓文化服务领域、扩大市场覆盖面、提升服务品质、强化自身软实力、整合内部资源、增强市场竞争力等方面倾心助力。工作抓手主要有：信息化、资源整合与挖潜、文化市场与新项目的调研及惠民等。这一阶段各经营部门积极探索、大胆尝试、不断整合优化资源配置，提升了专业化和个性化服务能力，同时借助公益文化平台和新媒体平台扩大影响力。

开业20年来，青年宫党委坚持以制度建设促队伍建设，各基层党支部也紧紧围绕党委的中心工作，坚持开展多种形式的政策理论学习及主题党日活动，严格做好党员教育培训及党员发展工作，制定并严格实施党员行为规范，常年开展党员联系群众活动和主动为一线送服务活动，以此推动青年宫党团队伍建设，多次获得北京市和团市委的表彰。与此同时，青年宫工会充分调动全体员工的积极性，在20年的工作实践中，通过举办各种形式的工会活动，丰富了职工生活，提高了单位的凝聚力。

同时，北京市青年宫在服务职能、管理模式、企划运行、队伍建设诸多方面狠抓企业管理和制度建设，努力探索并建立了科学规范、运行高效、保障有力的现代企业管理运行机制，初步形成了以制度立宫、按制度办事、靠制度管理的良好局面，有力地推动了全宫工作的持续协调健康发展。

综上所述，20年风雨历程，北京市青年宫经历了从无到有，从最初的开业调整，到中期的平稳推进，再到后期的持续快速发展的阶段。北京市青年宫通过不间断的探索与实践，已经建立起了一套较为完备的经营体系和运营机制，为广大青少年服务的综合实力不断提高。

第一编　工　作

第一章　　北京市青年宫筹建工作回顾

1984年成立了中日友好交流中心，即"首都青年活动中心"，后经市编办批准，更名为"北京市青年宫筹备组"。"北京市青年宫筹备组"开始设立时为财政补贴事业单位。

"北京市青年宫筹备组"成立以后，1986年由市计委批复立项的总投资为5000万元的北京市青年宫选址建设工作正式拉开帷幕，其中2500万元用于拆迁，资金来源由市财政和中央财政共同解决。同年经市领导同意，市规划局批准，将北京市青年宫的新址选在西城区官园公园。青年宫的新址占地面积为9300平方米，设计范围面积为37000平方米，搬迁了三个单位及居民大院。同期，全市团组织在团市委的号召下开展了为建设青年宫捐款捐物活动，极大地推动了青年宫的建设工作。

1988年，市规划局及首都规划委员会正式批准北京建筑设计院设计的北京市青年宫的建筑设计蓝图。在设计的蓝图中，建筑面积为20750平方米，分为地上五层，地下两层。同年市规划局、市建委分别批复了《建设规划许可证》和《开工证》，标志着北京市青年宫可以正式开工建设。5月4日，北京市青年宫举办开工奠基仪式，负责北京市青年宫的建筑施工单位是北京建工集团第二建筑公司，市有关领导参加了奠基仪式。11月，国家计委确定北京市青年宫为停缓建项目，12月市计委下达《停缓建项目合理部位的通知书》。1989年年底，项目到达合理部位 ±0 后正式停工。

1992年3月底，市计委下达《关于北京市青年宫恢复建设的通知》，至此北京市青年宫项目开始复工。同年底北京市青年宫主体结构施工完成，封顶后又由于资金短缺而再次面临停工危险。同年底，团市委对北京市青年宫筹备组机构进行了调整。

1993年初，市编办批复同意"北京市青年宫筹备组"单位更名为"北京市青年宫"。

为便于市场化运作，解决北京市青年宫建设资金问题，同年团市委批准将北京市青年宫划入北京青年实业集团。4月在市工商局注册了新企业"北京青年宫"。为加快北京市青年宫的建设，采取了市场化合资合作的方式，但是未能成功。之后，北京市青年宫建设主要通过贷款、青年宫东小楼规划项目市场化运作等方式筹集资金。

1994年，北京市青年宫取得房产证和土地证。

1995年8月，市编办批准了北京市青年宫人员编制，并批准北京市青年宫为差额拨款事业单位。10月北京市青年宫建设工程竣工，建筑面积21726平方米，总投资约1.2亿（包括拆迁费）。10月26日举行北京市青年宫落成仪式。市委、团中央的有关领导及团市委的部分老领导和时任领导出席了落成仪式。12月8日北京市青年宫正式开业。

2004年经团市委批准，北京市青年宫脱离北京青年实业集团，变成具有独立法人资格的差额拨款事业单位。

第二章　北京市青年宫党委工作

第一节　党总支工作

1996 年 2 月 15 日，经北京青年实业集团党委审批并上报团市委机关党委批准，北京市青年宫党总支正式成立。同年，北京市青年宫按批复召开党员大会，宣布北京市青年宫党总支成立，并选举产生青年宫党总支组织机构。当年选举结果是：

北京市青年宫党总支书记：冯松青

北京市青年宫党总支副书记：高世英

宣传委员：苑建立

组织委员：于萍

1997 年 1 月 10 日，北京市青年宫党总支召开了首批新党员发展大会。3 月底北京市青年宫党总支下发了《关于设立党群办公室机构的通知》，随后人事部下发了《关于调整党群办职能的通知》。6 月，青年宫党群办开始了正常、系统的党务工作。

1998 年，北京市青年宫党总支、基层党支部进行了第二次组织机构改选工作，这项工作使北京市青年宫的党务工作做到了有章可循，达到了制度化、规范化程度。1998 年北京市青年宫党总支组成人员是：

党总支书记：冯松青

党总支副书记：高世英

组织委员：于萍

宣传委员：孙维明

青年委员：韩钢

1999 年 7 月，根据北京市青年宫发展及精简机构的要求，取消党群办公室的机构设置。

2002 年初，北京市青年宫党总支召开新党员发展大会。年中，为了进一步深化青年宫党总支发起的《加强党员党性教育和党风廉政建设教育活动的意见的通知》精神，各支部制定了党员干部和支部工作准则及行为规范，使基层组织建设、作风建设得到了有效改进，提高了党员的党性原则。

第二节　北京市青年宫党委成立

2003 年 10 月，根据《党章》规定，北京市青年宫党总支任期已满。经党总支决定，成立北京市青年宫党委选举筹备小组，党委选举筹备小组产生以后，向上级党委提出了成立北京市青年宫党委的申请。经报送上级党委机关批准后，北京市青年宫党委选举筹备小组召开了全体党员大会，选举产生了第一届中国共产党北京市青年宫委员会。并推荐产生了 10 名参加团市委党代会的代表。

第三节　党委活动

北京市青年宫领导始终认识到企业的发展和各项工作的开展，都离不开党、工、团组织建设工作，党、工、团组织队伍建设是开展好青年宫各项工作的基础，因此北京市青年宫党委（党总支）始终把党、工、团组织建设、队伍建设作为工作的重中之重。

1996 年，北京市青年宫党总支开办了党课学习班，学习《党章》和党在新时期的路线方针政策，提高了党员的整体素质。各支部也定期组织召开党员民主生活会，组织电影观摩，组织党、团员学习党报党刊，开展"认识你身边的共产党员"等活动。1996 年，北京市青年宫共有 14 名同志向党组织递交了入党申请书。

1997 年 2 月，邓小平同志逝世，北京市青年宫第一党支部、第二党支部等基层支部积极举行悼念邓小平同志座谈会。6 月，青年宫党总支邀请中共中央党史文献研究室高级研究员为全体党团员讲述邓小平同志的丰功伟绩，为全体党员、积极分子作了《如何理解建设有中国特色社会主义理论》的讲座。9 月，北京市青年宫党总支组织全体党员观看了党的第十五次代表大会开幕式实况。

在 1997 年的年度总结会上，北京市青年宫党总支书记提出"加快党、团员发展速度"的要求。1998 年，北京市青年宫党总支共发展 4 名新党员，党总支还采用多种学习方式，为党员培训和入党积极分子培养做了大量工作。9 月，组织全体党员赴西柏坡参观学习，激发了全体党员的革命热情。

自 1998 年开始，在每年"七一"党的生日前夕，北京市青年宫党组织都要召开总结表彰会，组织党员观看爱国影片，组织党员开展专题学习、参观等，以此加强党员的党性教育。

1999 年，正值共和国建国 50 周年之际，国际形势发生了变化，北京市青年宫党组织认真组织党团员召开了"谴责北约轰炸我驻南使馆暴行，立足本职 振兴中华"专题座谈会，组织党员参观了韩村河，召开了批判"法轮功"座谈会，开展了"三讲"学习教育活动，参观了"光辉历程——建国五十周年成就展"等，为提升北京市青年宫员工政治素质、职业道德，做出了自己的努力。

2000 年，北京市青年宫党总支通过多种方式，努力加强党团员和员工队伍的建设。组织党员认真学习了邓小平理论和江泽民提出的"三个代表"理论，在"七一"前夕，开展了"重温入党誓言，坚定共产主义信念"的座谈讨论，参加了西城区举办的党员英模事迹报告会，组织党员和群众观看了《生死抉择》《红岩魂》这两部反腐倡廉教育片。

2001 年，北京市青年宫党总支继续加强党员思想教育和党性修养，在组织党员认真学习邓小平理论、江泽民"三个代表"重要思想的同时，还在建党八十周年之际，由党总支副书记为全体党员讲党课；组织全体参观了建党八十周年图片展。10 月，党总支号召北京市青年宫全体员工开展为灾区人民捐款、捐物的"三个一"活动。

2002 年，北京市青年宫党总支为了不断提高党员干部队伍的整体素质，加强和改进工作作风，以实际行动迎接党的"十六大"的召开，开展了为期半年的党性和党风教育活动。活动分为调研摸底、提高认识、落实整改三个阶段。2002 年组织全体党员开展了赴井冈山参观学习、召开党员民主生活会、组织召开学习"十六大"报告座谈会、观看电影开展主题教育等多项活动。党总支书记、副书记还多次为党员和积极分子讲党课。

2003 年，北京市青年宫党总支在开展全体党员学习"三个代表"保持党员先进性的教育活动基础上，开展了加大积极分子培养、狠抓党员思想建设、加强党组织民主建设、召开新党员和积极分子座谈会等活动，并在青年宫党总支的带领下，发起了"抗非典捐款活动"，并在 7 月对青年宫在抗"非典"工作中表现出色的党员进行表彰。同月，青年宫党总支向各支部下发了关于开展以增收节支为主要内容的"三个一"活动实施方案。11 月，北京市青年宫 9 名党员代表参加了团市委系统党代会。青年宫党委书记当选为团市委机关党委委员，副书记当选为团市委机关党委纪委委员。

2004 年 3 月，党委书记主持了第一次党员大会，会上除部署全年党务工作外，还号召开展"青年宫发展之我见"征文活动。随后，青年宫党委组织全体党员和部分积极分子到狼牙山，开展了学习"三个代表"重要思想、永葆党员先进性的主题教育活动。5 月，团市委机关党委在青年宫举办"党员大课堂"活动。6 月，组织积极分子参加了团市委机关积极分子培训。2004 年北京市青年宫党委共组织了三次党课，组织了参观"西柏坡革命精神展"、"红岩魂精神展"，组织党员学习了《中共中央关于加强党的执政能力的决定》，组织党员观看了电影《张思德》等，以此加强对党员进行爱国主义和先进性教育。同时，北京市青年宫党委还积极配合团市委机关党委开展了其他工作。

2005 年，北京市青年宫党委规范了党费收缴管理工作，按照中央要求开展了以实践"三个代表"为主要内容的保持共产党员先进性教育活动，通过征求意见、开展征文、组织党员评议、进行整改交流等系列活动，提高了党员素质。青年宫各支部为配合学习教育活动，也组织开展了多项活动：第一党支部组织党员参观了警察博物馆，在烈士墙前重温入党誓言。第二、第三党支部组织党员参观了抗日战争纪念馆，开展了"缅怀先烈、以史为鉴、提高认识、增强党性"为主题的党日活动。第四党支部组织党员到北京城市规划展览馆参观，领略了北京宏伟的发展蓝图。

2006 年，北京市青年宫党委认真贯彻党中央关于开展"八荣八耻"、树立社会主义荣辱观教育的指示精神，组织党员和群众开展了一系列宣传教育活动。在"七一"前夕，北京市青年宫党委组织全体党员和积极分子参观了地道战革命遗址纪念馆，并在此地重温了入党誓词。当时恰逢长征胜利七十周年，党委还组织参观了在军事博物馆举办的"纪念红军长征胜利七十周年"展览。除此之外，党委还组织了"共产党员献爱心"捐款捐物活动，向党员发出了"珍惜资源 从我做起"的节能倡议和"加强社会主义荣辱观教育"的倡议，组织了加强党性教育报告会，这些活动促进了党员素质的提高。

2007 年，北京市青年宫党委积极响应团市委机关党委"关于深入学习'十七大'报告"的指示精神，为每位党员配备了"十七大"报告学习材料，并组织全体党员和全体中层以上干部认真学习。同时还通过召开学习座谈会、开展征文活动、举办专题学习报告会、布置宣传橱窗、开通学习网站、发行宫刊等多种宣传形式，将"十七大"精神落实到青年宫的实际工作中。

2008 年，北京成功举办第 29 届奥运会。北京市青年宫党委在积极配合市委市政府的多项安全、宣传等工作的同时，组织全体党员及中层以上干部，学习落实"科学发展观"。通过召开座谈会、举办报告会、编辑学习简报、组织参观等措施加强党员素质教育。当年北京市青年宫党委共上报团市委学习简报 9 篇。

2009 年，北京市青年宫党委加强爱国主义教育，组织了"缅怀先烈、铭记历史、立足本职、再创佳绩——我与祖国共奋进"等多项党日活动。

2010 年，北京市青年宫以建设"人文北京、科技北京、绿色北京"为主题，统筹推进基层党组织建设，扎实有效地开展了"创先争优活动"。活动内容主要是为一线提供优质服务，以此迎接青年宫党委组织的"群众心目中的好党员"和"最佳党日"评选活动。

2012年，北京市青年宫党委组织开展了赴白洋淀开展爱国教育、观看红色经典影片、召开民主生活会等一系列主题党日活动。同时还响应团市委机关党委号召，参与了与密云县贫困村、贫困户的"帮村扶户"结对子工作。

2013年，北京市青年宫党委认真学习贯彻党的"十八大"精神，积极落实中央八项规定，加强"四风"廉政建设，并以此作为主要学习内容，以实现"中国梦"为使命，部署了全宫党员"开展党的群众路线教育实践活动"的计划和措施。

2014年，北京市青年宫党委认真组织党员学习习近平总书记"关于加强党的建设"系列讲话精神，并在全体党员中开展了加强思想教育、改善领导干部作风、加强基层党组织建设系列活动。

2015年，在习近平总书记"四个全面"发展理念下，青年宫党委组织广大党员干部进行"三严三实"系列学习活动。

历届党委会组成人员及各党支部组成部门：详见附录（一）

第三章　组　织

第一节　开业前（筹备期）组织沿革

组织名称	存在时间	职务名称	姓名及任职时间
首都青年活动中心筹备组	1984.11—1986.06	组长	苏芮祥
		副组长	赵东鸣
		组员	铁国杰
		组员	郭钟麟
北京市青年宫筹备组	1986.06—1993.02	组长	苏芮祥：1986.06—1988
		副组长 党支部书记	赵东鸣：1986.06—1987
		副组长 组长	郭钟麟

第二节　北京市青年宫主任会名录（1993—2005 年）

组织名称	存在时间	职务名称	姓名及任职时间
北京市青年宫	1993.02—2005.12	主任	郭钟麟：1993.02.01—1993.02.20
			冯松青：1993 年 2 月 20 日任北京市青年宫主任，2002 年 12 月任中共北京青少年服务中心委员会书记兼北京市青年宫主任（副局级）

续　表

		副主任	高世英：1993 年 3 月任北京市青年宫副主任，2001 年 1 月任北京市青年宫常务副主任（正处级）
			丁峰：1994 年 5 月任北京市青年宫副主任
			铁国杰：1995 年 2 月任北京市青年宫副主任（正处级）
			刘岩（女）：2001 年 1 月任北京市青年宫副主任
			杨志宏：2002 年 11 月任北京市青年宫副主任（正处级）

第三节　北京市青年宫主任会名录（2005—2014 年）

组织名称	存在时间	职务名称	姓名及任职时间
北京市青年宫	2005.12—2014.03	主任	冯松青
		副主任	丁峰：2006 年 3 月任北京市青年宫副主任（正处级）
			铁国杰
			刘岩（女）：2006 年 3 月任北京市青年宫副主任（正处级）
			杨志宏
			孙明路：2006 年 4 月任北京市青年宫工会主席（副处级），2007 年 3 月任北京市青年宫副主任兼工会主席，2013 年 5 月任北京市青年宫副主任（正处级）

			解青：2010 年 2 月任北京市青年宫主任助理（副处级），2012 年 1 月任北京市青年宫副主任

第四节　北京市青年宫主任会名录（2014—）

组织名称	存在时间	职务名称	姓名及任职时间
北京市青年宫	2014.03—	主任	冯松青
		副主任	张楠：2014 年 3 月任团市委事业部部长兼任北京市青年宫副主任、党委副书记
			丁峰
			铁国杰：2014 年 5 月退休
			刘岩（女）：2015 年 2 月退休
			杨志宏
			孙明路：2014 年 9 月退休
			解青
			张轶：2014 年 6 月任北京市青年宫副主任
			孟宪青：2015 年 4 月任北京市青年宫副主任

第四章　北京市青年宫工会工作

第一节　历届工会组织机构

历届工会领导任职情况：详见附录（二）

1995 年底，北京市青年宫成立工会组织，当年总会员人数为 208 人，同时成立了工会福利委员会和女工委员会。

1997 年 9 月，北京市青年宫召开工会职工代表大会，动员部署职工签订劳动合同工作。此后，北京市青年宫工会在职工劳动合同签订和职工劳动合同保障方面一直起着重大作用。

1998 年，在北京市青年宫工会职工代表会议上，审议并通过了《北京市青年宫劳动合同实施方案》和《北京市青年宫工资实施方案》。当年 3 月，北京市青年宫工会召开第二次职工代表大会，布置了工会换届改选工作，并进行了工会改选。当年 6 月，组织工会委员和各分会委员进行理论学习和专业培训，目的是提高他们的政策观念和理论水平，更好地为职工群众服务。

1999 年 7 月，根据北京市青年宫发展和精简机构的需要，取消了党群办公室的机构设置。

2000 年 3 月，北京市青年宫工会召开了第三届职工代表大会，按照《中国工会章程》的有关规定，对青年宫工会、基层工会分会进行了改选。

当年 5 月，北京市青年宫工会对新一届工会干部及各工会分会领导进行了培训，目的是提高他们的理论水平，更好地开展工会工作。此外，北京市青年宫工会还按照国家计划生育政策和北京市的相关规定，设立了人口与计划生育工作委员会，具体负责青年宫计划生育工作，协调、管理、监督、落实国家计划生育政策。

2001年，北京市青年宫工会召开了职代会，会上选出了新一届工会委员会，并根据部门工作调整结果，对原工会分会进行了调整。

2003年2月，北京市青年宫召开第四届职工代表大会，会上通过了由全体职工代表向全体员工发出的开展《优质服务竞赛倡议书》。会上进行了工会委员会换届选举。

当年3月，北京市青年宫工会在新一届工会委员会的领导下，召开了第四届二次职工代表大会，会议审议通过了《青年宫劳动合同实施细则和劳动争议处理暂行办法》，改选了劳动调解委员会和伙食委员会。

自2003年起，北京市青年宫工会按照工会员工比例，开始评选年度工会积极分子。

2006年，北京市青年宫工会召开四届七次职工代表大会，大会选举产生了第五届工会委员会。

2008年，青年宫党委、工会专职干事兼任工会副主席，原工会副主席任职不变。

截至2010年，北京市青年宫工会设工会委员6人，下设4个分会，共有工会会员163人。

2012年8月，北京市青年宫召开第六届职工代表大会，选取产生了北京市青年宫第六届工会委员会。

第二节　工会积极分子表彰

青年宫工会每年都要按照工会有关文件要求，开展积极分子评选工作。评选的标准是，认真学习理论知识，积极落实科学发展观，紧紧围绕党和国家工作大局开展工作，全心全意地为青年宫服务，并在发挥主力军作用、建设职工之家、推进民主管理、为职工群众办好事实事等方面做出突出成绩。

历届工会积极分子表彰名录：详见附录（三）

第三节 工会活动

1996 年，北京市青年宫工会先后组织了"我为企业献一计活动"、"每月一星"评选表彰活动，及举办扑克牌、摄影、乒乓球比赛活动，在暑期组织了学生管理班和夏令营活动。当年 10 月，在北京市青年宫北广场举行了首届职工秋季趣味运动会。此后举行春秋两季的职工趣味运动会，成为北京市青年宫工会的一个常规性活动。自 1997 年至今，每年都有近百名职工参加设有十多个比赛项目的职工趣味运动会。

1997 年至 1999 年，为适应北京市青年宫的发展需要，开展了全面提高员工综合素质和服务意识的员工劳动竞赛活动，全体党团员和干部职工积极投入到活动中，在开源节流方面做了许多工作。在 1997 年的年度总结会上，青年宫领导同志向全体员工承诺：将组建北京市青年宫员工体育单项代表队，当年 12 月北京市青年宫摄影爱好者俱乐部成立。随后，青年宫工会为有摄影爱好的职工组织了摄影培训。

1998 年 9 月，北京市青年宫工会举办首届职工摄影比赛，得到了职工们的积极响应。同年，工会还组织了云雾山踏青、北戴河度假、五子棋与跳棋团体赛、为特大洪水受灾地区人民捐款捐物活动等。

1999 年 3 月，北京市青年宫工会再次举办职工扑克牌赛。自 1996 年后，职工扑克牌赛已经成为北京市青年宫工会的一项常规性文体活动，得到了职工们的广泛参与。自 1999 年起，北京市青年宫工会每年都组织职工开展"庆新春员工联欢会"，组织登山、春游、趣味运动会、摄影展、扑克牌赛等常规活动，并在以后逐步增加了国际长走、组建体育兴趣小组等。同时还结合实际，对跳棋赛、卡拉 OK 赛、羽毛球赛等反响平淡的活动进行了适当的调整。

2000 年，北京市青年宫工会通过组织劳动竞赛的方式，激发员工的主人翁责任意识。同年组织了职工春秋季登山赛、泰山盘山度假、各项棋类赛、摄影比赛、趣味运动会等多项丰富员工生活的文体活动。同年，北京市青年宫工会干部还利用节假日开展走访看望病困职工活动，进一步落实了工会的工作职能。

2001 年，北京市青年宫工会先后举办了"办好大运、迎接奥运"知识竞赛、登山比赛、春游、秋游、电影招待、慰问病困职工活动和职工长岛、烟台度假等活动。同年 7 月，位于四层会议室的职工之家正式对全宫职工开放。职工之家设置了音响、棋牌、健身器械等。10 月，工会配合党总支，组织全体员工为灾区人民进行捐赠"三个一"活动。

2002 年，北京市青年宫工会除组织职工开展常规性活动外，还响应北京市委关于开展"扶贫济困"活动的号召，组织全体员工进行了捐献活动。同年 10 月，北京市青年宫工会组队参加了团市委系统召开的运动会，取得了团体总分亚军的好成绩。

2003 年，在北京市青年宫第四届职工代表大会召开之后，青年宫"职工之家"在地下二层落户。同年，北京市青年宫工会除了组织职工开展常规性活动外，还组织员工参加了"扶贫济困送温暖"募衣活动和"优质服务竞赛"活动。

2004 年 8 月，北京市青年宫召开四届三次职代会，会上就《青年宫发展规划纲要》进行了讨论。随后，青年宫工会在职工劳动合同签订、企业改革发展调查、企业重大经营决策、保护职工权益和福利以及工会干部培训、开展职工文体活动、关心职工生活等方面完成了大量实质性工作。

2005 年，北京市青年宫工会在开展常规性职工活动的同时，组织了向印度尼西亚海啸灾区人民捐款捐物活动；配合西城区红十字会和西城区民政局开展了"博爱在京城"募捐活动；联手西城区政府开展了"携手慈善、共创和谐"的扶贫济困活动等。自 2005 年起，北京市青年宫工会将"庆新春员工联欢会"改为组织员工新年会餐和抽奖，以感谢职工们一年的辛勤工作，并借此增强职工的凝聚力。

2006 年，北京市青年宫工会首次组织职工参加了"走向 21 世纪——北京国际长走大赛"。此后，每年北京市青年宫工会都组织员工参与"北京国际长走大赛"。

2007 年，北京市青年宫工会举办了首届"以歌会友"卡拉 OK 比赛。

自 2010 年起，北京市青年宫工会开始组建兴趣小组，结合职工个人爱好组建了登山、乒乓球、台球、棋牌等多个兴趣小组。同年，随着北京市青年宫退休职工人数的逐年增加，青年宫工会进一步加大了关心退休职工的生活力度。组织退休职工到北普陀影视城春游，并在每年的年末都要召开退休职工茶话会。2010年，北京市青年宫工会在开展日常活动的基础上，重点开展了一系列与职工平等协商、民主管理、送温暖、职工互助保险等维护职工合法权益的工作。

2015年，继续举办职工扑克牌比赛，自1996年举办首届职工扑克牌比赛后，截止到2015年，北京市青年宫工会已组织职工开展了十届扑克牌比赛。10月，青年宫工会举办了首届秋季登山比赛，共计92人参加。

第五章　北京市青年宫团总支工作

第一节　历届团总支组织机构

北京市青年宫团总支自 1996 年成立以来，在宫领导的领导以及各部门的大力支持下，通过几任团干部的共同努力，团总支一直在青年宫的青年人和企业的各项工作中发挥着积极作用。在成立之初，团总支拥有正式团员 35 人。

1996—1997 年青年宫团总支成员：

书记：王靖羽

副书记：李勇

组织委员：王萍

宣传委员：谢洪涛

文体委员：石海松

1998—2000 年青年宫团总支成员：

书记：王靖羽

副书记：谢洪涛

组织委员：贾宁

宣传委员：王艳

2001—2002 年青年宫团总支成员：

书记：王靖羽

组织委员：贾宁

宣传委员：王艳

2003—2009 年青年宫团总支成员：

书记：王靖羽

组织委员：贾宁

2010 年起青年宫团总支成员：

书记：李昂

组织委员：孙杰

文化委员：刘畅（2013 年离职）

体育委员：张亮

宣传委员：康亚琴

网络信息员：王萌（2014 年离职）

生活委员：王珍

第二节　团组织活动

随着北京市青年宫的不断发展壮大，团务工作在组织建设、开展青年活动方面始终努力推进。20 年来，团总支组织开展了多项增强企业凝聚力、丰富多彩的文体活动，受到了青年团员的欢迎和积极参与。

1996 年 11 月，开展了"香山行"团日活动。

1997 年，先后开展了包括团干部座谈会、"植物园"团日活动、"五四"优秀团员总结表彰、"迎香港回归"知识竞赛、"多彩夏日"摄影展、参观"十四大以来成就展"等一系列活动。

1997 年 2 月，举办邓小平同志逝世纪念活动。

1998 年，"五四"青年节前夕，召开了优秀团员总结表彰会；12 月，组织开展"我与企业共发展"演讲比赛。

1999年3月，为超龄的老团员举办了超龄离团仪式；5月4日，青年宫团员为"青年宫邀你回家"大众体育擂台赛提供活动服务；8月29日，团总支开展了"野三坡"团日活动；12月10日，举办了"迎澳门回归"知识竞赛。

2000—2003年，团总支相继举办了老团员超龄离团仪式及迎新年联欢会。

2004—2009年，由于团干部工作岗位变动及团员超龄离团、离职，28岁以下青年不足三人，团组织活动未能持续开展。

2010年，在新一届团干部任职后，团组织活动也随之恢复。5月19日，北京市青年宫团总支开展理论学习活动，主要学习团中央、团市委领导的"五四"重要讲话，以及团市委2010年的工作要点。8月20日，团总支开展了创先争优活动，举办了"爱岗敬业，创先争优"主题演讲比赛，并评选优秀代表参加了团市委机关团委组织的"创先争优演讲比赛"。12月17日，由北京团市委机关团委主办，北京青年文化交流协会、北京市青年宫团总支承办的"低碳生活，绿色交友"团员青年桌游交友联谊活动在青年宫成功举办，来自各单位的近百名团员青年参加了活动。

2011年，青年宫团总支相继参加了团市委组织开展的"团市委系统青年卡拉OK大赛"、对口帮扶活动、趣味运动会及青年团干部培训等活动。

2012年，青年宫团总支于6月20日组织开展了团员青年桌游交友活动。7—10月，完成了团市委基础团支部信息采集工作。

2013年，配合组织完成了新街口地区青年团组织交流联谊活动；完成了新团员信息采集和团组织转入工作。

2014年，配合组织完成团市委青年团干学习第二期活动。

2015年，青年宫团总支书记荣获北京市优秀团干部称号。

第六章　行政管理工作

第一节　办公室

一、部门简介

北京市青年宫办公室担负着主任办公会指示的传达、各部室工作的协调、全宫工作完成情况的督促和检查、车辆的派出、宫内重要活动的组织协调等工作。此外还负责撰写全宫工作总结、重点工作的申报、来信来访接待和回复等工作。北京市青年宫自成立以来，在办公室的协调下，每年都圆满地完成了一系列重要工作。

二、重点工作

（一）领导视察

北京市青年宫是北京市唯一一家以服务青年为主，面向社会的公益性、综合性青年文化活动服务场所。多年来，北京市青年宫得到了各级领导的关心、关怀和指导。

2004年"六一"期间，中共中央政治局委员王兆国来到北京市青年宫看望参加课外活动的少先队员。他指出，重视少年儿童工作和少年儿童事业的发展，加强和改进未成年人思想道德建设，是事关党和国家以及中华民族前途命运的战略任务，各级共青团和妇联组织要大力弘扬求真务实精神，立足自身特点，发挥各自优势，切实把加强和改进未成年人思想道德建设的各项任务落到实处。团中央书记处第一书记周强，团中央书记处常务书记、全国少工委主任赵勇，团中央书记处书记、全国少工委常务副主任张晓兰，市委副书记杜德印等领导同志陪同参加调研和汇报交流活动。

2007 年 10 月 30 日，中共北京市委常委梁伟在团市委领导的陪同下，专门听取了北京市青年宫主任关于青年宫改扩建工作的汇报。

2012 年 12 月 21 日，中共北京市委常委陈刚一行就北京市青年宫改扩建工作进行研讨，团市委领导同志陪同调研。

20 年来，历任中国青少年宫协会会长、团市委书记都多次到北京市青年宫调研、视察、指导工作。

（二）老团干欢聚青年宫

2014 年 5 月 6 日，50 多位北京市共青团成立时期就工作于团市委的老同志在北京市青年宫欢聚一堂，召开座谈会，共同纪念北京团市委成立 65 周年。金鉴、汪家镠、王蒙、高占祥、王大明等"老团干"先后发言，共同回忆他们在建团初期的峥嵘岁月，交流多年来对共青团的深厚感情，畅谈对新时期共青团工作的期望。团市委领导陪同并参加活动。

（三）参观交流与论坛

对外文化交流。北京市青年宫作为对外文化交流的窗口，每年都接待数十个国际、国内青年组织的参观交流访问活动。20 年来，先后接待德国、日本、印度尼西亚、芬兰、白俄罗斯、比利时、孟加拉、朝鲜、越南、巴基斯坦、埃塞俄比亚、阿塞拜疆、泰国、等数十个国家及中国港澳台地区的青年组织。

在国内交流方面，20 年来，分别与上海、广州、天津、南京、哈尔滨等百余家青少年校外教育机构建立了良好的交流合作关系，定期和不定期地进行交流互访活动。

中国青少年社会教育论坛。2005 年 9 月 9 日，由中央宣传部、中央文明办、教育部、文化部、国家广电总局、新闻出版总署、国家体育总局、团中央、全国妇联、中国科协等 10 家国家部委主办，北京市委宣传部、首都文明办、北京市教委、北京市文化局等单位协办，中国青少年宫协会、共青团北京市委承办的"中国青少年社会教育论坛——娱乐与青少年成长论坛"举行。北京市青年宫负责承办了"娱乐经济"、"网络娱乐"、"运动娱乐"三个分论坛和北京青少年娱乐项目创意大赛活动。本次论坛是共青团落实党中央关于加强和改进未成年人思想道德建设和大学生思想政治教育工作的意见，更好地服务青少年成长成才的一项重要举措。

全国青年宫主任交流联席会。全国青年宫主任交流联席会由全国部分青年宫发起创办，联席会以自主开展活动、定期切磋交流为主要工作方式，接受中国青少年宫协会的指导，旨在进一步探索各地青年宫建设、管理和服务的思路和方式，更好地推进全国青年活动阵地的协调发展，切实发挥青年宫在引导青年健康成长成才方面的独特作用。

2010年5月25日，全国青年宫主任交流联席会第一次会议在北京召开，来自北京、天津、太原、哈尔滨、广州、上海、南京、镇江等市的青年宫主任参加了会议，会上进行了专题研讨和交流，共同讨论、商定联席会管理办法，会上还选举产生了第一届联席会主席，北京市青年宫主任当选为第一届主席。中国青少年宫协会党组书记出席会议并讲话。

2011年7月7日，全国青年宫主任联席会第二次会议在哈尔滨召开。

2012年10月26日，全国青年宫主任联席会第三次会议在江苏南通召开。

2013年9月22日，全国青年宫主任联席会第四次会议在天津召开。

中国青少年宫协会青年工作委员会。2015年4月23日，由北京市青年宫牵头的中国青少年宫协会青年工作委员会在太原成立，并召开第一次主任办公会。来自北京、天津、上海、哈尔滨、广州等市的青年宫主任参加会议。会上选举通过了青年工作委员会主任、副主任、秘书长、副秘书长的人选名单。北京市青年宫主任当选首届青工委主任。

（四）举办庆典

北京市青年宫开业。1995年10月26日，北京市青年宫举行竣工庆典，市委副书记陈广文、团市委领导同志先后发表讲话，并向青年宫颁发"五四奖状"和"建设功勋奖"。全国老龄委主任王照华、市委副书记陈广文、副市长陆宇澄、团中央书记处书记姜大明等领导同志为青年宫开业庆典剪彩。

北京电视台、《北京日报》、《北京晚报》、《北京青年报》等十余家新闻媒体对庆典情况进行了报道。特别是《北京青年报》用整版的篇幅，详细介绍了北京市青年宫的各项设施、服务项目及优惠政策，并于庆典当日刊发长篇通讯——《青年宫十年圆梦》，使北京市青年宫成为了社会各界和新闻媒体关注的焦点。

北京市青年宫开业十周年庆典。2005年12月8日，北京市青年宫10岁生日之际，由北京电视台主持人赵普主持的"精彩十年——庆祝北京市青年宫开业十周年联欢会"拉开了庆典活动的序幕。历任团市委老领导以及团中央、中国青少年宫协会、团市委、市体育局、市文明办等有关单位领导参加了庆典活动。团市委领导发表讲话，肯定了青年宫十年来取得的成绩，并对未来十年提出了殷切希望。

北京市青年宫开业二十周年庆典。2015年12月5日，北京市青年宫开业20周年公益音乐会在青年宫大剧场举行。北京市政协主席吉林、北京市人大常委会副主任孙康林、北京市副市长王宁、中国残疾人联合会党组书记鲁勇、中国青少年宫协会、西城区政府、团市委等领导同志到场参加活动，与社会各界代表、青少年朋友和社区民众一起观看了青年宫20周年宣传片和文艺演出。

音乐会始终贯穿了"与青年为伴，与公益同行"的主题，从内容到形式都突出"公益"和"青春"，从编导到幕后，从主持人到演员，都是青年宫员工、学员和热心参与青年宫活动的各界朋友，大家以精彩的歌舞、民乐、诗朗诵、舞蹈、情景剧、魔术等多种形式，展现了青年宫人朝气蓬勃的精神风貌。

除音乐会外，还推出了"公益百分百"系列公益服务活动，即"公益服务进社区"、"公益服务进校园"、"公益服务进工地"、"公益服务在青宫"，针对不同服务对象开展公益电影放映、心理健康咨询、文化体育活动、交友联谊服务、创业就业课堂等多种形式公益服务。此外，还陆续举办了"20周年回顾展"和"我爱我家"系列员工集体活动等，以多种形式回报社会各界长期以来对青年宫的支持和厚爱。

北京市青年宫自开业至今始终秉持"坚持公益，服务青年"的宗旨，与青年为伴，与公益同行，20年来开展了一系列主题鲜明、深受青年喜爱的公益文化活动和服务项目，打造了心理减压、就业创业、交友联谊、公益快车、文化活动五大公益品牌，形成了影视演出、艺术培训、康体健身、活动运营四大文化经营板块，以全方位的服务满足青年的多元文化需求。

第二节　人事部

一、部门简介

人事部门机构。人事部是统筹北京市青年宫人事事务的行政职能部门，它是以党和政府的人事工作方针、政策为指导，在青年宫主任办公会的领导下，制定人事管理制度和实施人事管理行为的部门。

北京市青年宫人事管理机构于 1995 年成立，自成立以来，几经变动，有分有合。1995 年北京市青年宫劳动人事部成立。2001 年初，经主任办公会批准，劳动人事部与保卫部合并，更名为人保部。为更好地履行人事管理职能，2003 年劳动人事部与保卫部分开【北青宫字（2003）第 1 号】，更名为人事部。鉴于在实际工作中人事管理和行政管理工作的交叉性，为便于开展日常工作，2006 年经主任办公会批准【北青宫字（2006）第 10 号】，人事部和办公室合并，名称仍为办公室。随着部门职责的明确和细化，2012 年经主任办公会批准【北青宫字（2012）第 5 号】，人事部和办公室分开，重新设立人事部并延续至今。（以下涉及各个时期的人事管理部门名称统称为人事部。）

人事部门职责。随着人事制度改革的不断深入和工作关系的逐步理顺，人事部的部门职责也相应拓展并得到明确，主要职责有下列各项：1. 负责人力资源的开发、结构调整和人事制度改革工作。2. 根据发展需要确定组织机构、岗位设置、各部门职能和岗位职责。3. 制定人事管理制度并进行监督检查，协调服务。4. 负责人力资源的配备使用，包括招聘、聘用、调配。5. 制定培训和继续教育计划并组织实施。6. 负责绩效考核及督导检查工作，研究完善考核方案并组织实施。7. 负责专业技术人员、技术工人的聘任管理工作。8. 负责薪酬调整方案的编制、薪酬的核发、统计工作。9. 综合管理职工的各项社会保险、住房公积金和住房补贴，根据国家政策开展各种业务。10. 负责青年宫劳动关系的管理工作并根据国家政策不断调整、完善。

二、人员招录、员工数量及结构

人员招录。开业之初，人员的录用主要采取各单位商调和社会招聘方式。随着人事政策的调整和人事制度的完善，同时，为了贯彻《北京市事业单位公开招聘工作人员实施办法》等文件精神，根据青年宫的发展需要，人事部下发了《北京市青年宫公开招聘人员暂行规定》。文件明确了招聘范围、招聘条件及程序、招聘计划、招聘信息发布、报考人员资格审查、招聘考试与考核程序及要求、聘用手续办理、招聘纪律与监督审查等公开招聘各个环节的标准和要求。

截至 2015 年，青年宫共招聘工作人员近 400 人，减少 200 人，退休 59 人。

员工数量和结构。建设一支素质较高、结构层次比较合理的员工队伍，是振兴北京市青年宫、提升核心竞争力的关键。结合青年宫实际，人事部人才开发的基本思路是：控制发展数量、全面提高质量、合理调整结构、加强开发使用。依据这个思路，人事部在二十年间做了大量工作，取得了显著效果。

表一　北京市青年宫人员情况表（单位：人）

年度	员工总数	职工平均年龄	大中专以上学历	专业技术干部	专业技术工人
1996 年	219	30.9	83	44	64
2000 年	182	35.8	93	44	51
2005 年	160	40.9	78	14	43
2010 年	155	44.03	93	14	44
2015 年	134	44.75	96	8	36

1996 年，青年宫成立后的第一年，有员工 219 人，具有大中专以上学历者 83 人，

职工平均年龄 30.9 岁，专业技术干部 44 人，专业技术工人 64 人。

2000 年，青年宫成立的第五年，人员减少到 182 人，具有大中专以上学历者 93 人，职工平均年龄 35.8 岁，专业技术干部 44 人，专业技术工人 51 人。

2005 年，青年宫成立十周年，人员减少到 160 人，具有大中专以上学历者 78 人，职工平均年龄 40.9 岁，专业技术干部 14 人，专业技术工人 43 人。

2010 年，青年宫成立十五周年，人员减少到 155 人，具有大中专以上学历者 93 人，职工平均年龄 44.03 岁，专业技术干部 14 人，专业技术工人 44 人。

2015 年青年宫成立二十周年，人员减少到 134 人，具有大中专以上学历者 96 人，职工平均年龄 44.75 岁，专业技术干部 8 人，专业技术工人 36 人。

青年宫成立二十年以来，单位员工数量逐年减少，人员学历层次逐年提高，实现了优质高效。二十年的发展实践证明，"控制发展数量、全面提高质量、合理调整结构、加强开发使用"这一人才开发思路，完全符合青年宫的建设发展实际，经过二十年的队伍建设，青年宫已基本实现人员数量适中、人员结构优化、学历层次逐年提高的预期目标。

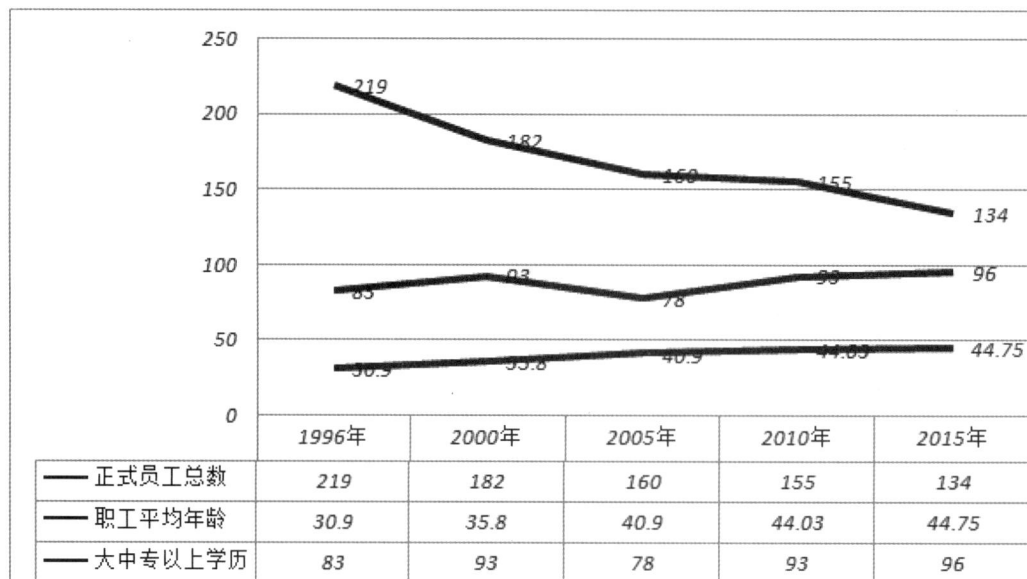

	1996年	2000年	2005年	2010年	2015年
正式员工总数	219	182	160	155	134
职工平均年龄	30.9	35.8	40.9	44.03	44.75
大中专以上学历	83	93	78	93	96

图一　北京市青年宫人员数量结构图

三、培训及聘用

（一）培训

对员工进行培训。培训是结合青年宫的发展及职位要求，通过各种形式对职工采取的有组织、有计划的教育培养和训练，其目的是提高职工的文化水平、政治和业务素质。

青年宫自成立以来就对职工的教育培训工作非常重视。1997 年人事部下发了《关于员工参加学习、培训的管理办法》【人字（97）04 号】，1998 年下发了《北京青年宫全员培训实施办法》【人字（98）第 4 号】。文件中规定"青年宫积极鼓励员工参加各种学习、培训并为其创造必要的条件；员工参加各种学习培训，坚持以本岗位本专业知识学习为主，坚持学用结合的原则"，这使青年宫的培训工作有了制度保障。

人事部根据青年宫培训管理办法，结合员工自身实际，制定了分级分类的培训方式，即员工培训与中层干部培训相结合、岗位培训与更新知识培训相结合、内部培训与外部社会化培训相结合、集中教育与自主学习相结合的方式。这种分级分类的培训方式，使青年宫的培训工作更加多元化、更有针对性、更具有效性和实用性。

人事部对员工的培训内容包括：岗位聘用培训、专业技术培训和综合知识培训等。

1996 年，人事部组织了 8 次较大规模的岗前培训，内容包括服务规范、仪容仪表、企业制度、卫生防疫、治安消防等，当年共有 620 人次接受了培训。同时，当年共有 30 余人利用业余时间参加各种学习、培训，丰富专业知识。

1997 年，人事部组织了新入职员工的岗前培训，当年共培训 41 人次。同年，人事部与西城区多家技能培训学校联系，帮助技术工人提高技术等级水平，当年共有 5 人参加了专业技术中高级考试并取得了相应的证书。同时，当年共有 22 人利用业余时间参加学习、培训。

1998 年，青年宫首次开展聘用培训工作。人事部利用三天时间组织开展全员脱产培训，分别邀请了宫领导、保卫部的有关同志和礼仪学校教师、劳动模范从不同角度为全体员工进行培训，并联系人事局、劳动局、培训中心，对近百个岗位进行笔试和面试，使培训工作收到较好效果。同年，人事部还联系培训机构对专业技术工人进行培训；通过培训，当年共有 17 名技术工人得以晋升、8 人通过了特殊工种的复审。

1999 年，人事部根据各部门需要，先后组织员工参加了电工复试、专业技能、电工入网、消防治安、文书档案、计算机、固定资产、煤气热力及文化专业知识的学习和培训，当年共计 40 余人次参加培训，有 5 名同志晋升高级技工，4 名同志晋升为中级技工。

2000 年，根据自身岗位需要，全宫共有 50 人次参加了学历教育、电工入网、卫生防疫、社会保险、广告宣传、档案管理、会计法、税法、消防等多种培训。共有 11 人接受了专业技术人员培训；通过培训，其中 1 人取得了高级技工资格，4 人取得了中级技工资格，6 人取得了初级技工资格，增强了企业的技术力量。

2001 年，人事部重新调整了培训工作标准，明确了今后培训工作的指导思想。即"统一思想、提高认识、建立机制、全面推进、讲求实效、注重质量，统筹规划、重在落实"。在培训的实施上，人事部提出"结合实际情况统筹规划、合理布局，加强管理、监督和指导，调动广大员工的积极性，制定切实可行的实施方案并认真组织落实，推动培训工作的深入发展"。2001 年下半年，人事部以"申奥"成功为契机，组织了管理人员电脑培训及全宫人员英语培训。

2002 年，人事部以提高员工的学历层次和业务水平，改善管理人员知识结构和学历构成为主要工作。人事部先后组织员工参加涉及人事、消防、民兵训练、电工、话务、厨师、医疗、广告、会计、电脑、电影等方面的培训，全宫共有 52 人参加了上述各类培训学习班，其中公费 25 人，自费 27 人。同年还组织了继续教育培训，主要为工商管理硕士学历、学位的进修。

2003 年 2 月 26 日，青年宫下发《关于做好青年宫 2003 年度全员聘用工作的通知》【北青宫字（2003）第 11 号】，第一次规定"开展青年宫全员聘用工作，以全员动员培训的形式，强化职工服务创新理念"。自此，聘用培训作为全员聘用的一个重要环节延续下来，至 2015 年共举办 13 次。同年，为贯彻落实《北京奥运行动计划》，全面推动和有计划有步骤地实施《北京市青年宫奥运行动规划》，人事部下发《关于开展全员英语培训工作的通知》【北青宫（2003）第 15 号】。通知中规定"自 2003 起利用 3—5 年时间，在青年宫全面开展英语知识的培训活动，全体员工基本达到《人人说英语》初级或中级水平"。通过自愿报名的形式，员工进行自我学习，当年共有 8 名职工经过培训和考试，取得《人人说英语》初级证书。同年，26 人接受继续教育培训，其中 8 人取得了大专学历。2 人参加了工商管理硕士课程学习。6 人取得岗位资格证书。34 人接受了不同岗位（包括电脑软件、档案、人事、住房补贴等）专业知识培训；通过培训，1 人取得助理馆员职称。

2004 年 5 人通过自我学习取得《人人说英语》初级证书，1 人取得了中级证书。同年，28 人接受不同岗位专业知识培训和继续教育培训，并有 11 人取得岗位资格证书。

2005 年 9 月 27 日，人事部对近年来新录用的员工进行集中培训，共有 20 余人参加，培训内容为青年宫《员工手册》和各项规章制度、青年宫的内外环境与硬件设施以及消防、安全保卫知识。同年，1 人取得了《人人说英语》合格证书。截至 2005 年，青年宫共有 15 人获得了《人人说英语》合格证书，其中 2 人获得中级证书，13 人获得初级证书。在继续教育培训方面，5 人通过自学取得了大专学历。在专业技术培训方面，2 人取得中级技术资格证书。

自 2006 年始，人事部组织的培训主要围绕岗位聘用工作展开，开展全员聘用培训。2007 年，人事部提出了"邀请先进人物介绍先进事迹"的培训方案，这是培训工作的新思路。此后每年，人事部都邀请社会各界专家、学者对青年宫员工进行培训，开拓了员工的视野，丰富了员工的知识。

2012 年 12 月 6 日，人事部组织新员工入职培训，培训内容为青年宫基本情况、《新员工手册》和青年宫相关制度以及消防安全知识，当年共 20 余人参加培训。

2012 年以后青年宫的培训主要围绕岗位聘用工作展开，以聘用培训为主。聘用培训采取讲座、演讲、看光盘、室外拓展等形式，内容涵盖国家法律、劳动法规、宫内规章制度、企业文化、职业道德规范、消防安全、健康知识、养生保健、素质拓展和减压培训等，每年内容不一，形式多样。

对中层干部进行培训。人事部将中层干部培训当作重要任务来抓，每年都要对中层干部开展培训，培训的主要内容包括：现代企业管理知识、劳动法律法规、品牌营销等方面知识的培训。

1997年，人事部建立了中层干部每月培训一次的培训制度，并于当年组织了"成本控制"、"税务知识"、"工商知识"等知识的培训，当年共培训145人次。

1998年，人事部集中组织了5个半天的综合培训，内容包括文化市场的现状与发展、经济体制改革与股份制、固定资产的管理及市场经济知识等。同年，又组织了计算机培训班，并为全体干部举办了多次中国经济形势分析专题培训。

1999年，人事部以"务实"的原则，组织了"财务、税收知识"、"成本控制与报表"、"如何看待中国加入WTO"等专题培训，通过举办这些专题培训，极大地提高了中层领导的管理素质。

2000年，人事部组织全宫中层干部参加的"迎接知识经济挑战"、"新会计法"、"如何搞好调研"等专题讲座，通过讲座培训，提高了全体中层干部的理论水平。

2000年以后，人事部对中层干部的培训采取"走出去、请进来"的方式。人事部与多家兄弟单位进行交流，多次聘请有关专家对中层干部进行培训并联合党委、办公室、工会对中层干部的政治理论、管理知识进行培训和提升。培训的形式包括：调研、讲座、研讨会、集体学习讨论等。

2004年，邀请文化部文化产业司和北京市发改委社会事业处有关领导来宫与中层干部座谈。

2005年，邀请北京团市委有关领导到青年宫为中层干部作党课报告。同年，青年宫召开了两次中层以上干部"企业发展项目"研讨会，与会人员就"青年宫潜能开发项目"、"培训的发展策略"和"如何建立节约型企业"三个议题进行发言。

2011年，时值建党90周年，青年宫组织全体中层以上干部集体观看"庆祝建党90周年大会"直播并组织中层干部认真学习胡锦涛总书记的重要讲话精神。

2012年，青年宫组织部分中层干部赴长三角地区兄弟宫学习考察，以"走出去"的形式相互学习交流、取长补短，开拓了领导层的视野，为青年宫的不断创新发展打开了思路。

2014 年，青年宫组织中层以上干部进行了两次集体学习，围绕"北京青年现状与青年宫服务水平提升"这一主题进行了学习讨论。同年，人事部邀请人力资源和社会保障局有关专家就《事业单位人事管理条例》为中层干部讲解。通过讲解，中层干部了解和掌握了有关人事政策方面的先进经验和管理方法，提升了中层干部对政策的理解和把握能力。

多年的实践证明，"走出去、请进来"这一培训方式收到了良好的效果。目前，人事部将这一成功经验逐步推广运用到对一般员工的培训中，受到了全体职工的欢迎与好评。"走出去"与"请进来"相结合的培训方式沿用至今。

（二）聘用

聘用制是事业单位人事制度改革的一项重要成果。对事业单位在编在职人员实行聘用制，可以扩大内部分配自主权，建立起灵活多样的多元化分配激励机制，加大竞争上岗力度，打破在职人员终身制，从而使工作人员焕发活力，推动各项工作的发展。

实施聘任制的历史沿革。"聘用"是根据工作岗位需要，从原有工作人员中聘任工作能力强的职工上岗工作。岗位聘用人员，在上岗前要签订岗位聘用协议书。

青年宫的聘用工作自 1996 年开始，发展至今已经形成了"设置岗位、聘用宣传、聘用培训、岗位竞聘、签订聘用协议书、总结验收、续聘解聘"等一整套聘用程序，各项工作不断扎实推进。

聘用工作分为中层干部的聘用和员工的聘用。早在 1996 年青年宫就制定了相关的聘用工作文件。

1996 年，人事部发布《北京青年宫干部聘用及管理暂行办法》【北青宫干字（96）01 号】文件，文件中规定了"干部聘任的基本条件、任免的程序、业绩考核办法、聘任期限、解聘与续聘及从工人中聘用干部的原则与程序"。

1999 年，人事部发布《实施定岗定编，择优上岗方案》【北青宫人字（99）第 2 号】。这是青年宫第一次以文件形式发布启动全员聘用工作。

2001 年初，人事部发布《关于实施机构改革和中层干部及全体员工的考核评议竞聘上岗工作意见》文件【北青宫字（2001）第 1 号】，开始实施中层干部、全体员工竞聘上岗。这是青年宫实施的一项重大的人事制度改革。

从 2001 年起，全员聘用工作成为每年人事管理的常规工作一直延续下来，至 2015 年全员聘用共进行了 15 次。

实施中层干部聘任制的历史沿革。中层干部竞聘是聘用工作的一个重要环节，通过竞聘，打破了干部终身制，使干部能上能下、能进能出、优胜劣汰。

2001 年 2 月 8 日，人事部组织中层干部竞聘上岗评议会，由宫领导、集团领导和职工代表组成的考评委员会对 12 名符合竞聘条件的同志进行竞职陈述考评。2 月 14 日，青年宫召开 2001 年度中层干部聘任会，会上公布了 10 位经过竞聘上岗的中层干部的任命。

2012 年 2 月，人事部组织开展中层干部岗位竞聘工作，经过个人申报、组织考察、面试考核，共任命和调整了 1 名宫级领导和 12 名中层领导。2012 年 3 月 15 日青年宫下发中层干部的任命决定，完成了中层干部竞聘工作。

实施员工聘任制的历史沿革。员工竞聘包括个人工作总结、述职、考核、评议、签订合同等内容。员工竞聘自 2001 年开始，至 2015 年共进行 15 次。

在 2001 年至 2015 年间，人事部分别于 2001 年 2 月 22 日、2002 年 3 月 15 日、2003 年 3 月 17—18 日、2004 年 3 月 12—13 日、2015 年 3 月 23—24 日，组织了 5 次员工岗位竞聘笔试考核（其余年份员工的岗位竞聘考核由本部门自行组织）。

四、考核

青年宫自成立以来，就非常重视职工的考核工作。多年来，随着内部机构改革的实施和内部经营、管理机制等方面的创新，青年宫的考核办法也逐渐全面化和科学化。截至 2015 年，青年宫已形成了对员工的日常考核、月度考核、年度考核和对中层干部的月度考核、年中总结、年终述职、民主评议等考核管理模式；同时，制定了岗位考核管理办法。在考核结果的运用上，实行了考核结果与奖励、惩处、增资、晋升、辞退等挂钩，这种激励机制激发了职工的工作热情，推动了青年宫各项工作的开展。

日常考核。对职工的日常考核主要为稽查考核。1996 年，青年宫组建了稽查小组，稽查小组主要负责对全宫劳动纪律、岗位规范、仪容仪表、考勤考纪、安全消防、设备安全、环境卫生、规范标志以及环境陈设等方面实施不定期的综合检查。稽查考核承担监管职责，是考核管理体系的重要组成部分。

1996 年（截至当年 11 月），稽查小组共发放过失单 40 余张，处理违纪行为 120 人次，其中情节严重的 6 人被辞退和停止试工。通过稽查工作，员工在劳动纪律、服务质量等方面有了明显好转，违纪行为不断减少，维护了企业形象。

1997 年，稽查工作正常开展，全年共处理违纪 66 人次，其中对情节严重的 4 人予以严重警告或通报批评。

1998 年，青年宫下发《北京青年宫工作目标（任务）责任制考核办法（试行方案）》【北青宫字（98）第 13 号】文件。文件中明确了稽查小组的工作内容，即"监督检查各部门对青年宫各项规章制度执行情况，对发现的问题按照各部门的考核内容和评分标准，对责任部门和责任人实施双向扣减分值的监督考核"。同年，青年宫成立了综合评议考核领导小组，它与人事部组建的稽查小组形成"双轨制"，加大了稽查力量和考核力度。截至当年 11 月，稽查小组共组织了 38 次抽查，共查处违纪行为 41 人次。

1999 年，稽查小组进行了 30 余次稽查，针对出现的违纪较多的问题，进行专项检查并配发稽查简报。稽查简报的刊发对违纪行为起到了提醒、督促改进的作用。当年共查处 10 余人次的违纪问题，维护了稽查工作的严肃性。

2000 年，稽查工作以执行制度、狠抓落实为主，严格纠正了违纪行为。稽查小组在全年的稽查工作中，不只追求检查数量，而重在质量，发现错误及时纠正。同时，检查范围进一步扩大，涉及劳动纪律、电气设备、消防安全、环境卫生、宫内布置等，尤其在宫内实施就餐规定后，稽查小组严格检查，由专人定时、定点抽查其落实情况，使员工及合作方人员都能自觉遵守就餐制度。

2006 年，人事部又恢复了稽查考核制度。此后，稽查考核作为日常考核的一项重要内容延续下来。

　　月度考核。1997年3月21日，人事部下发了《关于实施北京青年宫工作任务考核方案的通知》【北青宫字（97）第07号】，建立了新的考核机制，即根据工作任务进行考核。文件提出"本考核方案将根据各部门的工作职责范围、管理权限实行各负其责、交叉考评、共同监督的评分办法，体现有功则奖、有过必罚的考核机制"，形成了部门参与、相互监督的局面。与此同时，青年宫还将经营活动部门的考核标准与经营指标考核、综合考核相结合；将管理部门的考核标准与月工作任务考核、综合考核相结合，提高了经营部门和管理部门的考核力度。这是青年宫在考核工作中首次提出月度工作考核，自此，月度考核作为考核管理体系的重要组成部分一直延续了下来。

　　1998年8月15日，人事部对"工作任务考核方案"进行了完善，制定并下发了《北京青年宫工作目标（任务）责任制考核办法（试行方案）》文件【北青宫字（98）第13号】。在文件中规定"考核期限以月度为一个平时考核周期"；"经营部门的考核内容以任务指标为主，部门管理与自身建设为辅；行管部门主要实行工作任务量化考核"。同时，组织了以青年宫副主任为组长、人事部经理任副组长的青年宫综合评议考核领导小组。在实施月度工作考核时，采取了宫领导、各部门、综合评议考核领导小组三级综合考核。

　　2006年，国家人事部、财政部下发《关于印发〈事业单位工作人员收入分配制度改革方案〉的通知》【国人部发（2006）56号】和《关于印发〈事业单位工作人员收入分配制度改革实施办法〉的通知》【国人部发（2006）59号】。通知中规定"事业单位在上级主管部门核定的绩效工资总量内，按照规范的分配程序和要求，采取灵活多样的分配形式和分配方法，自主决定绩效工资的分配。绩效工资分配应以工作人员的实绩和贡献为依据，合理拉开差距"。文件规定的工资与绩效挂钩的分配方式，使月度工作考核由部门之间的相互评分考核，转变为部门经理根据部门人员月度工作实绩和贡献考核评分，并以此分数作为绩效工资发放的重要依据，激发了职工的工作积极性。

　　2012年，人事部制定并整理了全宫的岗位职责说明书，这为岗位绩效月度考核工作打下了基础。

2014 年 12 月 5 日，市人力资源和社会保障局下发了《关于印发〈北京市事业单位工作人员考核暂行办法〉的通知》【京人社专技发（2014）272 号】。通知中明确规定"事业单位工作人员考核以岗位职责和聘用合同为依据"。根据文件精神，人事部于 2015 年 6 月重新制定了《青年宫工作人员考核办法》，全面实行岗位绩效月度考核。岗位绩效月度考核是以部门职能、岗位职责为依据，结合员工月度工作计划完成情况进行考核，月度考核成绩将作为年度考核评优的重要依据。

年度考核。 年度考核是以职工的日常考核和月度考核为依据进行的年度综合考核，实行年度考核的目的是全面考核职工在自然年内的工作实绩和贡献，奖勤罚懒，提高员工的工作积极性。员工和中层干部的年度考核形式和内容有所不同。员工年度考核是以年终工作总结为主要内容，中层干部的年度考核则以年中总结和年终述职、民主评议相结合。1996 年，青年宫正式开始组织年度考核工作。

（一）员工年度考核

1996 年青年宫以部门或班组为单位，组织员工做年度工作总结，总结内容包括岗位职责、爱岗敬业、遵章守纪、团结协作等方面的主要成绩和存在的主要问题。部门经理根据员工的年度工作表现及日常考核、月度考核情况进行综合打分。同时，根据当年青年宫的评优比例推选出部门优秀员工。这种形式一直延续至今。

（二）中层干部年度考核

中层干部年度考核以述职和民主评议相结合，以年中总结和年终述职相结合的考核方法进行。1996 年，青年宫颁发《北京青年宫干部聘用及管理暂行办法》【北青宫干字（96）01 号】文件，文件第三部分阐述了干部职务业绩考核的内容与办法。文件规定"在干部管理中，建立日常逐月考核与全年综合考核相结合的考核制度"。文件中规定了对干部考核要实行日常考核、月度考核、年度考核相结合的方法。

1996 年，青年宫采取了问卷民主评议的形式并结合日常考核指标完成情况对中层干部进行年度考核。

1997 年，人事部完善了干部考核评议制度。在干部考核管理工作中，严格按照干部管理办法，根据承包指标完成情况和工作表现，坚持"德、能、勤、绩"的用人标准，打破条条框框进行考核。同年，青年宫颁发了《关于九七年度中层以上干部考核评议工作的通知》【北青宫干字（97）08号】，并于当年年底开展了中层干部述职评议工作。自此，述职评议作为中层干部年度考核的重要内容一直延续至今。

1998年，《北京青年宫员工管理办法》中提到"中层干部的考核采用年终述职及员工评议的办法决定是否聘任"。青年宫将中层干部述职、民主评议上升为青年宫的一项管理制度。1998年年中，青年宫首次以座谈会形式对中层干部进行评议，当年先后召开了15次座谈会，近百名员工参加。同年年底，青年宫组织中层干部述职、员工评议，并结合年中评议结果对中层干部进行了考核。自此，青年宫每年年中都要召开中层干部半年工作会，总结上半年工作，部署下半年工作，并将中层干部上半年的工作完成情况作为其年度考核的一项重要指标。

1999年，人事部对干部评议方式进行改革。改变了过去给每个干部打分评议的方法，变为考核部门整体工作和对领导者本人的综合评价相结合，这对于改进部门整体工作，客观评价中层干部是一个有益的尝试。在年终总结评比方法上，青年宫人事部还制定了较为科学的评比方案。评比方案由四部分组成，即部分员工参与评选、人事部结合月度工作完成情况的考核、参照评比条件及宫领导综合评议。这样使评比工作更加公正、准确。

2004年，人事部对中层以上领导干部考核评议办法进行了适当调整。改进后的考核评议办法为：从"德、能、勤、绩、廉"五个方面进行综合考评；职工代表评议宫领导、各主管领导考核分管部门的中层正职、本部门员工评议本部门中层正职、中层正职之间互评等多种形式的评议方法。改进后的考评形式，增加了考核评议的广度和深度。

2005年，人事部参照团市委考核评议的形式和内容，结合青年宫实际情况设计了《北京市青年宫中层正职考核评议量表》，并在工会代表参加的中层以上领导干部年终总结及述职评议工作会上，对全体中层正职进行了考核评议。

五、表彰和奖励

表彰工作发展历史沿革。 从 1996 年起，青年宫每年以颁发文件的形式表彰当年的先进集体和先进个人，这一表彰形式一直延续了二十年。同时，青年宫于翌年年初召开总结表彰会，表彰上一年度的先进工作者和先进部门。从 1997 年第一次总结表彰大会起至 2015 年间从没有间断过。

先进产生办法。 根据部门年度考核成绩和经营业绩，由主任办公会依据年度工作实绩确定先进部门。先进个人是根据员工工作业绩和贡献由所在部门推选部门先进，再从部门先进个人中推选出宫级先进个人。

2002 年、2003 年、2005 年，青年宫设立部门"突出（特殊）贡献奖"，2006 年开始设立集体最佳单项奖，包括：最佳创新奖、最佳服务奖、最佳公益活动奖、最佳贡献奖和最佳协作奖等。这标志着在青年宫逐步发展壮大的过程中，经营管理理念发生了重大转变，越来越注重创新性、服务性、公益性和协作性。

历年荣获北京市青年宫先进集体、先进个人及单项奖名录：详见附录（四）

第三节　信息中心

一、部门简介

2012 年 3 月信息中心成立，现在信息中心有 6 名工作人员。他们是由原办公室抽出 2 人、物业部 2 人组建成立信息中心后，分别于 2012 年和 2015 年各调入 1 人。信息中心的主要职能是负责北京市青年宫网络安全运行；各部门信息化设备的维护与管理；青年宫官方网站、微博、微信等新媒体平台的运行及管理；档案、证照的收集、归档、借阅等日常管理；配合微博运行，开展"北京青年梦想舞台"系列公益活动的策划、组织、实施；调研信息化发展趋势，制订科学、高效、系统、安全的信息化工作发展规划。

二、档案证照管理

档案管理。 信息中心在每年的2—4月，都要将上一年各部门档案收集齐全，5—6月将各部门上交的档案进行整理归档。文书档案按部门和事件分类后进行排序，之后再进行打页码、写目录、装订、书写卷皮等工作，形成规范、完整的案卷。图片和视频等电子档案按照部门、事件分类后刻录成光盘进行保存。

证照管理。 青年宫现有各类证照153件，每年3—6月为各类证照年检时间，在此期间信息中心都要查找出需要年检、换证的证照，督促相关部门办理年检和换证工作。随后，对所有证照再进行登记、核对、签字确认，以便各部门对证照的日常查询、借阅。截至2015年，信息中心现存文书档案4354件，26994页，图片档案65000余张，视频档案700余个，光盘376张，实物档案386件。

2012年全年为各部门提供借出、查阅各类证照80余人次；完成2011年档案整理工作，共整理文书档案318页，图片档案3189张，光盘16张。

2013年全年为各部门提供借出、查阅各类证照70余人次；完成2012年档案整理工作，共整理文书档案226页，图片档案4289张，光盘15张。

2014年全年为各部门提供借出、查阅各类档案、证照70余人次；完成了2013年档案整理工作，共整理文书档案187页，图片档案5000余张，光盘11张。

2015年为各部门提供借出、查阅各类档案、证照140余人次；完成2014年档案整理工作，共整理文书档案225页，图片档案7000余张，光盘13张。

三、设备设施管理

信息中心对设备设施管理实行规范统一的管理制度。2012年信息中心成立后，首先对各部门使用的108台电脑进行全面摸底，对数量、购置年份、购置情况、使用状态进行详细记录，建立台账。按照制定的设备定期巡检制度进行巡检，对每台电脑进行杀毒、清理垃圾、升级、备份等操作，发现问题及时处理，延长了设备使用寿命。

同时，将 1995 年开业以来所有在资产账上的电脑进行了核查、清理，做到设备合理添置、使用、淘汰，实现利用最大化。

2013 年，利用争取到的北京市经信委信息化专项资金，对机房设备进行了升级改造，实现了上网系统的双链路接入。为了加强网络安全，还增加一台防火墙设备进行网络安全监控。同时，新增了 4 台服务器，购置了 UPS 不间断电源。在办公电脑的管理上，根据团市委的要求，完成了北京市青年宫涉密办公用计算机及文件资料的自查，并下发了《北京市青年宫关于做好涉密办公用计算机和文件资料保密工作的通知》及相关制度，对宫内 132 台电脑做了硬盘序列号的记录，撤销了所有与保密工作不符的无线路由器，对每台电脑固定了 IP 地址，整体确立了北京市青年宫保密工作领导小组的组成架构。

2014 年利用青年宫自有资金，对 9 台网络交换机进行了更新，经过采购、配置、测试、安装、切换等步骤，确保了网络运行的安全稳定。当年为宫内 110 台电脑设备进行大型维护 87 台次，巡检 440 台次，并对维修过程进行了详细记录。

2015 年，对超期服役的服务器履行了报废手续，将企业邮箱系统、OA 办公、软件园 3 台超期服役的服务器进行了更换，并将数据全部迁移至新服务器。对违规使用设备的现象进行了及时纠正，并下发了《关于局域网内禁止使用随身 WIFI 上网的通知》【北青宫字（2015）第 7 号】文件，规范了上网行为。8 月初，信息中心经过为期半个多月的施工和设备试验，通过专用独立网络将四层和五层办公区域建立起了简易无线网，开通了部分办公区域的无线网络，为办公移动设备上网提供了便利。2015 年，青年宫信息化设备包括：防火墙 2 台，服务器 14 台，交换机 9 台，UPS 电源 1 台，办公计算机 112 台，打印机 16 台，并使用电信、长城双线路带宽接入。

四、信息宣传

官方网站。北京市青年宫官方网站于 2002 年 2 月 8 日正式开通。网站设有"青年服务"、"特色活动"、"青年简报"、"文化新闻"、"配套服务"、"主任信箱"等栏目，由北京正辰科技公司开发和进行日常管理。2004年网站进行第一次改版，6月7日改版完成上线运行。改版后增加了多组图片循环播放功能，调整了栏目布局，增添了留言板及图标广告功能，日点击率由改版前的200余人次上升至400余人次。同时将网站后台管理权限收回，由北京市青年宫自行管理。

2012年信息中心对北京市青年宫官方网站进行全面改版。1—6月完成项目申报工作，并通过"市经济信息化委员会"的立项审批。利用市财政拨付的专项资金，陆续进行了网站开发单位的确定、合同的签订、色调及版面设置方案、汇总各部门改版需求并与开发单位进行逐一确认等工作，在程序开发过程中，与开发公司反复研讨方案，年终开发工作基本完成。网站的日常管理工作同时进行，全年共登载北京市青年宫各类活动信息270余篇，并分别上传至团市委信息中心、中国青年宫网站及中国青少年宫协会手机报信息平台。制作推广各项活动及电影宣传广告条30余条，并为"十八大"召开、国庆、宫庆等喜庆节日制作了喜庆背景图片。2012年，网站累计访问量821万余人次，全年访问量141万余人次，比2011年增加了5万人次。

2013年1至4月，北京市青年宫官网的改版工作经过反复调整修改、测试运行、老网站数据迁移，于4月28日正式上线运行。网站正式上线前，专门对开放后台管理权限的部门管理员进行了培训。新网站还增加了专题页的开发制作，包括公益电影节、青年艺术节两个专题页的开发项目。另外，7月底结合北京市青年宫党委开展的"党的群众路线教育活动"，信息中心独立完成了网页美工设计、程序编写等任务，8月6日正式上线，及时发布了北京市青年宫专题教育活动的各类消息。网站全年共登载北京市青年宫各类活动信息310余篇，并分别上传至团市委信息中心、中国青少年宫协会网站、中国青少年宫协会手机报。此外，制作推广各项大型活动及电影宣传广告条30余条，并为春节、国庆、宫庆等节日制作了喜庆背景图片，烘托了节日气氛。2013年北京市青年宫网站累计访问量968万余人次，全年访问量147万余人次，比2012年增加了6万人次。

2014年，网站运行了一年后，期间出现过程序上的运行错误及业务部门需求调整，需要对网站程序进行修改。由于2014年网站在开发公司的免费维保期内，出现问题应由开发公司及时解决。但由于开发公司人员变动等原因，经过多次沟通，也未能及时解决问题。信息中心工作人员只能自己钻研，多方咨询、查找资料、修改程序、反复测试，终于保障了网站的正常运行。同时，结合团市委的工作重点，利用现有资源独立开发了第二个专题网站"流动青年宫 服务青年汇"，网站包括了图片展示、消息发布、活动预告、项目介绍、视频展示等板块。信息中心工作人员克服困难，完成了美工设计制作、前台搭建框架、后台模块建立、编写程序等工作，经过反复推敲、多次测试，最终达到了设计效果，并于 5 月 30 日正式上线运行，运行良好。网站全年共登载北京市青年宫各类活动信息 260 余篇，制作推广各项活动及电影宣传的广告条 20 余条，还为春节、国庆、宫庆、APEC 会议、烈士纪念日等重大节日制作了大量的背景图片，并分别上传至团市委信息中心、中国青少年宫协会网站。2014 年，青年宫网站累计访问量 1176 万余人次，全年访问量 208 万余人次，比 2013 年增加了61 万人次，每日访问量超过 5000 人次，访问量较往年有了大幅提升。

2015 年，网站开发公司维保期已到，信息中心开始多方寻找新合作维保单位，最终确定了新维保单位并签订了维保合同，同时将网站源代码收回后交由新公司进行核对确认，顺利完成了交接工作。5 月份，由于创业就业办公室工作调整，提出了将网站原板块内的栏目、内容进行调整并增加新页面的需求，经与维保单位及时沟通、修改程序、反复测试，最终达到了运行要求，6 月完成了上线运行工作。2015 年网站共登载了各类信息 200 余条，全年访问量达到了 209 万余人次，北京市青年宫网站累计访问量达 1385 万余人次。

官方微博。2012 年，在经过前期搜集资料、组织召开研讨会的基础之上，确定了北京市青年宫官方微博名称、内容、管理体系等一系列问题，并起草了发布官方微博的意见，经青年宫领导确认同意后，注册认证了新浪官方微博，并于 9 月 29 日正式开通了北京青年宫官方微博。微博发布内容涉及文化活动、影视热点、培训招生、心理减压、康体健身等各个方面，同时还及时发布了青年宫的各类动态信息。微博管理由各部门指派的微博管理员每月提交话题，交由青年宫领导审核后，按照值班日期进行发布。信息中心每月底组织召开管理员的线上研讨会，研讨下月的热点话题内容和工作中出现问题的解决方案。

2013年，信息中心努力寻求扩大北京青年宫微博影响力的新途径，全年先后推出了以"新年狂欢10元观影"、"听青春 致青春"、"钢铁侠换装记"3次以电影为主题的互动抽奖活动，受到了广大观众的欢迎；10月结合青年宫的18周年宫庆，策划推出了"我的北青宫，我的家"有奖征集活动，活动微博被转发140余次，收到了粉丝的评论近40条，在评论中初步了解到了青年们的需求动态和对青年宫的期望。此外，通过管理员们的线上研讨，推出了"长假微现场"的主题微博，七天长假每天一个话题，管理员们以图文并茂的形式发布长假期间的见闻，吸引了广大青年人的关注。

2014年，北京市青年宫与青檬网络电台合作，利用财政专项资金，设计了"北京青年梦想舞台"系列公益活动。全年策划组织了"暖心全家福、暖心婚纱照"为外来务工家庭拍照及摄影展；幻变青春魔方邀请赛；"畅想魅力青春"北京高校脱口秀达人展示；"青春潜力无限"户外探索体验；"开启青春梦想"国学成人礼；高校炫彩创意设计展六场活动。这些公益活动，每场均通过青年宫官方微博直播和广告传播，使超过220万的青年大学生熟知了"北京青年梦想舞台"的品牌理念。经过对报名者的认真筛选和层层选拔，有1200余人进入了"北京青年梦想舞台"的终选环节，六项活动的微博线上直播获得了网友的积极转发和评论。系列活动的开展也使得青年宫微博的粉丝数量稳步上升，从活动前的7600名增长到了108029名，增长了14倍。在微博的日常管理中，参加线上研讨会的管理员们集思广益，各抒己见，讨论热点话题，全年发布微博共3300余篇，涉及活动、健康、美食、生活等多个领域，有力地树立了北京市青年宫的整体形象，推动了整体宣传工作。

2015年，北京市青年宫结合宫庆20周年，经过微博管理员们线上研讨会的讨论，推出了官方微博——庆祝北京市青年宫成立20周年精彩回顾系列话题的发布。各部门管理员把本部门举办多届的品牌活动项目归集整理，以短简的文字和精彩的图片，回顾了活动的发展过程。这项工作既增加了粉丝们对青年宫的了解，也展示了北京市青年宫20年所取得的丰硕成果，使青年宫微博的阅读人数大量增加。在春节长假期间，还以"喜羊羊"为主题，按暖羊羊迎新春、喜羊羊拜大年、美羊羊回娘家、慢羊羊看大片、沸羊羊逛庙会、懒羊羊食美食、快羊羊保交通安全七个序列，现场报道了春节长假期间的过节场景，单条微博现场阅读量突破万次。2015 年，分别于 4 月 25 日、6 月 28 日、9 月 12 日举办了以"2015 北京青年梦想舞台"为主题的"幻变青春 2——北京青年魔方达人赛"、"正当青春——原创音乐分享会"、"红色骑迹·北京抗战遗迹探访活动"三场公益活动，通过官方微博进行了现场直播，受到青年们的欢迎。2015 年微博关注粉丝已超过 18 万，全年发布微博 2100 余篇。

每年春节前夕，信息中心根据各部门信息员、管理员们发布信息的原创性和数量、质量等指标开展评选工作，并召开总结表彰会，对评选出来的优秀管理员进行表彰和给予相应奖励。

官方微信。2014 年 12 月 26 日，北京市青年宫微信公众号正式开通，发布青年宫各类活动信息及文化动态。在开通前期，信息中心进行了资料搜集和调研分析，与宫领导就信息内容、功能设定、运营模式等工作细节进行了反复研讨。其间，经过提交申请表、授权书、单位证照等相关资料，成功申请、审核账号，并经第三方认证，最后顺利通过了官方认证，于 12 月 26 日正式开通了北京市青年宫微信公众平台并发布信息。

2015 年微信公众号的推广运营工作，为青年宫的信息宣传工作起到了重要的促进作用，成为信息中心的重点工作之一。信息中心除每日收集、编辑、发布各部门的活动信息外，还以宫庆 20 年为契机，策划推出了"感恩 20 年，青宫微信有礼"活动。此活动自 2 月 15 日发起，一直持续到 12 月，每月抽出 35 名关注用户，按时发布获奖名单及兑奖。另外，信息中心还与培训部共同举办了学员书画作品评选活动，分两期发布了 35 幅作品，并进行人气评选，对评选出的前三名作品的作者给予奖励。第一期的评比微信阅读量达 7400 余次。通过以上活动，增加了微信的关注人群，目前微信公众号关注用户已达 1700 余人。

五、新媒体学习调研

信息中心针对新媒体的推广、运营、发展等工作，广泛开展学习交流和调研活动。2014年11月16—19日，信息中心工作人员在主管副主任的带领下，赴杭州参加以信息化工作为主要内容的"中国青少年宫协会首届理论与实践创新工作研讨会"。会议期间分别举办了《跨越式推进信息化与青少年宫的深度融合》《杭州青少年活动中心的信息系统》专题报告会、相关讲座及青少年宫主任论坛。参观了智能化管理的杭州青少年活动中心和杭州青少年发展中心。会后，又赶赴上海市青少年活动中心，对上海市青少年活动中心信息化建设工作进行了调研，双方就信息化运用、管理模式、人员配备及职能等问题进行了交流研讨。

2015年5月7—8日，信息中心工作人员在主管副主任的带领下，赴南京市青少年宫调研考察新媒体运营工作。双方就新媒体的功能开发、运营维护、应用及发展思路等情况进行了广泛交流，回来后对调研内容及成果进行了认真总结和汇报。

2015年6月11日，团市委信息中心在主管领导的带领下莅临青年宫调研指导信息化工作。青年宫信息中心工作人员进行了详细汇报，团市委领导提出了指导性建议。随后，信息中心还完成了"业务信息系统情况表"的填报工作。

第四节　计财部

一、部门简介

北京市青年宫计财部主要职能是负责北京市青年宫及部分下属单位的会计核算、纳税申报、资金管理以及预算管理等工作。北京市青年宫计财部成立于建宫之初即1995年，自1996年至2000年的名称为财务部，自2001年起改为计财部。1996年7月，根据北京市青年宫和北京青年宫"一套人马、两块牌子"的体制要求，为便于核算管理，建立了事业、企业两大核算管理体系。

二、具体工作

1997 年 2 月，根据《财务审批权限暂行规定》，北京市青年宫财务工作实行由青年宫主任统一全面管理，常务副主任协助管理，财务部经理具体把关的管理体系，切实做到了加强领导，分级负责。4 月，北京市青年宫为做好财务管理工作，全面系统把握企业经营和管理工作情况，科学准确地考核各部门资金、收入、成本、费用、利润等指标的实施情况，颁布了《关于实施财务预算管理的暂行规定》。

1998 年 8 月，为进一步加强对青年宫二级财务的管理考核工作，北京市青年宫制定了《北京市青年宫二级财务管理考核办法》（试行方案）。

2001 年，计财部完成了由二级财务向大财务管理的调整，取消了原各法人下的财务工作，将原各法人财务工作的核算纳入青年宫大财务的统一管理之下。

2002 年，财务部由原来青年宫副主任负责制，调整成直属青年宫主任负责。

2003 年 7 月，计财部开始施行会计电算化工作，核算网络电算化系统开始运行，从此计财部脱离了传统手工核算工作的模式，开始实行会计电算化管理。

2004 年，市财政建立并完善了以国库单一账户体系为基础、资金缴拨以国库集中支出为主要形式的财政国库管理制度。北京市青年宫从 2004 年 7 月起，也开始实施了新的核算机制。

2005 年，根据北京市青年宫主任办公会议的精神，北京青年宫开始转换企业经营机制，将部分会计核算和管理职能权限下放到具体经营部门。剧场活动部、北京青年阳光健身公司实行财务独立核算，北京青年人才服务中心的出纳人员自行管理，并根据实际情况制定了独立核算后的《财务管理暂行规定》。

2007 年，计财部首次利用整合后资金管理体制，获取了资金运作收益，计财部同时也增加了资金投资管理职能。

2012 年初，由于北京市青年宫内部管理模式发生变化，将创业办公室财务由北京青年人才服务中心、康体中心财务由青年阳光健身公司调整至北京市青年宫财务统一管理。

第五节　物业部

一、部门简介

物业部职能简介。北京市青年宫物业部由工程总务及安保消防两大职能构成。主要负责北京市青年宫各项工程项目的施工建设，日常总务后勤工作的管理，日常防火、防盗等消防保安工作，以及计划生育工作的管理等。

消防安保职能简介。保卫部成立于1995年12月，主要任务是中控消防、安全保卫、停车管理三部分工作。由主管主任、部门经理负责。

消防中控室设在首层，内设覆盖全楼的消防系统操作台、消防报警主机，由部门消防员对楼内的消防设施设备进行24小时监控。部门人员由内保与外聘保安员构成，负责对全楼的安全工作进行巡查管理；停车场工作人员由外聘安保人员组成，负责对来宫参加活动或消费的顾客车辆进行看护。

2001年4月1日，经青年宫主任办公会研究决定，将保卫部与人事部合并，合并后的部室名称为北京市青年宫人保部。整体工作分为两块：人事档案管理与消防安全保卫。原保卫部经理负责部门全面工作。2003年4月1日起，又将人保部拆分为人事部和保卫部。保卫部主要负责青年宫内外的安全保卫与消防工作。2006年7月，经宫主任办公会研究决定，将保卫部与物业部进行合并，合并后的部门名称仍为北京市青年宫物业部。合并后的物业部由主管安全的副主任负责全面工作。新合并的物业部主要工作为工程总务与安全保卫、消防、车辆管理。

工程总务职能简介。1995年青年宫开业时设立的总务部担负着后勤管理与服务的双重职责，是青年宫的主要后勤保障部门。工程部是担负着保证青年宫各系统正常运行和设备设施正常使用的部门。2001年随着改革的深入，青年宫内部合并重组将总务部和工程部组成物业部，其工作围绕两方面开展：一是设施设备运行、维护维修、改造工程，二是青年宫常规后勤管理。2006年6月经青年宫主任会决定，保卫部和物业部合并，安保消防工作和车场管理由物业部统一协调负责。

2014年9月，由于原主管物业部的领导退休，因此经宫领导办公会研究决定，在物业部整体名称不变的情况下，将工程总务工作和安保消防工作由两位主管主任分别负责。

物业部（总务、工程）的工作主要是：1.负责制定青年宫后勤年度工作计划，编制后勤各类服务项目费用的预算；2.负责各部门修缮工程计划项目的收集、维修方案的论证、组织申报、工程招标、工程发包及签约、预算决算审查等；3.负责对各种维修工程提供技术和后勤支持，对工程实施情况进行监理与验收；4.采购北京市青年宫大中型维修工程新增设备设施和青年宫后勤工作所需物资；5.负责青年宫水、电、热、电话的费用的收缴；6.代表北京市青年宫对单位房产、基础设施、设备等资产进行维修和管理，对员工住房档案的管理以及房补申请、供暖费报销、卫生防疫、计划生育管理。

二、消防安保工作

消防安保具体工作。1995年12月，北京市青年宫主任与各部室签订附有《青年宫各项安全保卫防火制度》的《北京市青年宫安全保卫责任书》。明确保卫部的安全保卫责任。1996年2月，对聘用的安保人员进行系统的培训，并开展"学习济南交警，争做安保标兵"活动。3月，深化各项安全制度及安全保卫责任书的检查落实，建立"明火作业"制度。1996年"五四游园会"，青年宫剧场部承担演出活动，在演出前，青年宫消防人员对大剧场的灯光线路进行全面检查，确保安全无事故。

1997年3月，制定《保安员日常管理规定》《队员每日考评办法》《岗位目标责任制》《内务卫生评比制》等制度，并要求全力做好"香港回归"和"党的十五大"安保工作。8月，加强对承租方的安全管理，认真落实"谁主管、谁负责"的原则，并与承租方签订了《北京市青年宫安全防火协议书》，要求承租方在宫内施工、作业时，必须确保安全。

1998年3月6日，保卫部制定《北京市青年宫值班值守管理制度》，规范了值班人员的岗位职责和值班巡查工作。3月16日，根据市公安局、消防局对各单位出租房屋实行严格管理的指示精神，结合青年宫各协作、租赁方的实际情况，制定了《北京市青年宫协作方租赁方安全管理办法》，将安全工作进行了细化。4月1日，开展部门内部制度建设，先后建立了"安保执勤登记"、"查岗登记"、"临时外出请假"、"会客登记"等制度。5月，在原有11种防范突发事件预案的基础上，又针对宫内人员较密集区域，制定了《北京市青年宫遇突发事件防范预案》。

1999年6月，为加强宫内治安保卫工作，保证青年宫财产安全，维护正常的经营和管理秩序，制定了《安保门锁使用管理暂行规定》。内容包括青年宫各部室、各区域的门锁及钥匙管理、青年宫各部室及房间的防火备用钥匙管理及使用。

2001年5月至7月，根据全国安全生产电视电话会议精神，在青年宫内部开展了安全检查及专项治理工作，对宫内建筑与消防设施、宫内安全特别是重点部位的安全、经营环境等进行了全面检查。8月，在"世界大学生运动会"期间，青年宫承担了香港代表团和其他国家"大运官员、运动员"100余人在青年宫参观、就餐的保卫工作。为确保无任何安全与消防隐患，保卫人员在事前对青年宫内部各区域进行了集中排查，对官员与运动员就餐环境与餐食质量严格把控，做到万无一失。9月底，在"全国少数民族会演"活动期间，江苏、河南、内蒙古三地的汇报演出在青年宫大剧场举行。为保证演出正常有序，活动前，制定了详细的防火、安全应急预案，并与西城公安分局内保处警员共同值守，保证了演出的正常有序进行。10月，为配合做好国务院和全国人大常委会关于加强社会治安综合治理两个《决定》颁布十周年，青年宫设立了安全防范工作办公室，全面负责安全防范工作。同时，为预防重大刑事案件发生，制定了十种重大刑事预案。

2002年3月，青年宫人保部相继出台了《北京市青年宫安全管理工作目标考核责任书》《北京市青年宫治安管理规定》《北京市青年宫停车场管理规定》。同时，完善了先期制定的《北京市青年宫安全防火管理制度》及《北京市青年宫安保勤务方案》，其中包括《岗位责任制度》《交接班制度》。4月，青年宫空调改造施工正式开始。这次改造涉及地下二层空调机房、热力站以及五层空调机房。为杜绝在施工期间发生消防安全事故，保卫人员加大监管力度，专门制定了《施工防火安全协议》。在施工前，由消防人员到现场进行检查；作业当中，电、气焊切割操作均需持证作业，明确工作范围，严格执行防火制度，切实做好施工当中的防火安全工作。

2002年10月，青年宫主楼内各办公区域标志、标牌进行了统一规范管理。各楼层公共区域、水房、卫生间的提示牌、标志、灯箱都在本次更换的范围之内，累计更换标志标牌200余块、门牌180余块。

2003年2月以来，北京爆发"非典"疫情，进入4月以后"非典"疫情日渐严重。北京市青年宫为保证广大消费者及员工的身体健康，决定于4月24日起暂停营业，并开始"非典"疫情的预防与控制工作。

4月24日，保卫部门召开紧急会议，部署工作任务，虽然青年宫停止营业，但每个人都不能休息，而且要比平时更加认真负责，在这个非常时期担负起我们的责任，做好北京市青年宫的安全保卫工作和预防控制"非典"工作。5月中旬，由于一名保安员被确诊为"非典"患者，青年宫全体保安人员都被隔离了，保卫部再次召开了紧急会议，要求部门人员提高警惕，兢兢业业，尽职尽责，确保青年宫的整体安全。

在"非典"期间，保卫部全体人员出色地完成了青年宫的保卫工作，为"非典"过后青年宫重新开业提供了保障。

2004年2月，加强对合作方及宫内各重点部位的安全管理。实行专人负责制，并建立了重点部位消防档案和各部室电器使用档案。10月，根据团市委转发《北京市集中开展火灾隐患排查整治工作方案》的通知精神，对大小剧场等场所进行了全面检查，制定安全应急预案和对库房的防火安全规定。

2005年12月6日，公安部消防局下发《关于开展消防安全重点单位信息系统试点应用工作的通知》。为配合建立电子消防档案工作，保卫部与物业部人员联合迅速搜集、查找宫内各类消防安全信息、各类应急预案及各区域图纸、消防系统数据，确保了此项工作在12月16日顺利完成。

2006年3月，为做好"两会"期间防火安全工作，青年宫将日常巡查由原来每2小时1次，改为每1小时1次；要求夜班巡查时要详细记录，对发现的问题及时上报，及时解决。同时还制定了《遇突发事件疏散应急预案》。每年"两会"期间，都严格执行安保规定，保证了"两会"期间的安全。自9月1日起，为加强内部安全管理，青年宫调整原夜间值班制度。

2007年3月，保卫部编制了"合作方电器器具使用登记表"，约束了入驻合作方的电器使用情况。为贯彻落实《国务院办公厅关于在重点行业和领域开展安全生产隐患排查治理专项行动的通知》等文件精神，12月初，保卫人员组成"专项行动治理小组"，对安全生产工作进行梳理，做好安全工作"回头看"。

2008年为迎接奥运会，3月初，青年宫与各部室及合作方签订《北京市青年宫实现平安奥运目标责任书》，明确了各部门及合作单位负责人为第一责任人，对安全工作负总责，各主管领导及分管主任实行领导班子成员包片责任制。切实做到"谁主管、谁负责"，层层落实，严把安全关。7月20日起，青年宫为了确保安全，恢复领导带班与中层值班制度；印发《北京市青年宫安全手册》，明确应对各类突发事件的处置程序和办法；成立青年宫安全稽查组，不定期对青年宫消防、安全、服务工作进行抽查；加强对重点部位与人员密集场所检查力度，对可疑人员、可疑物品及时发现、及时处理，杜绝安全死角。

2009年1月23日，青年宫安全检查组对主楼内各部室及公共区域进行安全检查。特别是对重点部位、人员密集区域进行了检查。对检查中发现的不符合消防安全标准的问题，当即开出整改通知单。7月，围绕学生暑期开展了"安全月"活动，并针对新疆"7·5"事件，制定了各类应急预案。年底，随着《2012》《三枪拍案惊奇》《十月围城》等电影大片依次上映，针对倒票人员常聚集的问题，保卫人员与外聘的保安员明线进行管理，暗线与西城区福绥境派出所警员合作，对倒票人员进行了联合打击，收效明显。

2010年9月20日—10月20日，在中秋和国庆节期间，青年宫结合自身实际情况，开展了安全隐患排查整治工作月。通过自查、集中检查，有效防止了安全隐患的发生。

2011年5月26日，团市委相关领导同志到青年宫检查安全生产工作，青年宫领导同志陪同检查。检查组一行人员先后到中控室、配电机房、剧场等重点区域进行了安全巡查，特别对防火设施、用电安全等进行了仔细检查。陪同人员向事业部领导汇报了青年宫在消防设施建设、防火应急预案、消防安全培训等方面所开展的工作。检查组对青年宫长期以来高度重视安全生产工作给予了充分肯定，同时，也希望在今后的安全生产工作中不断健全防范机制，彻底排除安全隐患，确保安全工作万无一失。8月的一场大雨，致使南侧通道树木倒地，将电线压住。青年宫保卫人员发现后，立即与工程维修师傅进行抢修，同时与电信部门及时联系，以最快速度排除险情。

2012年11月，党的"十八大"召开。为确保会议期间不出现安全问题，青年宫物业部将安全工作进行细化。首先，对外签订安全责任书，对内召开各班组安全会，明确分工、落实安全责任；将施工人员的情况全部集中归档，统一管理，明确工作区域，确保管理秩序。其次，首层大厅增设值班人员，对全楼进行安全巡视，特别是施工区域，发现有不安全因素及时排除；夜间总值班与各岗值班员每天多次对全楼进行巡检，形成全天候安全运转。由于门前是代表出行必经之路，负责车场管理的工作人员还要配合值勤交警，及时将车场外围进行疏通，避免造成车辆拥堵。

2013年春节期间，保卫人员采取外围抓技防、内部抓人防的工作方式，做好安保工作。通过消防中控24小时有人值守、加强系统监控、增加内部安全巡检力度、集中整治票贩子等方式，确保了节日期间的安全。暑假期间，开展了集中打击票贩子活动。

2014年1月，青年宫组织消防人员开展消防巡查活动。一是组织消防人员学习消防知识；二是熟悉各种消防器材；三是增加楼内消防巡查频次，严密排查消防隐患，特别是楼内人员比较密集区域消防设施的检查力度；四是对于使用电器的部门下发温馨提示，对有私搭电线以及有电线老化现象的部门及时开具了限改通知单，并督促其整改，以确保消防安全无事故。8月，按照属地防火部门的要求，制作了消防安全布局标志、消防设施器材标志、消防安全疏散标志、重点部位警示标志等，并张贴于青年宫各相应区域，实现了消防安全的标准化管理模式。另外，在消防中控室还悬挂了青年宫整体布局图；在首层大厅以及各楼屋内，均张贴了安全疏散指示标志。10月初，以"国庆"与"APEC会议"加强安保工作为契机，重新修订了"青年宫应急防火预案"、

"消防值班制度"、"总值班制度"、"环厅遇突发事件预案"、"中控室值班制度"、"保卫人员工作制度"等多项内容。12月，《北京市青年宫安全手册》正式推出。青年宫员工人手一册，同时还给每个合作方的员工配发了一部分。手册集突发事件预案、火警报警程序、值班管理制度以及消防治安处置口诀、消防安全四个能力、青年宫楼层疏散示意图于一体，图文并茂，精准实用。

2015年1月16日，团市委相关领导同志对青年宫进行节前安全大检查。在此次检查中，领导们重点走访了青年宫消防中控室，特意询问了中控操作台的使用，还请消防人员对手报系统进行了现场演示；查看了交接班记录本，并详细询问了交接班的流程，以及各自的岗位职责，对青年宫各项消防规章制度与交接班记录表示认可。1月17日下午，主抓安全工作的副主任带领青年宫安全检查小组对宫内进行节前安全再巡查。本次巡检着重查看了水、热、气、电设备机房以及合作单位的重点部位。本着严格、细致、不遗不漏、不走过场的原则，检查人员以高度负责的精神完成了本次检查，杜绝了安全隐患。2月15日下午，青年宫召集9家重点合作单位，进行节前与节日期间的安全工作会。会议强调冬季是防火、防盗重要时期，要求合作方要严格做好防火、防盗等安全工作；对从事餐饮行业的单位，要求提供当期检验合格的烟道清洁报告，并制定严格的安全防火制度；娱乐与培训单位，为避免节日期间人员聚集较多，要求制定严密的疏散预案，以防事故发生。明确节日期间青年宫内禁止燃放烟花爆竹；节日期间停业的单位，要负责检查好门窗、电器等开关，确保安全。

2015年，北京国际田联世界田径锦标赛、中国人民抗日战争暨世界反法西斯战争胜利70周年纪念活动成为多方关注的焦点，两项重大活动期间的安全工作更是被列为重中之重。8月6日下午，团市委领导同志来青年宫检查安全工作，青年宫领导同志陪同检查。本次的检查主要以消防设备设施以及重点部位为主。领导们首先到中控室查看了消防操作台，并让消防人员当场测试消防手报的灵敏度，确认报警部位；随后，领导还查看了消防日交接记录等日常需要细化的工作；最后，领导又到地下一层的几个重点部位进行查看，主要是对设备设施以及安全预案方面进行检查，确保不遗不漏。

为了确保两项重大活动期间单位内部的安全不出问题，8月中旬，福绥境防火安全办公室与辖区内各单位签属了承诺书，明确了必须完成的"六个一"规定动作。青年宫领导高度重视两项重大活动期间的安保工作，第一时间责成保卫部门将"六个一"进行分解：查找宫内隐患，更换到期灭火器及全楼消防水带；召开各部室与合作方安全会议强调安全防范，要求餐饮单位出具烟道清洗报告；对新入职员工进行安全防火培训并进行实战演练；与各部室及合作单位签订两项重大活动期间安全协议；青年宫领导临时带班等系列举措全部到位。

消防宣传培训工作。 1996年11月9日，为配合"119"防火宣传月活动，部门组织了一次消防运动会，进一步加强员工的防火安全意识。同时，还响应市、区的号召，到社区宣传消防知识，达到消防工作社会化。

自1996年开展消防宣传和培训活动之后，每年的防火日来临之前，北京市青年宫都要组织各种形式的消防宣传活动，活动的方式有给全体员工下发消防知识问卷、对单位消防员工进行集中培训、利用宣传展板和宣传品对过往人员进行消防知识宣传与普及、对消防人员进行消防知识笔试以及开展消防演练等。

2003年，保卫部精选了安全疏散方法、火灾发生的注意事项、消防器材的使用与保养等消防知识，对员工进行了培训。

2004年，保卫部组织了消防安全培训，共有各部门消防骨干22人参加。这次培训的内容有火灾发生时应该如何报火警、灭火器的使用、扑救初期火灾以及安全疏散和逃生要点等，培训人员结合各部门及岗位的火灾特点，分别加以说明，以提高大家的防范意识。

2005年，针对夏季气候干燥、火灾易发生的特性，保卫部聘请了北京市火灾防治中心的教官为各部门及合作方员工进行消防培训。培训重点是防火工作的重要性、电器火灾的起因、初夏火灾的扑救、燃烧的几个阶段、燃烧的三要素、灭火器使用、逃生的方法选择等。4月1日，为落实北京市"人员密集场所安全生产"的有关规定，北京市青年宫在全体职工中开展了"安全生产、消防知识"竞赛活动。本次活动覆盖面达到100%，答卷上交率95%以上。经评审小组综合评议，评出一等奖2人，二等奖 4 人，三等奖 6 人。

2008 年奥运临近，为加大消防宣传力度，7 月 1 日，北京市青年宫聘请北京市火灾防治中心教官给全体员工进行消防安全培训。培训时在四层电脑教室组织大家观看了反映火灾的危险性和火灾带来的巨大损失的宣传片。并现场教一些新员工如何扑灭初期火灾以及灭火器材的使用。

2009 年 3 月，青年宫组织全员消防培训，培训内容涉及办公环境下如何简易灭火与逃生、办公室发现火情如何在最短时间内进行施救、灭火器的使用要领等，培训会后部分人员参与了灭火器使用的现场演练。

2010 年 3 月组织了以观看宣传片为主的消防员培训。10 月，青年宫制定的消防安全"四个能力"出台，为了让大家了解"四个能力"利用宫内各种宣传方式对"四个能力"进行了宣讲和解读。11 月 9 日，是"世界消防日"，根据青年宫自身的实际情况，将青年宫消防"四个能力"宣传标语进行张贴，加大消防宣传力度。

在 2011 年 11 月 9 日"世界消防日"当天，青年宫组织消防人员为各部室及合作单位发放防火宣传小册子 80 多份；在首层大厅及员工食堂张贴《消防条例》，悬挂消防横幅；同时，利用宫刊、网站对消防知识进行宣传，增强大家消防安全意识。

2013 年 3 月，聘请市消防中心的教官，为大家宣讲身边的消防知识，包括发生火灾原因、消防器材的使用、火灾发生后的逃生方法等。9 月 29 日，剧场部为配合消防安全"四个能力"的宣传，进行了消防演习。内容包括消防应急疏散和消防业务技能，并模拟了影院 2 号厅发生火灾后的疏散演习。

2014 年 3 月，利用全员聘岗培训时机，以石景山喜隆多商场火灾为实例，开展全员消防培训。培训内容有灭火器罐的重量与具体能够喷洒的时间、消防水带的长度及使用方法、如何逃生等。

2015 年 3 月，青年宫组织全体职工进行"消防问卷答题"活动。试卷的题目有大家最为熟知的消防中控报警电话、灭火器的使用方法、国家消防工作方针等基本消防常识。本次活动共收回问卷 112 份，其中很多员工都提出了非常中肯的建议。在 3 月举行的全员消防培训中，针对 2014 年发生在宁夏固原市西吉县北大寺和 2015 年新年上海外滩发生的踩踏事故，聘请资深安全培训专家，为大家作了生动详实的讲解。并特别重申了如何避免类似的事件发生。

为营造即将在北京举办的世界田径锦标赛期间的安全氛围，8 月 13 日下午，保卫人员组织新入职的员工以及各部门消防安全员进行消防、安全方面的培训及演练。主管安全的相关领导到会做了培训前动员。本次培训根据青年宫的实际情况，从安全、消防两方面对新员工及部门消防员进行培训：遇突发事件如何处置、如何逃生以及逃生时如何防踩踏是安全方面主要培训内容；灭火器的使用、消防"四个能力"有哪些、如何报火警等消防问题也位列其中。培训会后，在后车场进行了灭火器使用的实际操作，达到了既有理论又有实际的效果。

保安员风采。1996 年"五四"游园会当天，安保人员在车场执勤时，发现正门铁栅栏突然倾斜欲倒，立即冲上前，将铁栅栏扶住，保护了停放在栅栏边的两辆汽车及正在栅栏边玩耍的小孩子的安全，受到表彰。

1997 年 5 月 20 日，执勤队员在大厅发现一名 4 岁儿童与父母走失，及时将儿童送回家。6 月 10 日，保安员在大厅执勤发现一名残疾人要到三楼参加活动，因行动不便，不能上楼，便主动将其背上三楼；活动结束后，又主动将顾客背下来，送至大门口，受到事主的表扬。8 月份，巡逻队员发现地下二层啤酒花园门被撬，及时报告，避免了损失。9 月 28 日，保安员在巡逻中发现地下二层垃圾起火，及时扑灭，避免了一次火灾的发生，受到表彰。

1998 年 5 月，保安员在鸟市值勤中抓获偷、抢鸟嫌疑人 14 名；抓获利用假币交易嫌疑人 2 名，涉案金额 1200 元。

1999 年 3 月 8 日、4 月 7 日，保安员分别发现后花园树木着火和地下二层杂物燃烧，及时将火扑灭，避免了火势蔓延。

直至 2015 年，保安员在防火防盗工作中多次发现火灾及安全隐患，都及时处理，避免了青年宫的经济损失，受到青年宫领导和上级领导的表彰和奖励。

消防技防提升。自 1996 年起，北京市青年宫每年都对消防器材进行检查，发现问题及时纠正，保证了青年宫的消防安全。

1996年2月对消防水泵进行验收合格。同年，在举办"五四"游园会时，为每个摊位配置了灭火器。

1998年3月，对宫内各区域配备的灭火器进行逐一登记，把消防工作以条块的形式进行划分，做到消防责任落实到人。

1999年6月初，为全楼重点部位安装了防盗报警器。

2000年9月，对青年宫各区域灭火器配置情况进行了检查，并购置了新型ABC灭火器180具。

2002年5月份，投资50000元对消防设备进行维保，对楼内所有消防探头进行了统一清洗，更换了消防局明令禁止的"1211"干粉灭火器。

2005年3月，保卫部对照《七个安全管理规范》对青年宫内各种消防指示标志进行了更换。为楼内各层加装了安全出口指示灯，并购置应急处置包3个。

2006年10月，为了提升青年宫整体安保措施，在青年宫主楼内安装了监控探头；在首层大厅，前、后车场也安装了摄像头。

2007年4月，加大火灾隐患排查力度，更换消防中控模块140余块、清洗烟探头180余个、更换到期灭火期262具；聘请专业公司对楼内消防设施进行了检测和维保。

2010年10月，聘请专业公司对全宫的火灾报警系统、消防供水系统、室内外消防火栓系统、自动喷洒灭火系统、防火卷帘门、应急广播等设备设施进行全面检测和维保。包括维修消防中控主机一部、清理烟感探头400余个、更换干粉灭火器480余具、维修更换应急灯20余盏、维修防火卷门5扇、检查启动消防水泵和消防喷洒泵5次，保障了青年宫内消防设备设施的正常使用。

2012年6月，对原有老旧摄像头进行了维修和更换。

2014年9月，对到期的300余具灭火器更换了药粉；同时，对全楼的消防设备进行了相应的维保；另外，按照市防火办的要求，重新规范了全楼消防应急标志。

2015年4月，对单位内部的消防控制中心火灾自动报警系统、联动控制操作系统、机械防排烟系统、自动喷水灭火系统进行全方位的摸底、排查。根据《建筑设计防火规范》及《火灾自动报警系统设计规范》要求，经青年宫主任会研究决定，对存在问题并且已不符合消防应急标准的系统设备，通过招投标予以更换。

当年 8 月，为确保世界田径锦标赛与抗战胜利 70 周年庆典活动期间青年宫的安全，更换了全楼的消防水带 60 条、灭火器 298 具。

停车场管理。1999 年 6 月，北京市青年宫停车场取得市政管委核发的停车经营许可证，可对社会开放，并按北京市发改委标准收取停车费。自 2000 年 10 月 1 日起，青年宫停车场实行规范管理。青年宫各部室及合作单位每个单位配发一个免费停车证。车场划分内部与外部停车区域。2011 年 4 月 1 日，北京市发改委对市内露天停车收费场所价格实行全面调整。由原来白天每小时 2 元，调为每 15 分钟 2 元；夜间仍为每两小时收费 1 元。北京市青年宫机动车停车场按此新收费标准执行。2012 年 3 月，青年宫停车场出、入口加装了电动倒闸。自 2015 年 1 月开始，青年宫停车场进行正规化管理：包括人员统一着装，佩戴工作证上岗；停车收费实行轮岗制，杜绝收费跑漏现象；制定内部需求收费方案。7 月中旬，暑热来袭，青年宫领导及时为车场的工作人员准备了防暑药品，购买矿泉水、西瓜等防暑食品。8 月初，更换了停车场原有的旧岗亭、对路面出现的破损进行了修补。

三、工程总务工作

青年宫改造工程。随着北京市青年宫办公设施和房屋建筑的逐年老化，对北京市青年宫房屋和各项设备设施的维修改造工作，逐步提上了议事日程。为了保证北京市青年宫的工作正常运转，北京市青年宫一方面利用自有资金进行日常的维护维修，另一方面努力争取市财政专款的支持，用于房屋设备设施的维修改造工作。

2001 年 9 月，北京市青年宫利用市财政所下拨的 890 万元空调系统改造专款，对青年宫各部门的空调进行了全面的更新和改造，此项工程 2002 年 8 月完工并验收合格。同时，北京市青年宫还自筹部分资金，对全宫内部分不适合进行现代化办公的区域，进行了装修改造。

2003 年，北京市青年宫利用市财政下拨 380 万配电改造专款，对全宫的配电系统进行了增容改造，4月份完成了增容改造工程招标工作，9月工程开始施工，12月工程完工并验收合格。

2005年9月，物业部对北京市青年宫大门的建筑门头进行了改造，在正门两侧安装了8个室外橱窗，并翻新了楼顶上的宫徽牌匾。

2007年4月，对北京市青年宫二层208室进行改造，修复了北京市青年宫前后广场破损的地面和屋面防水，将综合楼供热管线及北通道下水管线也进行了修复。

2011年，利用市财政下拨的580万元供热系统改造专款，对青年宫供热系统进行了升级改造。此次供热系统改造工程，从工程的招投标，到工程正式完工历时92天。

2014年，利用市财政下拨专款217万元，对北京市青年宫卫生间、部分屋面防水、部分广场地面、楼层电梯进行了维修。

2015年，利用市财政下拨的260万元专款，对北京市青年宫局部配电系统进行了改造，对局部排污管道进行了维修，更新了全宫的消防设备和设施。

环境卫生。爱国卫生工作是北京市青年宫重要工作之一，是青年宫精神文明建设的一个重要方面。在北京市青年宫爱国卫生委员会的领导下，始终把抓好环境卫生工作，列为部门工作重点。

一是制定并下发了北京市青年宫《公共经营区域卫生标准检查管理制度》《北京青年宫卫生管理制度》，进一步落实了《北京市公共场所禁止吸烟的规定》和《北京市除四害工作管理规定》，在会议室及公共区域张贴了禁烟标志，定期检查办公区域的禁烟执行情况。

二是将北京市青年宫公共区域按楼层划分成若干个清洁区，分别由专门保洁员轮班负责，并对工作提出了具体要求，按照标准要求对"门前三包"和其他卫生执行情况进行监督检查。

三是配合西城区开展创建国家卫生区活动，按照福绥境街道（西城与宣武合并前）爱国卫生委员会的检查内容及标准，做好每年的卫生迎检工作。

四是做好扫雪铲冰工作。每年冬季降雪后，都要组织全体职工扫雪铲冰。2002年北京普降大雪，此次降雪量大、降雪时间长，按照北京市和西城区政府及福绥境街道办事处铲冰扫雪通知的要求，组织全体员工和全体保洁员开展铲冰扫雪工作。

五是做好其他环境卫生维护工作。在 2003 年 6 月"非典"期间，多次组织职工开展全宫的环境卫生清理工作，并且每天对公共区域、办公及经营场所实施两次消毒。2004 年根据北京市委市政府的工作要求，结合城市清洁日要求，对单位内部和外部环境卫生进行了彻底的清理和整顿。2005 年根据北京市和新街口地区爱卫会（西城和宣武合并后）工作要求，结合全国第十七个爱国卫生活动月，组织全体职工对北京市青年宫的环境卫生进行了 4 次"大扫除"，并对多年存放在宫内的废旧物品进行了清理。2007 年，为创造良好的卫生和工作环境，组织全体职工参加了西城区爱国卫生委员会组织开展的城市清洁日活动，共举行了 3 次爱国卫生城市清洁日活动，受到了西城区政府的表扬。

六是开展后勤服务社会化改革。依据青年宫对外部环境卫生的要求，和负责外部环境卫生的保洁人员年龄偏大并临近退休的实际情况，对保洁工作实行"半社会化"管理，即工作仍由物业部牵头负责，工作任务则委托清洁服务公司完成。2007 年 6 月，北京市青年宫将外部环境保洁、"门前三包"、垃圾运输等工作，委托北京环兴城区清洁服务中心管理。2012 年 12 月，随着青年宫的保洁人员逐渐退休，已不能满足青年宫保洁工作的要求，于是开始面向社会招标。通过竞标，自 2013 年 3 月开始，北京市青年宫的楼宇保洁工作交由北京奥华美洁保洁有限公司委托管理，物业部只代表北京市青年宫行使监督履约职能。

由于全宫上下重视环境卫生工作，分别于 2003 年、2005 年、2007 年荣获西城区爱国卫生先进单位。

计划生育。物业部负责全宫计划生育工作以来，青年宫领导高度重视此项工作。组织全体育龄职工深入学习、贯彻《中共中央、国务院关于全面加强人口和计划生育工作统筹解决人口问题的决定》等文件精神，并于 1996 年制定了《北京市青年宫关于实施计划生育条例和女职工劳保制度的暂行规定》《北京青年宫计划生育目标管理责任书》，还依照属地管理的原则，按照目标管理责任书的约定，与每名育龄职工签订了计划生育责任书，做到了计划生育工作一级抓一级，层层抓落实。

随时为育龄职工办理"生育服务证"、发放药具，并按有关计划生育政策规定，每月对独生子女费、奶费、托儿补助费进行核对并及时发放，为调动的职工及时办理有关独生子女费的转出、转入工作。

将计划生育工作纳入法制化轨道，2001年按照《人口与计划生育法》《计划生育技术服务管理条例》《社会抚养费征收管理办法》等计划生育法律法规文件要求，利用多种方式组织育龄妇女学习和宣传计划生育工作，通过组织学习和讨论，加深育龄妇女对现行的计划生育政策法规的理解，使计划生育工作在北京市青年宫得到全面落实。

2003年，采取多种形式为育龄妇女提供优质服务。对生产员工及时探望，主动向他们传授哺乳、育儿、避孕等知识，及时发放避孕药具。

2004年11月，组织并选派员工参加福绥境街道（西城与宣武合并前）计划生育协会开展的预防艾滋病知识的普及和宣传活动。

2005年8月，为纪念中共中央《关于控制我国人口增长问题致全体共产党员、共青团员的公开信》发表二十五周年，按照西城区计划生育协会要求，发放"优孕通"卡，对有生育意愿的夫妇进行孕前指导，使其掌握健康的生育方法。10月，国庆期间要求员工收看BTV-1播放的北京市计划生育委员会举办的"以人为本 共创和谐"——纪念计划生育国策25周年专场文艺晚会实况。

2006年12月，新街口街道流动人口南小街规范一条街计划生育联合协会成立大会暨第一次会员代表大会理事会议在青年宫四楼会议室召开，青年宫工会领导当选为理事会会长并发言。

2008年，调整了北京市青年宫计划生育委员会成员，并对人口与计划生育目标责任书进行了修改和完善，明确了党政一把手及相关责任人在人口与计划生育工作中的职责。

2009年，为贯彻中共中央、国务院《关于加强计划生育工作严格控制人口增长的决定》精神和北京市、西城区《关于加强计划生育工作严格控制人口增长的决定》的实施意见，在全区营造良好的"婚育新风促和谐"社会氛围，按新街口街道要求，在元旦、春节期间，结合单位实际，组织开展了人口和计划生育宣传服务活动。

2012 年、2013 年，北京市青年宫主管计划生育工作的宫领导，出席了新街口街道计划生育工作会议，并与有关部门签订了加强人口和计划生育工作、统筹解决人口问题责任书。

由于北京市青年宫重视人口与计划生育工作，分别于 1996 年、1999—2002 年、2005—2008 年荣获西城区计划生育（协会）先进单位。

日常总务工作。自北京市青年宫成立以来，总务后勤工作就成了青年宫开展工作的坚强后盾，大到各种设备实施的购进、各种工程的招标、维修，小到每个职工使用的笔墨纸砚，只要是关系到青年宫发展和员工的正常需要，都会及时办理，保证了青年宫工作的正常开展。由于总务后勤人员的出色工作，总务后勤集体和个人多次受到青年宫领导的表彰。

第六节　改扩建办公室

一、部门简介

2004 年，北京市青年宫启动改扩建项目，由开发销售部负责。2006 年 4 月，经主任办公会研究，撤销开发销售部，成立改扩建办公室，负责原开发销售部全部职能，继续进行北京市青年宫改扩建工程项目。主要负责北京市青年宫改扩建工程和综合楼建设相关事宜及团市委交办的其他项目。

二、工作职能

1. 对外联系有关部门和项目报审等前期工作。

2. 与工程设计、监理、施工等相关单位联系沟通。

3. 青年宫改扩建合同管理、工程报价、成本费用预算核算。

4.青年宫改扩建工程的档案整理、行文起草。

5.工程现场管理。

三、改扩建工程

自筹资金建设阶段。2004 年，为了贯彻落实中共中央《关于加强青少年学生活动场所建设和管理工作的通知》文件的精神，从硬件设施上更好地满足广大青少年的需求，北京市青年宫开始运作改扩建项目。青年宫领导积极与市发改委、市环保局、首都规委等有关单位进行沟通，开展工程项目调研分析、专家论证、规划设计、立项审批等各项工作。

2005 年 11 月，完成交通评价审核工作，取得《北京市交通委员会关于北京市青年宫改扩建工程交通影响评价报告评议意见的函》【京交规函（2005）748 号】。

2006 年，北京市青年宫成立改扩建办公室，改扩建项目被列入《北京市"十一五"时期青少年发展规划》之中，要求在北京市青年宫实施改扩建项目时，始终坚持把社会效益放在第一位，突出青年特色，完善丰富服务功能，提高服务能力和服务水平，满足青少年学习、健身、娱乐、培训等多方面需求，使其成为综合性青少年服务场所。

2006 年 2 月，完成了规划意见书的批复工作，取得《北京市规划委员会规划意见书（条件）》【2006 规意条字 0061 号】。批准青年宫改扩建项目为 70396 平方米（其中地上面积为 46700 平方米）。3 月，北京市青年宫自筹资金改扩建项目建设，报发改委进行立项。5 月，完成环境评价审核工作，取得《北京市环境保护局关于北京市青年宫综合楼改扩建工程建设项目环境影响报告批复》【京环审（2006）388 号】。7 月，完成北京市国土资源局关于北京市青年宫建设项目用地审批工作，取得《关于北京市青年宫建设项目用地预审意见》【京国土西预（2006）004 号】。

政府投资建设阶段。2007 年 11 月，团市委决定争取项目由市政府全额投资支持，并将原址改扩建的方案修改后上报市发改委。团市委将《关于申请北京市青年宫改扩建项目投资支持的报告》【京团文（2007）188 号】报市委市政府，梁伟同志批复"报吉林同志阅，建议请发改委给予立项并支持"，吉林同志批复"请发改委研提意见"。

2008年1月，办理原《规划意见书》【2006规意条字0061号】许可文件的延期（有效期至2010年2月）。1—6月，对建设项目的模式和方案进行深入调研分析，并将原址拆改扩建多种方案进行对比，提出了保留改造、拆除网架结构与加建相结合的原址改扩建方案，将总建筑面积由70000平方米下调至55000平方米，投资约3亿元，由政府全额支持，之后将《青年宫改扩建工程项目建议书》上报市发改委审批。

2008年12月，团市委将《关于北京市青年宫改扩建项目方案调整的请示》【京团文（2008）248号】报市委市政府，梁伟同志批复"同意，请会同发改委等部门认真研究好项目具体安排"。

2009年3月，用地预审办理了延期，取得《关于北京市青年宫改扩建工程建设项目用地预审意见》【京国土西预（2009）002号】。

2009年4月，依据相关部门的意见，市发改委将《青年宫改扩建工程项目建议书》（53245平方米）委托北京市工程咨询公司进行评审。6月，取得市发改委《关于北京市青年宫改扩建项目节能专篇审查意见》【京发改能评（2009）89号】。

2010年1月22日，评审公司基于项目由政府全额投资建设的考虑，通过了将规模进一步压缩至36498平方米的改扩建方案，后市发改委就36498平方米的方案与青年宫进行沟通，同意建设但政府仅投资一半。2月，再次办理规划意见书的延期（有效期至2012年2月）。8月，团市委将《关于北京市青年宫改扩建项目有关问题的请示》【京团文（2010）96号】上报市委市政府，吉林同志批复"请发改委报"。

异地选址建设阶段。2011年1月，根据吉林副市长的相关指示精神，开始着手青年宫异地新建方案的调研分析，先后走访国土资源局、市规划委员会等多部门，并进行了实地考察。5月，向团市委提出了异地新建70000多平方米的选址建议，并上报了《关于异地新建北京市青年宫的请示》，未有批复。

重新启动原地改扩建阶段。2012年12月21日，市委常委陈刚同志及市委领导同志一行来北京市青年宫调研，团市委领导同志陪同调研。正式提出推进青年宫改扩建工作。12月，青年宫重新启动原址改扩建工程。

2013 年按照团市委的工作部署，制定了整体改扩建方案，规模为 70000 ~ 100000 平方米。由北京建筑设计研究院进行规划方案设计。9 月 27 日，北京测绘院对北京市青年宫进行测绘，项目编号为【普测（2013）2143 号】。12 月 30 日，项目以《关于北京市青年宫改扩建项目调整有关规划指标及设计方案的公示申请》形式，报市规划委员会，建筑规模：70463 平方米。

2014 年 1 月 21 日，向市规划委员会递交公示材料。2 月 18 日至 3 月 19 日，青年宫改扩建进行项目现场及网络公示，由方圆公证处进行公证。同年按照市规划委员会要求，沿用 2006 年规划条件，地上建筑规模 46700 平方米，地上三层基础结构不变。11 月 2 日，取得了《北京市规划委员会建设项目规划条件》【2014 规条字 0095 号】。要求与【2006 规意条字 0061 号】合并使用。

2015 年 2 月 11 日，委托北京市工程咨询公司进行改扩建《项目建议书（代可行性研究报告）》的编制。4 月 27 日，向共青团中央报送《关于报请批准北京市青年宫改扩建项目设置和规模需求的请示》。5 月 8 日，取得共青团中央办公厅批复的《关于北京市青年宫改扩建项目功能设置和规模需求的批复》【中青办通字（2015）31 号】。2015 年 6 月，制作《北京市青年宫改扩建项目建议书代可行性研究报告》。2015 年 9 月，团市委通知，由于客观原因改扩建项目暂停。

四、配合其他单位工程

2006 年 11 月，为团市委及市妇联办公机关由市委市政府院内迁入原北京市高级法院办公楼提供搬迁策划方案。

2007 年 8 月至 2008 年 12 月，根据青年宫综合楼的实际经营需要，由合作方出资对综合楼加建至整体 8 层。2007 年 8 月 30 日取得规划意见书，9 月 12 日开始立项，2008 年底竣工。

2009 年 7 月至 10 月底，改扩建办公室同志受领导指派配合团市委参加了国庆群众游行的电力及广场施工保障工作。2009 年，受团市委委托，配合团市委进行青年中心装修工程，由青年宫领导同志及改扩建办公室同志组成青年中心工程施工现场指挥部，负责工程现场有关具体工作。工程于当年 11 月 11 日开工，2011 年 4 月 29 日验收。2013 年 12 月完成青年中心工程结算工作。

第七节 创业就业办公室

一、北京青年人才服务中心简介

部门成立。1998 年 10 月 7 日，北京青年人才服务中心由北京市劳动局批准成立，是国有性质的综合性人才服务机构，隶属于北京市青年宫且具有独立法人资格，法定代表人为北京市青年宫副主任铁国杰。自成立之日起，北京青年人才服务中心采用外包合作经营模式，面向社会开展岗位推荐、就业指导、招聘活动等就业服务。

机构调整。随着全国青年就业形势的变化，北京青年人才服务中心的现有功能已经远远不能满足青年创业就业的需要，2005 年 6 月经青年宫主任办公会研究，并报北京团市委批准，将北京青年人才服务中心由外包合作经营模式转为北京市青年宫自营。法定代表人变更为青年宫主任冯松青，后又变更为北京市青年宫副主任杨志宏。自营后的北京青年人才服务中心在原有各项就业服务职能保持不变的前提下，增加创业服务功能，引进 YBC 模式扶助青年创业项目。

二、YBC 北京办公室简介

YBC 北京办公室成立。2005 年 6 月 5 日，北京市青年宫遵循团市委关于"面向青年、服务青年，促进以青年为主体的各项公益性事业快速发展"的指示精神，同时按照团市委要求，筹备引进了 YBC 模式扶助青年创业项目。YBC 是"中国青年创业国际计划"的简称，是由团中央、全国青联发起的旨在帮助中国青年创业的国际合作公益项目，其扶助对象是 18—35 周岁之间、具有创业意愿和潜质的失业青年。YBC 为通过评审的青年创业者提供 3—5 万元的创业启动资金和为期三年的"一对一"导师支持。

2005 年 9 月 30 日，YBC 北京办公室成立筹备会在北京市青年宫召开，经前期学习调研、场地落实、企业家及导师招募、创业青年报名筛选等程序，成立 YBC 北京办公室的条件已基本成熟。11 月 4 日，北京市青年宫向团市委提交了"关于成立 YBC 北京办公室"的书面请示。11 月 16 日，北京市青年宫递交的请示，得到了团市委书记关成华的批复，同意北京市青年宫成立 YBC 北京办公室，并以书面申请上报 YBC 全国办公室。12 月 4 日，中国青年创业国际计划（YBC）全国办公室"关于成立 YBC 北京办公室的批复"发至北京市青年宫，同意北京市青年宫成立 YBC 北京办公室，并授权 YBC 北京办公室以 YBC 的名义，开展中国青年创业国际计划北京地区的项目试点工作。

2005 年 12 月 5 日上午，"YBC 北京办公室成立暨诺基亚捐款"仪式在人民大会堂举行。共青团中央、共青团北京市委员会等单位领导同志及企业家代表、YBC 企业导师、创业青年代表、各新闻媒体 100 余人参加了启动仪式。

部门简介。YBC 北京办公室成立以后，以"坚持公益、服务青年"为宗旨，按照团市委服务青年创业就业工作的总体目标，及北京市青年宫的整体工作要求，开展了大量促进人才就业、创业的服务工作，就业、创业活动分别以北京青年人才服务中心及 YBC 北京办公室的名义开展。

YBC 北京办公室成立以后，以创业导师、创业青年俱乐部活动为抓手，凝聚各种社会公益力量，并充分利用现有资源，通过开设创业服务讲堂、组织创业培训、组织创业大赛、进行创业宣讲、开设创业门诊活动等，宣传创业理念，传播创业知识，提高青年创业成功率。

北京市青年宫自 2005 年 12 月 5 日成立 YBC 北京办公室以来，依据青年具体情况，制定了多项 YBC 模式下的扶助青年创业公益项目，经过专家们的精心筛选，共计初筛出青年创业项目 1200 个。同时，组织导师对创业项目进行评审考察 225 次，实地考察项目 600 个，最终获得资金及导师扶助的青年创业项目 131 个。

YBC 模式扶助青年创业公益项目创业青年名录：详见附录（五）

三、北京市青年宫创业就业办公室

2014 年，北京市青年宫结合北京地区创业就业环境及青年群体创业就业的特点，就业服务增设"公共就业服务"项目，面向本市大中专毕业生、城镇登记失业人员、有转移就业要求的农村劳动力、来京农民工等群体，免费为他们提供职业介绍等综合性公共就业服务。重点针对首都高校毕业生就业问题，通过召开"校园双选会"、开展"校企对接"、组织"小型见面会"、实施"就业指导及面试培训"等，帮助高校毕业生客观确立自身职业定位，提高就业成功率。YBC 模式扶助青年创业项目逐步从"一对一青年创业项目扶助"为主导转为"在加强对创业导师、已扶助青年的管理和服务的同时，以创业教育、理念传播为主导"的工作模式，旨在加大 YBC 北京办公室创业服务力度，扩大社会影响力，拓宽服务覆盖范围，提高创业公益服务的质量和效益。

自 2015 年 1 月 1 日起，"公共就业服务"项目经过一年的业务运行及青年宫对 YBC 模式服务青年创业工作新的定位，作为青年宫服务青年创业就业公益部门，统一命名为"北京市青年宫创业就业办公室"，为在北京创业就业的青年提供服务。主要业务包括：公益创业指导及公共就业服务。

第八节　压力管理中心

一、部门介绍

2006 年 6 月 14 日，北京青年压力管理服务中心（以下简称减压中心）获北京市民政局颁发的登记证书，同年 8 月 8 日正式成立。减压中心的前身为"北京市青年宫青年潜能开发项目办公室"，是共青团北京市委员会下属的第一家民办非企业单位，也是国内首家专门从事压力管理服务的应用心理学专业机构。北京青年压力管理服务中心成立以后，在共青团北京市委员会与北京市民政局社团办的直接指导下，由北京市青年宫、北京正辰科技发展有限责任公司以及北京亨运得商贸有限责任公司三方共同签约，共同出资对其办公地点、办公设备、办公条件进行了更新改造，目的是使减压中心的工作更好地开展。如今减压中心除设有办公室外，还配有一个 60 平方米的减压室和一个 12 平方米的心理咨询室。减压中心成立以后，还购置了一些常规的减压与咨询仪器设备，包括生物反馈仪、音乐减压仪、减压成套乐器、心理测量软件等。此外，为了使减压中心更好地服务青年，中心还建立了一整套内部规章制度，开通了中心网站，组建了由专职员工、兼职专家、心理咨询师、培训师及志愿者组成的专业工作团队。

减压中心坚持以"从心开始，服务青年"为宗旨，以"让心灵微笑，助社会和谐"为使命，将专业性、权威性、公益性、实用性的心理服务带给公众。因此自成立之初，就成为广大媒体关注的焦点，中央电视台、北京电视台、新华社等 40 多家主流媒体，先后进行了采访与跟踪报道。

二、开展工作

减压中心自成立以来，开展了多项减压工作。组织活动方面，成立减压俱乐部，组织高考减压家长课堂，制定"太阳花成长计划"，开展"志愿服务的心理支持"大学生志愿服务发展论坛，组织大学生就业压力管理论坛，组织"学点心理学"公益课堂、参加西城区社区心理健康服务体系建设项目，举办婚恋心理系列讲座，实施"快乐我心，健康成长"为打工子弟小学从事心理服务项目，参加"青春心家"项目，制定"青春加油站"项目，参与关爱农民、楼宇青年服务计划、公益星期六、暖心公益性、就业心伴侣等项目；在开展心理培训方面，为高校学生开展心理培训、为企事业单位开展心理培训、为志愿者开展心理培训等。

减压中心自 2006 年成立至 2015 年，累计举办各类活动千余次，累计参与人数十万余人次。由于减压中心社会效益和经济效益显著，中央电视台、香港无线卫视、39 健康网等各类新闻媒体直接报道累计达到百余次，间接媒体报道万余次。

第七章　经营工作

第一节　剧场部

一、部门简介

北京市青年宫剧场部是北京市青年宫下属经营部门，主要经营电影放映、接待会议、举办大型演出等业务。剧场部成立之后，举行了观众与影人见面、大中小型音乐会，组织小学生和爸爸妈妈一起看电影、发放电影卡、进行电影展演、送片进校园、赈灾义卖、慰问首都建设者、服务外来务工青年、开设周末剧场、举办青少年公益电影节、青少年生态环境大学堂等活动。此外，还成立了北京青年影视俱乐部、接受邀请负责中国电影博物馆放映部的经营与管理。

剧场部成立之初，设有大小两个剧场和贵宾室，1995年12月8日正式对社会开放并开始试营业，对外称为北京青年宫影剧院。2004年下半年剧场部筹资专款270万元，对青年宫影剧院实施了工程改造，新增了3个影厅。2005年1月28日，剧场部完成新增影厅改建工程，成为拥有大小5个电影放映厅、1042个座位的多厅影院，同时影剧院也对外更名为"北京青年宫电影城"。2015年5月至7月，"北京青年宫电影城"再次进行了全新的内外装修和改造，将1号放映厅改建为北京青年剧场。7月24日正式挂牌接待社会商演活动。

二、首次发售生肖电影年卡

为激发广大青少年对电影的爱好，北京市青年宫在1996年11月16日首次发售生肖电影年卡（生肖卡）。电影卡以生肖为版面，每年绝版发行 999 张，电影生肖卡有 25 孔，观众观看电影时打孔兑换电影票。该卡是取得国家专利技术支持和保护的第一张电影纪念卡，具有使用和收藏双重价值。11 月 16 日上午 9 时电影卡发售前，北京市青年宫为兑现绝版发行的承诺，当众举行了销版仪式并决定，自 1997 年（牛年）开始发售电影卡之后，每年 11 月上旬都要开始发售下一年度电影卡，发行至 2008 年（鼠年）最后一年发售，连续发售 12 年。2008 年，青年宫电影城为集齐 12 年年卡的观众赠送了电影"荣誉卡"，持"荣誉卡"观众享受青年宫观影终身半价待遇。

三、成立北京青年影视俱乐部

北京青年影视俱乐部（以下简称俱乐部）于 1997 年 2 月 22 日正式在北京市青年宫开展活动，是全国首家专业性青年影视社团组织。影视俱乐部的成立旨在"架起广大青少年与优秀电影文化之间的桥梁"，沟通影视创作领域与观众的交流，繁荣影视市场、推动影视创作。俱乐部采取会员制，每两周活动一次，会员可以参与电影电视剧的展映、参加与影视创作人员的见面会并与之进行座谈交流、参加俱乐部发起的征文和外出参观活动、参与影视剧的拍摄、培训辅导活动等，以此提高自己的艺术鉴赏力。

四、北京市青年宫电影城荣获星级影院

2000 年 1 月 29 日，星级影院授牌仪式在北京市青年宫举行，北京市青年宫电影城被授予三星级影院。市委常委、宣传部部长龙新民等领导同志到会祝贺。10 月 11 日，北京市电影院星级评定办公室、北京新影联公司等有关部门联合组成的检查团，对北京市青年宫电影城进行了星级评定复查工作，并获得好评。

五、负责中国电影博物馆放映部经营与管理

2005 年 10 月 21 日，北京市青年宫领导同志陪同北京市广播电视局领导考察了

中国电影博物馆工地，并就北京市青年宫参与即将开业的电影博物馆电影放映工作进行了交流。11 月下旬，北京市广播电视局委托北京市青年宫管理和经营中国电影博物馆的电影放映业务。12 月 29 日，北京市青年宫参与并负责管理的中国电影博物馆正式开馆。2007 年 5 月，北京市青年宫完成电影博物馆电影放映的托管工作。

六、成立北京青年剧场

2015 年 3 月，北京市青年宫与北京市演出公司签订战略合作协议，决定共建北京青年剧场。将青年宫电影城原来的 1 号放映厅改建为北京青年剧场。2015 年 5 月至 7 月，北京市青年宫对青年剧场进行了全新的内外改造装修。改造后的青年剧场（原 1 号影厅）可容纳 654 名观众，演出舞台深 15 米，台口宽 13.5 米，台口高度 6.5 米。剧场内配有 28 道电动吊杆和舞台灯光、演出音响、数字放映机等专业设备，同时在影院原有贵宾室的基础上，配备了导演工作室、化妆间、道具区、排练厅、多功能厅、休闲水吧等附属设施，可以在此演出戏剧、话剧、音乐剧、儿童剧等。

改造后的北京青年剧场成为了集戏剧演出、戏剧教育、戏剧孵化为一体的现代化青少年戏剧教育基地。

七、青年宫电影城成为北京市"少儿电影"特色影院

为进一步贯彻"坚持公益、服务青少年"的宗旨，解决少年儿童影院观影缺乏适龄影片的难题，实现优秀青少年影片的常态化放映，经过青年宫积极申请和协调，2015 年 12 月，北京市新闻出版广电局正式批准青年宫电影城成为北京市特色影院，在固定影厅、固定时间，以公益票价进行"少儿电影"主题放映。自 2015 年 12 月起，青年宫电影城面向全市青少年提供公益性放映服务，利用每周六、日黄金时段以 10 元每场的票价放映中外优秀儿童影片，积极满足青少年的观影需求，吸引更多青少年走进电影院感受电影文化魅力。

第二节　活动部

一、部门简介

活动部隶属于北京市青年宫。通过开展适合青年特点的各类义化活动，为广大青年搭建文化活动平台。

活动部成立于1995年，自成立以来开展了各种类型的文化活动。艺术类的有文化节、音乐会、青艺节、摄影、绘画、家庭才艺；体育卫生类的有体育节、桥牌赛、球赛、爱眼护眼；交流类的有中韩植树、国际交流、夏令营及为青年服务的青年交友联谊等。通过举办丰富多彩的活动，不仅形成了自己的活动品牌，也为丰富首都青年的文化生活做出了积极贡献。此外，以活动部人员为主体，还承揽、参与了多项国家级和市级大型活动，为青年宫在社会上树立了良好的社会形象。活动部虽然经过几次变更调整，但是始终以开展文化活动和服务青年为己任，经过不断整合、创新，使活动规模和影响力逐年扩大，时至今日活动部已经取得了社会效益和经济效益的双丰收，在业内和社会上赢得了很好的声誉。

二、主要工作

活动部的主要职责是在青年宫的领导下，开展各种有组织的活动，丰富北京青少年的业余文化生活、强健体魄、增长智慧和才干、强化各种竞技水平、提高应对能力，为将来更好地工作和学习奠定基础。

1995年至2000年，依托团市委，在全市各基层团委范围内，广泛开展北京青年文化节和体育节活动，每年举办一届，全市各企事业单位、高校团委积极组织团员报名参加，这些活动为全市的学生和青年提供了难得的社会实践机会。

1996年，开展的主要活动有"新年音乐会"、"五四游园会"等七次大型文化活动。此外，还举办了三棋名人对播、有奖竞猜、文化节、门票推销、首届图书超市等活动以及首届北京青少年军事夏令营活动。

1997 年，承办了团市委主办的第十三届北京青年文化节和第九届北京青年体育节和"郎酒杯"全国攀岩邀请赛等活动。

1998 年，继续承办了北京青年文化节和北京青年体育节以及军事夏令营。策划并举办了"98"夕阳红中老年合唱节和"京城百姓大众体育擂台"活动。

1999 年，继续举办了夏令营活动和北京青年文化节及北京青年体育节；还举办了"环保一日行"、"让生命更辉煌——为癌症病人献爱心"活动。

2000 年，继续组织军事夏令营活动和北京青年文化节及北京青年体育节；还成立了"北京青年搏击俱乐部"。

2001 年，在工作中将广告与活动相结合，以广告促活动，以活动带广告。以青年宫自有媒体为依托，利用自有条件开展了媒体和灯箱广告业务。

2002 年以来，以北京奥运会的申办成功为契机，调整工作重心，以迎接奥运为主题，开展各种丰富多彩的文化活动。如 2008 年组织的奥林匹克青年营的营外活动，2009 年参与首都国庆 60 周年联欢晚会的证件管理工作，2010 年以来的七日摄影大赛、青少年绘画比赛、家庭才艺大赛、青少年用眼卫生系列、单身青年交友联谊项目公益活动等，均以突出公益、服务青年为宗旨，不仅使活动达到了品牌化、专业化、规模化，也促进了活动部各项工作迈上了新的台阶。

第三节　培训部

一、部门简介

北京市青年宫培训部即北京青年职业技术培训中心，成立于 1995 年 7 月，是在共青团北京市委员会（以下简称团市委）的领导下，经西城区成人教育局批准成立的、在北京市机构编制委员会办公室进行了法人登记的、由北京市青年宫出资创办的具有独立法人资格的民办非学历教育培训机构。1998 年经西城区教育委员会批准，更名为北京青年教育培训中心（以下简称培训中心）。

二、培训工作

培训中心的培训宗旨是提高青少年素质，丰富百姓业余文化生活，服务青少年并兼顾中老年。培训中心常年开展各种棋类培训，1997 年，培训中心被国家棋类运动管理中心和北京棋院分别确认为青少年棋院、北京棋院分院。培训中心积极倡导"让青年成为音乐课堂与舞台的主角"，率先在全市开展了白领女性音乐系列培训和青少年音乐培训，1998 年被团中央宣传部、中央音乐学院确定为青少年音乐培训站。培训中心常年开设剑桥少儿英语、英语口语、新概念英语培训班，1999 年被北京教育考试院确立为少儿剑桥英语考点。培训中心还率先在全市推出了中老年钢琴培训；为动漫爱好者开设了动漫制作培训班及集训班；为音乐爱好者开设了钢琴、长笛、萨克斯、吉他、小提琴、电子琴、手风琴、声乐、架子鼓、古筝、扬琴、二胡、琵琶、竹笛、箫、葫芦丝培训课程，以及音乐基础成人班和少年班；为美术爱好者开设了素描、色彩、国画、书法培训班。在寒暑假期间，结合大、中、小学生的需求，开设了各种兴趣培训班，"让学生放松不放纵"，在轻松温馨的艺术氛围里，愉快地学习自己喜欢的才艺项目。培训中心在进行正常教学的同时，还积极开展各种公益文化活动，成立了青年宫合唱团、民乐队、萨克斯乐队，组织"青年宫音乐 PARTY"；还结合中老年人的需求，组织了中老年钢琴联谊、"带老人出国转转"等中老年文化交流活动。培训中心还创意推出了"小海归"寻根系列文化培训活动，积极传播祖国文化，关爱海外青少年的健康成长。

培训中心注重将课堂教学与实践活动相结合，针对不同年龄、不同层次、不同需求的人群，采取因人施教、寓教于乐的教学方式，使培训质量不断提高，受到社会各界朋友的青睐，先后荣获全国、北京市、西城区等主管部门授予的多个奖项，并荣获团中央授予的"五个一工程"优秀文化活动奖。

三、广华轩培训分部

2001 年 8 月，北京市青年宫培训中心成立了北京市青年宫广华轩培训分部。北京市青年宫广华轩培训分部位于西城区广安门立交桥西侧广华轩小区内，由北京广华轩房地产公司提供 1200 平方米场地和钢琴、乒乓球台、台球案、健身器材等硬件，北京市青年宫提供培训品牌、师资。2001 年至 2004 年，北京市青年宫广华轩培训分部一直由青年宫培训中心派员负责经营管理，2005 年后北京市青年宫广华轩培训分部由广华轩房地产公司自主经营管理。广华轩培训分部常年开展钢琴、古筝、长笛、小提琴、萨克斯、英语、围棋、艺术体操等培训，以及乒乓球、台球、器材健身等体育活动。"把艺术课堂和文体活动送到社区居民家门口"，成为北京市青年宫广华轩培训分部的服务目标。

四、康柏网络培训教室

1999 年 3 月 9 日，美国康柏电脑公司总裁埃克·菲弗尔先生为北京市青年宫康柏网络教室正式挂牌。创建网络教室是团中央启动的中国青少年信息网络工程的重要组成部分，美国康柏电脑公司对此项工作给予了大力支持。北京市青年宫作为首家接受美国康柏电脑公司捐赠的单位，获得了 30 台康柏电脑，并成立了北京市"康柏网络教室"。在挂牌揭幕仪式上，团市委领导代表全市 300 万青少年感谢美国康柏公司对我国青少年信息工程的支持。团中央书记处书记赵勇、北京市市长助理万嗣铨、中国青少年发展服务中心、团市委、北京市青年宫领导同志参加了挂牌仪式。

第四节　康体中心

一、部门简介

康体中心自 2012 年 5 月从阳光公司剥离，直接隶属于北京市青年宫管理，并更名为北京市青年宫康体中心。北京市青年宫康体中心有员工 11 名，其中包括管理人员 2 名、外聘健身教练 3 名、前台接待 4 名和保洁人员 2 名。

二、主要工作

康体中心的主要工作内容为：器械健身、羽毛球锻炼、舞蹈操锻炼及培训。康体中心的健身设备包括进口的专业跑步机、登山机以及各种力量锻炼器械等，并配有专业巡场教练和健身私教教练。康体中心秉承"坚持公益，服务青年"的理念，以其独特的地理位置、先进的服务理念、严格的管理制度、优质的服务水平、整洁的环境布置、一流的设施设备，为广大青少年朋友和社会各阶层人士，提供了一个体育健身、休闲娱乐的理想场所。

第五节　健身中心

一、部门简介

北京市青年宫健身中心前身为青年宫康乐部，2004 年 9 月 28 日迁址于青年宫新建北侧附楼。健身中心下设三个经营项目：台球厅、游泳馆、乒乓球馆，其中游泳馆在 2014 年初获得安全生产标准化三级达标和经营高危体育项目的资质。三个项目主要以日常经营和培训为主，同时利用现有资源开展社会公益活动，连续多年荣获资源共享先进单位。

二、健身中心开业庆典

位于北京市青年宫主楼北侧的北京市青年宫健身中心经过历时两年的建设，于 2004 年 10 月 27 日上午正式开业，并举行了隆重的开业庆典仪式。

团市委、西城区政协、西城区体育局、福绥境街道办事处等单位领导同志出席了开业庆典仪式，出席仪式的还有团市委直属单位的代表以及西城区各有关委办局的代表、北京市青年宫合作单位的代表等。

在开业庆典仪式上，团市委、西城区政协、北京市青年宫领导同志分别发言并共同为北京市青年宫健身中心开业剪彩。

仪式结束后，各方领导及来宾兴致勃勃地参观了健身中心。

三、经营活动

健身中心的主要任务是管理台球厅、游泳馆、乒乓球馆。三个项目主要以日常经营和培训为主，同时利用现有资源开展社会公益活动。健身中心除平日开展创收经营活动之外，还定期组织台球、游泳、乒乓球等方面的大型比赛活动（含公益比赛）。经过中心人员的努力，健身中心所管理的游泳馆，在 2014 年初获得安全生产标准化三级达标和经营高危体育项目的资质。

第六节　猎头中心

一、部门简介

猎头中心是北京市青年宫的经营性部门，其全称为"北京青年人才服务中心"，是具有独立法人资质的、国有性质的综合性人才服务机构。猎头中心依托于北京共青团组织良好的系统资源和社会影响力，为高端青年人才的有效流动提供服务，为企业提供全面专业的人力资源服务。

猎头中心对外也称"北青猎头"，是北京市青年宫在"十二五"开局之年，重点投入和建设的拓展性、创新性经营项目。该项目成立于 2010 年 12 月，正式启动工作时间是 2011 年 5 月。

2011 年 6 月，猎头中心与纳斯达克上市公司分众传媒签订了高端人才战略合作协议。根据协议，猎头中心将为分众传媒高端人才的引进提供支持。同年，猎头中心又分别与中科金财、千方集团中交兴路、世通华纳、财经杂志社、优扬传播、印记影视、世茂物业、山水文园、得利满水处理、美华博大、奥西办公等 IT、传媒、地产、新能源等行业的 25 家大型企业、上市公司及外企签约，为以上公司提供人力资源解决方案和高端人才的引进。

2011 年 7 月 8 日，北京市青年宫出台了《北京市青年宫猎头中心项目建设经营管理办法（试行）》，其中对猎头中心的企业性质、管理体制、管理办法、项目建设周期、治理结构、分配体制、新员工入职基本条件、薪酬发放模式及标准、员工绩效考核，以及其他有关事项进行了约定。11 月 16 日，猎头中心出台了《2012 年猎头中心业绩提成办法指引》，其中对员工薪酬制度、业绩考核、提成核算等做出了明确说明。

二、业务总结与分享

2012 年 12 月 5 日，猎头中心全体成员召开了"猎头中心 2012 年工作研讨暨 2013 年工作推进会"。会议主要探讨了 2013 年猎头中心业务发展的方向、思路、重点工作、业绩指标、员工考核、任务额度的申领等重要问题。

2012 年 12 月 18 日，猎头中心召开了"猎头中心 2012 年度业务分析及 2013 年工作研讨会"。会议对 2012 年度宏观经济形势、人力资源行业发展动态、社会人才流动趋势、企业需求变化、人才薪酬浮动等事项进行了梳理和分析，并对猎头中心 2013 年业务工作的行业布局、运作模式、拓展渠道、团队建设、人员培训等问题进行研讨。北京市青年宫主管领导同志出席研讨会并讲话。

2012 年猎头中心与神州数码、汽车之家、银广通、大麦网、时光网、乐视娱乐、上海天玑、京北方、Gree、开心杯、清大国华、百灵天地、欧泰克石油等传媒、IT、游戏以及新能源行业等 21 家新老客户续签、新签了合作协议。

2013 年 1 月 6 日，猎头中心出台了《北京青年人才服务中心工作规范指引（2013 年度）》。其中，对猎头中心员工的工作规范、约束机制、业绩指标、提成比例、奖励制度、晋升制度及中层管理人员分工等，进行了详细的描述。3 月 18 日，北京市青年宫发布了《关于猎头中心与北京市青年宫实施剥离的意见（草案）》的通知。通知决定：将猎头中心与北京市青年宫实施剥离，并规定了剥离后猎头中心的经营管理规范、人员安排、薪酬机制、投资收益，以及与北京青年宫的隶属关系。

2013年8月10日，猎头中心全体员工举行了"2013年猎头中心推进业务交流评比暨业务比武接力赛"。全体参与人员从理论思考的角度，结合PPT形式，图文并茂地详细阐述了猎头中心员工积极拓展工作的新路径和新方法，并且以分享的形式就一些典型案例进行了深度的探讨和互动。

2013年12月18日，猎头中心全员参加了"2014年度猎头中心业务推进会"，会议由青年宫主管领导同志主持。会议重点从当下猎头中心发展的内外部形势、2014年猎头中心的主要任务分配及对应的薪酬考核激励机制等方面进行了解析和答疑。

2013年12月27日，猎头中心出台了《2014年猎头中心工作规范指引、调整、修正的说明》。该说明重新划定了员工岗位级别、年度任务额，明确了2014年KPI考核、确立了团队领导完成团队任务指标的奖励标准、规定了网站建设和管理委员会的成员及各自分管的职能，并重新确定了各个团队负责人的分工。同年，猎头中心与拉卡拉、中联兴达、易到用车、网酒网、赛尔网络、广联达、智美传媒、新媒传信、红马传媒、灵智精实、伊诺盛北广、中铁建、融科置地等IT、传媒、地产类等行业的共计22家客户续签及新签了合作协议。

2014年4月11日，猎头中心全体员工举办了猎头中心上半年业务交流评比活动。活动通过员工对一年来的工作情况，结合如何进行面试、如何撰写推荐报告、如何与人进行沟通、如何进行背景调查、如何进行入职辅导等专业的业务问题的解析和分享，使所有参与者在专业能力上有了提升和进步。

2014年7月15日，北京市青年宫发布了《北京市青年宫关于规范对猎头中心管理的几点意见》的通知。其中，明确了猎头中心人、财、物独立自主经营、自负盈亏的经营管理体系。

2014年11月2日，猎头中心组织全体员工召开了"业务案例中相关工作环节操作收获交流分享会"。参与者们结合实际案例，总结提炼了大家在业务实践中，如何通过深度思考，如何策略性、技巧性地解决实际问题，进而推进工作，规范业务流程，改进工作结果,提升猎头中心顾问的专业化服务水平和在工作中解决实际问题的能力。会议现场,每人在30分钟之内分享了2—3个案例,其中重点分享和讨论个人在以往案例中,如何开动脑筋,解决各个工作环节或者节点上的难点问题。同时在对案例背景及操作流程中的各个环节、节点进行描述和分析时,分别从工作目标、工作路径、推进设计、实际操作、工作结果 以及在研讨中取得的收获等方面进行了对照分析。

2014年猎头中心与去哪儿网、万达影视、万达院线、中国互联网络信息中心、蓝色光标、腾云天下、学而思、美丽说、恒信钻石、51Talk、厦门国际银行、美图秀秀、中水电、泛华建设、墨迹风云、海天众意等35家新老客户新签和续签了合作协议。

2015年1月,猎头中心公布了《北京青年人才服务中心工作规范指引(部分)(2015年)》。其中针对2014年下半年试行的"平衡预算机制"进行了微调,首次引入了"自助薪酬"概念,并将独立顾问内部推荐制度落实下来。

2015年,猎头中心持续为去哪儿网、神州数码、三人行、蓝色光标、美丽说等上市公司提供服务;并顺应"互联网+"大背景环境下猎头行业的互联网化,初步尝试与猎上网、猎聘网"面试快"等互联网猎头做单平台的合作。

三、业务定位

猎头中心以"实施青年人才战略,全面推进高层次青年人才为首都经济发展服务"为根本目的,综合自身资源,将业务发展定位为文化创意产业尖端猎头。以"专注世界城市建设,推进文化创意产业","服务人才合理配置,促进企业拓展升级,实践社会协调发展"为主要指向,服务于跨国公司在中国的投资机构、中外合资合作企业、上市公司、国内本土大中型绩优企业的高端人才交流。

第七节　已撤销部门

一、广告部

广告部设立于建宫之初的 1995 年，广告部成立以后，不仅为宣传本单位提供了广告支持，还承接、组织了以共青团活动为主题的多项公益性展览和环境布置工作，同时还为文体比赛、电影放映、中小学夏令营等大型公益活动提供了广告策划。另外，还面对社会承接广告设计、制作、印刷工作。

1996 年，广告部先后举办了首都中青年书画作品展、旧京风貌展、辽沈战役纪念展、首都青年志愿者风采摄影展、电脑科普知识展等九项展览。特别是在辽沈战役纪念展布展过程中，广告部全体职工齐心协力，搜集整理了 120 多幅珍贵照片、80 余件战利品和部分实物。这些照片和实物经过广告部职工们的精心设计和布置，在北京市青年宫展出时，吸引了社会各界人士及广大学生前来参观。

广告部还与社会各公司联合，举办了多项有利于社会发展的展览展示活动。

2000 年，在紧紧抓住市场的基础上，及时与其他部门合作推出了"英国行"英语夏令营、"澳洲行"英语冬令营以及新加坡和马来西亚夏令营。

2001 年，广告部与活动部合并成立广告活动部，增加活动部职能。结合世界大学生运动会在北京召开的契机，积极开展了"迎大运、助申奥、绿化京城"植树活动的社会公益活动；并承接了由团市委、市委宣传部、北京市文化局、北京市体育局等联合主办的第十七届"北京青年文化节"部分重要活动。

2002 年，广告部因人员变动及职能重新划分的原因与活动部分开重设，广告部恢复广告经营职能。2003 年，由于部门职能调整，广告部并入办公室，经北京市青年宫主任办公会研究决定，撤销了该部门。

二、舞蹈培训学校

中国文联北京舞蹈培训学校是 1999 年由中国文联艺术开发委员会与北京市青年

宫联合创办的舞蹈、音乐中等专科学校，学校于 1999 年 10 月 5 日正式开学，首批学员 20 余名。舞蹈学校主要课程内容是舞蹈专业教学，同时也注重文化课的教学内容。学校通过军事化管理与课余生活的有机结合，规范了学生的行为，也为学生将来走向社会奠定了专业基础。舞蹈培训学校开办两年，于 2001 年停办。

三、咨询部

咨询部成立于 1995 年建宫伊始，咨询部又称青少年法律与心理咨询中心。咨询部把行为偏执青少年教育作为重点，并结合大多数青少年身心发展中的困惑，开展有针对性的心理教育，帮助他们早日迈入正常青少年的行列。为了解决这些孩子的心理问题，咨询部聘请权威专家，通过团体讲座、个体咨询、电话咨询等方式，为青少年提供了大量法律与心理上的帮助。

1996 年，咨询部扩大宣传，在多家媒体上进行报道，并与剧场部合作开展了"我和爸爸妈妈一起看电影"系列教育活动。咨询部全年接待咨询 182 人次，接热线电话 130 人次，接受收案咨询 5 件，举办大型讲座 4 场，受益人 1100 人次。

1997 年，咨询部除日常法律与心理咨询工作外，还先后主动与剧场部合作开展"电影心理分析治疗"活动，与娱乐部合作开展"心桥"青年联谊舞台等活动。全年接待咨询 210 人次，热线电话 500 人次，收案 20 余件，举办大型团体讲座 13 场，受益人 20000 人次。

1997 年，针对儿童感觉训练开始越早，对儿童的生理、心理、智力的影响越大的特点，咨询部开设了学龄前儿童的统合训练项目。训练内容有适合幼儿摇摇船、投沙包、跳床、平衡木等。咨询部将集训和娱乐合为一体，经过对儿童的长期训练，越来越多的家长了解和认可了训练营活动，参加训练营人数不断攀升，并成为咨询部的传统项目。

1998 年，咨询部在确定了统合训练、心理咨询、寒暑期训练营等传统项目外，力求开发新项目。咨询部与酒吧合作开办了心理沙龙；尝试了热线咨询收费；与其他部门合作举办英语口语夏令营等。这些活动均取得了一定的社会效益和经济效益。

1999年，咨询部配合团市委推出了"星光青春保护行动"。该项活动以提高未成年人的自护能力为目标，开发了星光青春自护学校和星光青春自护教育系列读物。自护学校举办了两期冬令营，有近600人接受了训练；举办了两期全市师资培训，有130余名教师参加了培训；推出了暑期"我爱北京"夏令营活动，来自广东、山东、宁夏的青少年宫组团参加了活动。

2000年，继续打造星光自护教育活动品牌，通过媒体和网络宣传，把项目推广到全国乃至国际。当年2月与西单图书大厦共建星光自护学校，设立咨询展示台、开设自护宣传讲座，全年共接待咨询人数8万余人次；7月与英国使馆文化处联合举办了"儿童自护与预防犯罪"展览，参观人员非常踊跃。同时，进一步发展合作项目，与中国儿童中心联合开办了综合训练教室；与中国教育科学研究所共同推出了儿童学习能力"三三三"训练法。2001年，咨询部职能调整，重归团市委权益部，青年宫将该部门撤销。

四、手工艺品实习场

手工艺品实习场成立于1996年4月26日，部门开设了一年的时间，期间手工艺品实习场主要以民间传统手工艺品制作为主，场内设有青虹厅、童趣厅、彩塑厅，开设了陶艺、面塑、泥塑、脸谱、彩绘、风筝、剪影、瓷板装饰画等系列制作项目。其中最有影响力的活动是1996年国粹艺术设计制作大赛。1997年由于部门调整，该部门撤销。

五、商品部

北京市青年宫商品部组建于建宫之初，为了提高青年宫这座大型综合性文化娱乐场所的配套服务，成立商品部主要销售团务用品、食品、体育用品、玩具等，其中颇具青年特色的"团店"，是本市唯一一家经营团务用品的定点专柜；此外，商品部还负责平价超市的经营与管理。商品部常年策划举办各种促销活动，并开展批发业务，保障经营收入的稳步增长。

2002 年由于市场环境不佳、合作方的变动、人员的调整等原因，部门撤销。

六、开发销售部

部门简介。北京市青年宫开发销售部又称协作开发部，部门于北京市青年宫开业时成立，主要负责青年宫与合作方的日常管理工作及青年宫综合楼的开发建设工作。北京市青年宫开发销售部的主要工作职责是：收取合作方的租金及水、电、空调、电话等能源费和物业费；负责与合作方的日常工作协调管理及通知发放工作；配合北京市青年宫东楼的合作方办理东楼建设的各项手续；负责青年宫综合楼的开发、调研、寻找合作伙伴及配合建设工作；辅助其他中标北京市青年宫建设项目部门建设工程的报批工作。

2006 年，为了进一步规范青年宫建设工程的运作，经青年宫领导研究决定，撤销该部门，新成立改扩建办公室，并将部门职能分别转交给了改扩建办公室及青年宫办公室，由改扩建办公室继续开展青年宫主楼的改扩建工作，由青年宫办公室负责合作方收租工作。

综合楼建设。北京市青年宫综合楼是经团市委批准，于 1994 年立项的重点工程。1996 年 4 月 30 日，青年宫综合楼取得规划设计条件，并依据【（96）规条字 0197 号】文件，开始招商引进合作方出资建设。综合楼于 2002 年竣工，按照合同约定的分配比例，北京市青年宫分得综合楼部分房地产，其中地下部分房屋为自营健身中心，2004 年取得房产证【京房权证西国字 154516 号】和国土证【京西国用（2004 划）字第 20108 号】。

青年宫综合楼东楼建设。北京市青年宫综合楼东楼是经团市委批准，于 1994 年立项的重点工程。工程建设时，为解决建设资金，将项目变更为西城区图书馆，以此获取补偿资金，投入青年宫综合楼东楼建设。该项工程于 1995 年 11 月正式开工，

1997 年竣工，1998 年青年宫将综合楼东楼移交给西城区文化文物局用作西城区图书馆。

官园公园改造交付工程。2002 年，根据市园林局意见，由北京市青年宫出资将官园公园改造为科普公园，并将管理权正式移交给西城区园林局。

以上是北京市青年宫开发销售部撤销前所开展的工作。2006 年，青年宫改扩建办公室成立后，开发销售部将部门职能分别转交给改扩建办公室及青年宫办公室。

第二编　活 动

第一章　重大活动

第21届世界大学生运动会火炬传递。2001年，第21届世界大学生运动会在北京举行，北京市青年宫受大运会组委会委托，在团市委的指导下，参与承办了全国火炬传递工作。组委会顺利完成了在新西兰梅西大学采集火种的工作之后，将在梅西大学采集的火种与在北京大学采集的火种合并，与第一届大运会火种汇集在一起，并命名为"五四火炬"。

5月4日，在北京中华世纪坛举行了火炬点火仪式和传递活动出发仪式。国务院副总理李岚清点燃了主火炬后交给著名射击运动员杨凌，杨凌手持火炬踏上了传递车，自此拉开了全国火炬传递活动的序幕。

为了使这项活动顺利进行，火种盒的保存、火炬燃烧的技术保障工作是重中之重。为此，北京市青年宫领导们彻夜不眠，虽然有厂家的技术人员做保障，但大家对火种盒的燃烧时间总不满意。在距离仪式举办只有一周的情况下，北京市青年宫领导还是派出了工程部的同志和火炬办人员一起，在充满燃烧气体异味的房间内工作到很晚，只要发现一点问题，他们就立刻迅速拿出解决方案并加以解决，最终保证了传递活动及点火仪式的顺利完成。

本次火炬传递活动在全国31个省、直辖市、自治区和港、澳特别行政区展开。途经63个城市，行程两万多公里，直接参加本次火炬传递活动的有200多所高校的近30万名大学生，参加各种主题活动的人数近百万。

在参与火炬传递活动中，北京市青年宫全体职工付出了艰辛的努力和汗水，受到了其他单位参与活动人员的交口称赞。

北京2008奥林匹克青年营营外活动。2007年12月至2008年8月，北京市青年宫承担了北京 2008 奥林匹克青年营营外活动的组织工作。在 9 个月的筹备过程中，青年宫活动部共选择拟参观游览的景点 36 个，进行实地踏勘 100 次以上，有效协调 60 余家单位和组织，最后共有 10 个活动地点被确定下来。从 8 月 4 日营员抵达开始至 8 月 17 日闭营期间，青年宫从八个部室中抽调 35 名员工参与活动，围绕体验奥运、交流学习、了解中国三条主线，组织来自 205 个国家和地区 NOC 的 407 名优秀青年代表和全国 31 个省、直辖市、自治区的 72 名国内优秀青年代表参加了 10 项营外活动。包括：8 月 5 日晚上夜游北京城、8 月 7 日上午参观梅兰芳大剧院、8 月 7 日下午参观北京故宫博物院和天安门城楼、8 月 10 日下午参观中科院奥运园区、8 月 11 日下午参观奥博会、8 月 12 日上午自选当代商城专场购物、8 月 13 日下午游览北京欢乐谷、8 月 14 日下午游览花卉大观园、8 月 15 日短途旅行和 8 月 17 日上午自选当代商城专场购物。

绘画作品装饰奥运村。以"绿色梦想 彩绘奥运"为主题的绘画类比赛，自 2005 年开展以来，逐年扩大参赛范围，从北京扩大到全国再到全世界，本市十余个区县教委、50 多所学校、全国 60 余家青少年宫、全世界 10 多个国家累计 13000 余人次参加比赛。2008 年，组委会对三年来的获奖作品进行装裱，然后送到奥运村和残奥村。6 月 19 日第一批 1000 余幅成品装饰了奥运村汇园公寓；6 月 23 日第二批 6000 多幅装饰了媒体村；7 月中旬第三批 7000 幅作品送进残奥村；之后第四批、第五批作品也陆续进入奥运村摆进运动员房间，总计 30000 多福，并作为礼物送给各国运动员和奥组委官员。

首都国庆 60 周年保障工作。2009 年，正值国庆 60 周年之际，北京市青年宫参与了首都国庆 60 周年联欢晚会证件制作的工作。自 7 月 15 日至 10 月 15 日，青年宫从 4 个部门抽调 10 名员工加入到首都国庆 60 周年联欢晚会指挥部证件组工作。前期经过研究工作方案、制定工作职责、工作流程、搭建组织构架等筹备工作，在制证工作正式开始的一个月时间内，青年宫工作人员完成了几万名演职人员的信息采集、政治审查以及车辆信息采集工作，有演艺人员、技术人员、青年学生、部队官兵和来自全市十八个区县的游行群众以及后勤保障等各行业人员，数据采集后还要进行逐一核对，修改确认，确保无一差错。制证工作关系到联欢晚会的有序进行和现场安全，青年宫人严谨细致的工作态度使制证工作圆满完成。在8月26日、9月12日、9月18日三次演练及国庆当天，总计申报及发放各类人员证件近12万张，车辆证件近5000张。

此外，北京市青年宫还承担了游行指挥部的电力及广场施工保障工作，7—10月派出工程技术人员，根据游行指挥部各部门的用电需求，积极协调电力设计、施工、监理单位，对天安门广场核心区、长安街沿线和集结疏散区域的配电箱、电缆、马道等设施进行改造，确保了各次演练及国庆当天电力保障万无一失。另外，受组委会的委托，北京市青年宫还负责了组织北海公园演出及北京市十大主题公园的资料拍摄任务，青年宫组织了以首都师范大学艺术团为主体的演出队伍，10月2日在北海公园进行了两场演出。同时，率领历届"北京七日"摄影大赛的拍摄高手们对奥林匹克公园、朝阳公园、天坛公园等十大重点游园公园进行拍摄，真实记录了首都人民欢庆共和国六十华诞的盛大场面，圆满完成了游园活动的资料留存工作，受到了晚会指挥部、游行指挥部及游园指挥部领导的高度评价。

APEC会议水立方欢迎活动。2014年，APEC会议期间，青年宫承担了水立方欢迎活动文化统筹团队的综合保障任务。自9月初接到任务后，迅速组建了近20名人员的工作队伍参与其中，并于10月23日召开了动员对接会，布置工作任务、提出工作要求，还带领参演单位实地踏勘了集结和演出场地，进一步熟悉工作流程。11月10日，APEC水立方欢迎活动圆满落幕，青年宫完成了文化统筹团队彩排及正式演出工作手册制作，导演组人员政审、信息采集及证件办理，参演团队及工作团队3700余人的吃住行后勤保障，各类会议会务的组织实施等多项工作任务。特别是在整体活动的四次大演练和彩排期间，青年宫工作人员组成的联络员队伍，一对一与参演单位进行工作对接，一方面负责队伍的集结，一方面负责车辆的调度，保障了彩排和演出活动的成功举办。在11月11日召开的总结会上，青年宫工作人员专业和敬业的工作表现，得到了市领导及活动指挥部的认可和赞扬。

2015年北京国际田联世界田径锦标赛。北京市青年宫承担了2015年北京国际田联世界田径锦标赛开闭幕式运行保障任务，并圆满完成。

自 2015 年 1 月起，由北京市青年宫领导带队，加入世锦赛组委会文化活动部，全面参与了开闭幕式的策划、参演团队组织、运行保障等全面工作。7 月份，开幕式演职人员入驻顺义代训场地后，青年宫工作人员两线作战，一部分工作人员在顺义代训场地负责保障参演人员的餐饮、住宿及场地协调等保障需求，另一部分工作人员在国家体育场，负责开闭幕式演员的集结、餐饮、交通及文化活动部所有人员的信息采集及证件办理等运行保障工作。开闭幕式八次彩排及两次演出期间，北京市青年宫共为近 4000 名演职人员，办理发放证件及标志 3 万余人次，办理车辆证件 600 余张，累计发放餐包和盒饭 3 万余人次。

北京市青年宫工作人员以专业的服务水平，敬业的职业态度，圆满完成了各项工作任务，获得了世锦赛组委会、文化活动部等各级领导及合作单位的高度认可。

第二章 公益服务活动

第一节 "五四"文化活动

一、"五四"特色活动

1996年，北京市青年宫举行了北京青年庆"五四"游园会，活动内容有青年风采文化展示、图书超市、首都第一届青年人才洽谈会、青年电影展映周、手工艺实习场、青少年体能测试、综合心理咨询、法律咨询、猜谜语、名人国手三棋对垒、文化传承、艺术展演、体育比赛、戏剧演唱等20余项。

此次特色活动是为了回报社会各界和广大青年对青年宫的支持和厚爱，北京市青年宫投入了最大的力量，配备了良好的硬件设施，创设了良好的娱乐氛围，精心组织了此次大型游园活动。本次特色活动得到了各基层团组织的支持，北京市供电局团委利用北京市青年宫首层平台，举办了百名新老团员宣誓仪式。

"五四"活动当天，青年宫还举办了为奥运健儿壮行万人签名活动，大学生军乐队演奏了威武雄壮的军歌，三名奥运健儿代表接过首都万人签名长卷，支持奥运健儿出征亚特兰大奥运会。

在活动期间，由近20余所高等院校大学生参加的全国大学生文艺汇演比赛，也在北京市青年宫剧场拉开帷幕，许多大学生演员在紧张的比赛之余，还饶有兴趣地参观了北京市青年宫，并参加了宫内举办的一些具有特色的活动。

5月5日，第四届大学生电影节闭幕式暨颁奖仪式在北京市青年宫隆重举行，有10余家单位的业余文艺团体在青年宫大厅演出了精彩的节目。国家教委副主任柳斌、广电部副部长田聪明、北京市委领导，以及著名艺术家凌子风、赵子岳、谢飞、郑洞天等出席了演出闭幕式暨颁奖活动。

另外，在"五四"青年节当天下午，荣获第二届北京十大杰出青年称号的齐凯丽也来到北京市青年宫，参观了青年文化活动设施，并在乒乓球馆与游客进行了技艺切磋。临别时齐凯丽还写下了祝愿之词："北京市青年宫成为青年的家"。

经过全宫上下的努力，历时七天的庆祝活动，在 5 月 5 日落下帷幕。本次活动共接待全市青年 54000 人次，仅"五四"青年节当天，就有万余人参加活动，有 180 个基层团委组织团员青年参加了各类活动。

由于组织有序，各部门通力合作，在取得了良好社会效益的同时，也取得了一定的经济效益，其经营活动收入累计近 20 万元。

北京市青年宫举办的北京青年庆"五四"游园活动，取得了社会效益和经济效益的双丰收，同时通过此次大型活动，也提高了青年宫整体运转水平和员工素质，检验了青年宫的设施设备及服务水平，为今后组织各种大型活动奠定了基础。

二、"五一"、"五四"文化娱乐活动

1997 年，"五一"、"五四"两节来临之际，又逢北京共青团第十次代表大会召开，作为献给广大青年及各界人士的节日礼物，北京市青年宫于 5 月 1 日至 4 日举办了大型文化娱乐活动。本次活动的主要内容有歌舞演出、台球乒乓球比赛、电脑应用知识讲座、各种引人注目的大型游艺活动、城市高尔夫比赛、各种棋类比赛、青少年法律咨询、婚庆服务等。

"五一"国际劳动节当天，在剧场前厅举办的"东方之子"著名油画家陈可的油画精品画展，在旋梯处开设的谜语走廊、在二层南厅开设的"160 信息咨询台"、在青年宫棋苑举行的五子棋比赛都吸引了众多爱好者。

为给"五四"青年节增光添彩，活动期间还举行了一些颇具特色的活动。即 5 月 3 日上午在首层环厅未来"明星舞台"，开展了青少年钢琴联谊活动，并特邀著名钢

琴家周广仁为参加联谊活动的青少年进行现场指导。

为庆祝节日，北京市青年宫音乐之角还推出了由贝满中学55届同窗学友自发组成的"晚霞情"钢琴班表演，赢得了现场观众的阵阵掌声。

为体现服务青年、回报社会的宗旨，在活动期间，北京市青年宫还向社会敞开大门，除不收门票之外，还为参加活动的各界青年提供了购物、餐饮等便利服务。各活动厅室5月1日至3日，凡到此参加活动的青年一律享受八折优惠，4日享受五折优惠。

为了举办好本次活动，活动前期青年宫内外装饰一新，各活动区域做好充足准备，以迎接青年朋友们的到来。

三、"五四"文化体育竞赛

2001年5月4日，北京市青年宫举办了多项庆"五四"活动。活动期间，正值北京举办第21届世界大学生运动会之际，也是北京申办2008年奥运会的关键时期，青年宫以此为契机，激发广大青年的热情，大力宣传申奥活动。活动特别开展了有反映"五四"青年节历史的猜灯谜活动，有为广大群众免费进行的体质测定活动，还有深受广大百姓喜爱的大众体育擂台赛，丰富多彩的文体活动吸引了众多青年爱好者的参加，近2000人参加了本次庆"五四"活动。

第二节　举办心理服务活动

一、参与西城区社区心理健康服务体系建设项目

启动心理健康服务体系和心理健康普及计划。为构建和谐社会，更好地为居民创造温馨和谐的社会环境，北京市西城区计划用五年的时间建起西城区社会心理健康服务体系，形成以街道、社区、楼宇服务站为主的服务网络，目的是为西城区内的社区居民、企事业单位以及青年流动人群、孤寡老人、民工子女等提供心理健康服务。

2011 年 12 月 28 日，"心心向荣"西城区社会心理健康服务体系建设项目在北京市青年宫正式启动，共青团北京市委员会、中共西城区委、北京市青年宫等单位领导同志，北京市青年宫减压中心的心理专家代表、西城区辖区内社区代表、楼宇服务站代表、企业代表、社工代表、居民代表等 140 余人共同参加了启动仪式。

同时也启动了"心心向荣"西城区社会心理健康普及宣传计划，通过开展心理健康知识宣传、现场心理咨询服务等多项活动，向居民普及生活中的心理学知识，帮助大家解决工作与生活中的心理问题和困惑。该项目由团市委直属的北京市青年宫减压中心承办，并得到了西城区社会建设工作办公室、北京市青年宫的支持。

开展社区居民心理健康咨询服务活动。启动仪式结束后，"心心向荣"西城区社会心理健康普及宣传计划首场展览与现场咨询活动在北京市青年宫一层举行。减压中心的心理专家为 140 余位社区居民进行现场心理咨询。除举办展览与现场心理咨询服务外，还通过开设心理学公益课堂和进行网络在线提问，使更多居民了解心理健康知识。减压中心决定，将采取开设网站、在社区内张贴海报等形式，定期公布心理学公益课堂的内容。

2012 年，"心心向荣"西城区社会心理健康普及宣传计划是西城区社会心理健康服务体系建设项目中的重点项目，同时也是减压中心首次承接的区域性覆盖项目。2012 年下半年减压中心首次将该项目与大栅栏街道进行深度对接，并依托大栅栏街道建立起"心心向荣"心理服务站，同时还举办了一系列的宣传讲座活动。随后又与大栅栏街道合作建立起了心理咨询室，以预约的方式为大栅栏地区的社区居民进行心理健康服务。在实施本项目的过程中，减压中心积累了建立多渠道立体性的服务体系，尤其是外建咨询室的经验，特别是积累了对外派咨询师值班工作管理和对咨询结果进行监督审查等方面的经验。同年，减压中心还与大栅栏街道共同打造了铁树社区心理咨询室，咨询室一成立就成功接待来访者 13 人次。减压中心依托该项目，全年共开展心理活动 19 次，参与活动人员为 380 人次。

2013 年，减压中心在做实、做精大栅栏社区心理咨询室的基础上，放眼着手于整个西城区。全年共开展各类心理活动 24 次，直接参与人数为 179 人次，覆盖 1 万余人次。除此之外，2013 年减压中心更多地将工作重点放在了如何让项目更好地起到对政府部门功能的弥补之上，不仅开展了常规的心理咨询和心理讲座，还开始尝试帮助街道处理上访时遇到的居民矛盾等问题。尝试将心理工作应用在街道居民日常问题处理的实际案例中。2013 年 11 月，减压中心先后帮助西城区铁树社区和大栅栏社区处理社会矛盾多起，得到了街道两委的表扬，并获得了两面锦旗。

2014 年，减压中心为西城区金融街街道和大栅栏街道居民开展公益咨询和团队心理拓展服务 2 次，受益群众达 40 余人次。

2015 年，减压中心为西城区大栅栏社区社保工作者减压和铁树社区咨询，共服务 31 次，受益群众达 450 余人次。

二、举办婚恋心理疏导系列活动

2009 年，以"非诚勿扰"为代表的一批交友类节目开始走红。这些节目主要是满足社会对婚恋交友方面的心理服务存在较大需求而开展的。在举办婚恋心理疏导活动时，北京市青年宫减压中心与北京市青年宫活动部积极合作，将活动的精巧设计和专家的心理疏导相结合，最大限度地满足了未婚青年男女婚恋交友的心理需求。

2010 年，减压中心联合活动部组织了题为"分享春天，播种希望"、"相约军营，牵手情缘"、"相知中秋，梦圆九月"三次大型活动，此后还参与策划了"低碳生活，绿色交友"等交友活动。在活动组织和策划过程中，增加了心理疏导方面的内容，使得活动更加贴近百姓生活，为青年朋友们搭建了一个良好的交友联谊平台。

2011 年，北京市青年宫减压中心与北京青年交友联谊会联合开展了"婚恋规划，告别单身"、"放下完美，迎接婚恋"、"婚姻中你可以不生气"、"恋爱中的刺猬"、"新形势下的情感应对"、"恋爱随行"等系列婚恋心理指导讲座和交友沙龙。通过举办以上讲座和交友沙龙，帮助单身青年了解自身心理需求，学习人际交往技巧，正确处理婚恋交友问题。全年共举办活动 8 场，参与人数达 3200 人次。同时，还在"青春有约，幸福绽放"地坛交友活动中，开展了心理咨询师现场为婚恋交友青年疏导心理活动，帮助单身青年通过心理测试和咨询来了解自身需求，寻找适合自己的另一半。

更重要的是，减压中心总结以往的管理经验，将体系化和规范化的服务作为首要任务，以为青年人提供常态化和便捷化的服务为宗旨，开展了系列单身青年婚恋心理指导活动，使全年参与活动人群反馈优秀率达到90%以上。

2012年，北京市青年宫减压中心与北京青年交友联谊会合作的单身青年婚恋指导活动依然持续进行，并且改进了工作方式，采取了游戏性拓展培训与知识性讲座交替进行的方式，开展为未婚男女青年提供交友心理咨询服务，并在每次指导活动结束后，加入了相亲环节。全年共开展活动11次，平均每月举办一次活动，有345人次参加活动。同时，2012年减压中心还联合北京青年交友联谊会，继续在地坛开展了大型交友联谊活动，并现场为单身男女们进行婚恋咨询，有3000余人参与活动。

2013年，减压中心在开设单纯的婚恋指导讲座的基础上，增加了对个人婚恋问题的探索和个别指导，以轻松愉快的心理游戏作为活动的主要发起形式。全年共举办8期，直接参与人数200余人次。

2014年，减压中心认真总结历年的活动经验和教训，以更加科学有效的方式对未婚男女进行婚恋心理疏导，全年共举办了3次活动。

2015年，减压中心举办单身交友3次，直接参与人数190人。

三、开展打工子弟、家长、教师心理服务活动

"快乐我心，健康成长"打工子弟小学心理辅导项目（前期称为"心灵阳光"项目）是减压中心首次尝试以专业服务供应商的身份为打工子弟学校提供心理服务。调查显示，北京现有打工子弟学校200多所，就读学生近20余万名。"打工子弟"这一名词为孩子们带来一些消极心理影响，为了让孩子们在学习知识的同时，树立积极健康心态，减压中心积极开展"快乐我心，健康成长"打工子弟小学心理辅导项目。

"快乐我心，健康成长"项目，从2011年开始至2015年，共在三所学校开展心理活动，分别为西罗园六小、东罗园小学、西二旗小学。项目开设心理健康课，组

建重点学生团体成长小组，举办学生个体心理辅导、教师心理辅导、教师公益心理学讲堂等多种形式的心理活动。

2011 年，在北京市社工委的支持下，减压中心以东罗园小学为一家试点学校，为他们提供了力所能及的专业心理服务。

2012 年，"快乐我心，健康成长"项目追加了资金支持力度。作为项目的第二年延续，减压中心在项目服务内容和覆盖面上都做了进一步的调整。2012 年减压中心将"快乐我心"打工子弟小学心理健康服务项目的服务对象，由东罗园小学扩充到东罗园与西罗园两所打工子弟学校，共涵盖上下两个学期，服务内容也由单纯的对部分年级开设心理教育课，扩充到对全校学生的整体服务上。服务内容涵盖心理教育课、团体辅导以及一对一辅导。2012 年，该项目共开展活动 38 次，直接参与人数为 1230 人次，覆盖两所学校全部共计 5000 余名学生。

2013 年，"快乐我心，健康成长"项目全年共开展各类心理服务活动 81 次，其中开设针对学生以及教师的心理健康教育课 48 场，针对部分学生的"一对一"心理辅导 46 次，召开各种研讨会及专家督导会 11 次。直接参与人数为 3221 人次，项目覆盖人数 8000 余人次。

在项目的第三年，2013 年减压中心遇到了巨大的困难，那就是项目由原先的两所服务对象一下子扩充到三所，且原先服务的两所学校也要求增加服务量。面对激增的服务需求，减压中心及时地调整服务结构，组建服务团队。首先，在原有课程体系的基础上，邀请知名专家，将课程体系全面化、系统化，形成了一套针对小学各年级的完整教学体系。其次，依托有经验的咨询师，结合心理学志愿者具体情况组建了一支由 17 名成员组成的项目专项小组，并按照个人经验以及擅长领域分别指派定点负责的内容。项目小组的分派以"以老带新、以讲促长"的方式进行，通过一年的实践和摸索，减压中心已经组建了一支志愿者人员不断补充、不断学习的流动型、成长型工作团队。

2014 年，"快乐我心，健康成长"项目共开展活动 105 次，累计受益人数 3378 人次。

2015 年，"快乐我心，健康成长"项目共开展活动 197 次，累计受益人数 3710 人次。

四、开展流动青年心理健康服务项目

"青春心家"流动青年心理健康服务项目是北京市青年宫减压中心 2012 年新增项目，是一项专门针对流动青年心理健康问题进行的服务。此项目的实施让减压中心的公益项目在执行模式上有了一个全新的突破。

2012 年，减压中心尝试与有需求的社会组织建立联系，通过设立服务站点，开始双方共同协商合作，帮助合作组织解决他们所提出需求和需要解决的问题。双方在合作过程中，不断针对实际需求进行磋商，优化服务内容和流程。这种新型的服务模式，让减压中心摆脱了以往以心理讲座为主、讲完一次就走的尴尬境地，使心理专家有机会尝试与合作方建立长期的、专业的服务关系。2012 年，减压中心依托社区青年汇等社会青年组织，建立起贴近流动青年的心理服务站"青春心家"5 个，共开展活动 25 次，直接参与人数 248 人次，覆盖人群约 1 万余人次。

2013 年，减压中心组建了专家团队，通过调研和实地考察，针对流动青年的需求编写了 53 场贴近青年人生活的心理活动方案。活动形式从 100 人的大型讲座到 5—6 人的小型活动不等。此外，减压中心还将项目的服务站点从市内向着更符合流动青年聚集地的偏远郊区拓展。2013 年"青春心家"项目共开展活动 53 次，组建服务站点 11 家，直接参与人数 1004 人次，覆盖人群 2 万余人次。

2014 年，减压中心将获取服务的信息一再简化，青年汇只须一个电话就可以了解、预定、开展心理减压活动。全年共计开展活动 50 次，受益人数约 1045 人次。

2015 年，"青春心家"项目共开展活动 10 次，累计受益人数 189 人次。

五、举办"青春加油站"项目

北京市青年宫减压中心"青春加油站"依托团市委优秀社团组织资源，积极联络社团组织，为社团组织搭建心理服务平台和服务机制。"青春加油站"与北京志愿者联合会、北京青年交友联谊会、北京化工大学心理协会、北京中医药大学心理协会、北京联合大学师范学院心理协会等青年社团组织建立长期联系，为社团青年提供心理健康培训、心理咨询以及心理专业知识支持系统。

2011 年 9 月至 2012 年 4 月，"青春加油站"先后完成心理学公益活动 18 场，走入青年社团组织开展公益心理活动 2 场。通过开展"心理绘画与减压"、"音乐减压，绿色氧吧"、"积极心态，身心调节"、"如何应对假期综合征"、"为了孩子的健康"、"同他玩耍吧"、"改变与自我发现"、"生活、压力、平衡"、"心中的风景"、"幸福生活的锦囊"、"爱上你的不完美"、"恋爱中的刺猬"、"新形势下的情感应对"、"大学生压力管理"、"用身体雕塑情绪"等形式新颖、内容专业的心理学公益活动，为社团青年带来了丰富的心理健康知识。

六、承接部分临时公益项目

2015 年，北京市青年宫减压中心，除自身品牌公益项目外，同时也承接部分临时公益项目，为构建和谐首都做贡献。

减压中心承接团市委"关爱农民"项目 10 场，累计受益人数 1000 余人。

减压中心承接团市委"楼宇青年服务计划"项目，接到项目后经过精心备课，开展活动 2 场，累计受益人数 26 人。

减压中心承接团市委北京青年社会组织"公益星期六"行动心灵阳光青少年心理辅导活动，举办青少年心理辅导活动家长心理讲座 5 场，累计受益人数 105 人次。

减压中心承接北京市社工委"暖心公益——特殊群体关怀志愿服务"流动人口和劳教人员心理健康讲座，通过心理讲座，传播心理健康知识，帮助受助群体减轻压力，放松心情，增强心理健康意识。开展讲座 3 场，累计受益人数 170 人。

减压中心承接北京市社工委"就业心伴侣"大学生就业心理服务项目，以应届毕业生在寻找工作、走向社会第一步时，内心所承受的压力以及心理困难为入手点；以帮助青年人战胜内心困难，树立起独立向上、积极开朗的生活态度为目标；依托高校就业指导中心以及社会就业指导部门及机构，建立点对点的服务关系，为青年人提供心理陪伴、心理支持与心理引导，共开展服务 10 次，累计受益人数 830 人次。

<h2 style="text-align:center">第三节　实施太阳花成长计划</h2>

一、太阳花成长计划制定

2008 年 5 月 23 日，"5·12"四川汶川大地震发生仅仅 10 天之后，北京市青年宫减压中心配合北京市心理卫生协会，以最快速度赶赴地震灾区开展心理援助活动。减压中心负责人担任北京心理救援小分队第一小组长，前往重灾区什邡市。在什邡市，小分队的队员们为不同的人群实施心理援助，援助对象包括学生、武警官兵、医院伤员、教师、灾民等。

2008 年 5 月 30 日，减压中心开通"灾后心理危机干预热线"。危机干预热线由心理咨询师全程接听，为灾区居民解决心理问题提供了更多的途径。

2008 年 6 月初，云南丽江民族孤儿学校接收了来自四川什邡灾区的 43 名孤儿，这些孩子由于地震伤害、失去亲人、远离家乡、青春期等原因，出现了不同程度的心理、生理和行为上的问题。6 月 11 日，减压中心应丽江民族孤儿学校的紧急请求，成立了以"太阳花成长计划"为主题的心理援助项目组，对这些失去亲人的地震灾区孤儿，实施心理疏导和心理健康援助。为了早日实施"太阳花成长计划"，减压中心心理专家与工作人员带领两名北京师范大学心理学研究生立刻赴丽江开展了心理疏导和救援工作。

二、太阳花成长计划活动

为地震灾区的儿童提供长期心理支持。2008 年，减压中心的心理专家们，在丽江民族孤儿学校给孩子们分发礼物，带领孩子们做精心设计的心理游戏，与孩子们建立了良好的信任关系。在随后的几个月中，减压中心的心理专家多次抵达丽江，采用了心理绘画、沙盘治疗、泥塑治疗、音乐治疗等多种方法，为孩子们建立了心理健康档案，使问题比较严重的孩子有了明显的好转。同时，减压中心的心理专家又奔赴四川什邡，走访了孤儿的家庭，结合家庭特点给孩子们进行了有针对性的心理辅导。"太阳花成长计划"得到四川省什邡市团市委的大力支持，心理辅导的范围也扩大到整个地震灾区伤残儿童、孤儿、单亲家庭儿童及寄养儿童。减压中心表示，将长期关注地震灾区儿童的心理成长，为地震灾区的儿童提供长期的心理支持，带助灾区青少年儿童顺利地摆脱地震的影响。

带领地震灾区孩子们与北京学生一起联欢。2009 年 1 月 24 日至 27 日，在春节即将来临之际，北京市青年宫减压中心与北京志愿者协会迎来了 36 名四川省青川县姚渡镇中心学校的初三学生，让灾区的学生们一起在北京过春节。减压中心工作人员全程参加了此次活动。1 月 24 日下午，减压中心工作人员和其他志愿者一起，带领孩子们来到位于丰台区的北大附属实验学校，在这里和师生们一起举行春节联欢会。联欢会的绝大部分节目都是志愿者和灾区孩子们自编自导自演的。在联欢会上，减压中心的工作人员还带领大家做了名为"心有千千结"的心理团体游戏，让大家体会到了沟通与传递的作用。2009 年 1 月 27 日上午，减压中心工作人员还带领孩子们游览了奥林匹克公园。

转变太阳花成长计划服务方式。2009 年 6 月 8 日，减压中心代表北京市青年宫全体员工，向什邡市皂角小学、蓥华小学、马井小学以及马井初中捐助总价值为 13000 元的文体用品和各类图书，并向什邡市教育局赠送标志着"太阳花成长计划"的旗帜。此次捐助为"太阳花成长计划"的子项目之一。

2009 年 6 月 9、10 两日，减压中心的心理专家分别与什邡市皂角小学、蓥华小学、马井小学以及马井初中的校长以及心理辅导教师代表一起，针对地震后学生心理健康情况，开展了座谈。座谈中，各学校代表普遍认为，震后对教师的关注程度较低、教师住房无保证等基础性问题，影响了教师情绪和学生心理健康辅导的开展。针对这一问题，减压中心的心理专家与参加座谈的教师代表展开了多次探讨。减压中心心理专家还分别走访了 5 名丧亲儿童以及 14 名从丽江孤儿院回归学校的孤儿，给灾区孤儿送出了由北京市青年宫员工捐助的学习用品。

减压中心的心理专家，除了到实地做心理辅导外，2009 年下半年，"太阳花成长计划"将重点转向更为灵活的电话、短信、网络（MSN、飞信、邮件）等方式，继续为地震孤儿、残疾儿童等提供心理支持和服务。

让孩子们的梦想充满更多的正能量。 2013 年 6 月初，在北京市志愿者联合会的支持下，北京市青年宫减压中心的心理专家再次去什邡看望这些地震时遭受磨难的孩子们时，发现有 10 个孩子初中毕业后就失学了，他们有的在家，有的找到了临时的工作。专家们看到当地孩子们不重视读书的现象相当普遍，有的孩子心理创伤的阴影依旧存在。为了让这批孩子健康成长，将来成为祖国的有用之才，在心理专家的建议下，北京市志愿者联合会决定以更实在、更有效的方式继续实施"太阳花成长计划"，邀请孩子分批来京，对他们进行专业化心理辅导，同时开阔他们的眼界、加强对他们进行爱国主义教育、培养他们回报社会的志愿服务精神。共青团北京市委员会、北京市志愿者联合会还推出了"捐出 500 小时——北京志愿者支援灾区接力计划"。"太阳花成长计划"也是此计划的子项目之一。

2013 年 8 月 5 日下午，6 名四川汶川地震孤残青少年抵达北京。在 6 名青少年中，最小的上初一，最大的将升入高三。其中两人因地震致残，现在依靠义肢生活，四人在地震中丧失了亲人，他们中有的亲眼目睹了遇难父母被救援队挖出的情景，心灵受到很大的创伤。

第二天上午，孩子们来到减压中心，北京市青年宫领导同志为每个孩子赠送了画册，勉励孩子们好好学习。随后，减压中心心理专家，向孩子们介绍了此次邀请大家来京活动的安排以及目的。问到这几年来大家从地震中学到了什么以及得到的收获与感悟时，孩子们不再像 2008 年那样只是感伤与回避了，而是可以正面回应了。最后，减压中心的专家将孩子们分成两组，以"我们的梦想"为主题，让孩子们充分讨论，两个小组经过讨论以后分别以"我们的渴望"、"放飞的生命"为题，用彩笔画出了各自的梦想，经过分享与点评，让孩子们的梦想充满了更多的正能量。

组织地震灾区孩子参观游览。 在孩子们抵达北京的当天晚上，减压中心的心理专家和工作人员，就带领孩子们欣赏了鸟巢与水立方的夜景，让孩子们感受到祖国的发展与繁荣富强。8月6日中午，孩子们乘车来到北京志愿者之家——北京市志愿者联合会，参观了志愿服务展览长廊。北京市志愿者联合会的志愿服务专家，为孩子们讲解了北京志愿服务的历史、阐释了志愿服务精神，勉励孩子们将来有机会也能加入志愿者队伍、投身到志愿服务中去。参观后，孩子们又赶赴丰台园博园进行参观。8月7日清晨，减压中心的工作人员带领孩子们游览了八达岭长城，有两个戴义肢的孩子尽管行动不便，但在老师和同伴的帮助下依然登上了长城，实现了他们人生中一次新的突破。长城归来，孩子们还在北京市青年宫看了一场电影。8月8日，减压中心工作人员带领孩子们来到天安门广场，分别参观了毛主席纪念堂、国家博物馆和故宫博物院。北京市志愿者联合会综合应急志愿服务总队领导同志曾经和减压中心心理专家一起去四川看过部分孩子，8月9日这天也专程来送孩子们到首都机场，并赠送给每个孩子一个急救包作为纪念，勉励孩子们好好读书、健康成长。

第四节 创业北京新青年评选

一、创业北京新青年评选简介

举办"创业北京新青年"系列评选活动，旨在宣传创业理念，培养青年创业意识，提升青年创业能力，营造北京青年的创业氛围，激励青年自主创业，并以创业带动就业。自2008年首次推出"创业北京新青年"系列评选活动之后，相继推出了包括"大学生创意创业邀请赛"、"青年创业项目大赛"、"青年创业故事汇"征集赛等不同形式、不同视角的青年创业赛事。自2008年开展首次评选活动至2014年，"创业北京新青年"评选活动共举办了7届。

二、历年创业北京新青年评选活动

2008年7月至12月举办的评选活动，由共青团北京市委员会、中国青年创业国际计划全国办公室指导，北京市青年宫、北京中小企业协会主办，中国青年创业国际计划北京办公室、北京青年人才服务中心承办。本次评选活动被命名为"北京青年创业之星"评选活动，活动遵循"十七大"报告"以创业带动就业"的精神，倡导和落实团市委"志愿、公益、创业、成才"的工作主旨，通过推出可供广大创业青年参照学习的身边榜样，树立青年创业典型，鼓励更多青年自主创业。活动于7月29日通过千龙网现场直播形式启动。活动历时5个月，经过报名筛选、面试评审、实地考察、媒体公示等环节，最终评选出25名入围青年，并从中推选出10位"北京青年创业之星"获奖者。

2009年3月至6月，评选活动之第一届"'创业北京 创意北京'大学生创意创业邀请赛"（以下简称大赛）由北京市学生联合会、北京市青年宫、北京共青团创业青年夜校（青檬夜校）和北京市各高等院校联合举办。本届大赛共有22所高校推荐了102个参赛项目。经前期整理、分类、筛选，共有49个参赛项目进入初审阶段。大赛组委会按照参赛项目所属行业进行合理分组，并邀请相关行业专家导师，于6月6日在北京市青年宫进行分组初审。经过个人阐述、专家提问、分项打分以及综合评定、集中讨论等环节，最终筛选出30个入围项目，其中前12名进入决赛答辩阶段；决赛答辩会于6月15日在北京交通大学举办。决赛答辩会后，在专家综合会审后，一、二、三等奖相继产生；同时，针对各高校的推荐，评选出了6个"优秀组织奖"和16个"组织奖"。

2010年3月至10月，举办第二届 "北京青年创业之星" 评选活动。本届活动由共青团北京市委员会指导，北京市青年宫、北京青年创业就业基金会主办，中国青年创业国际计划北京办公室承办。活动以"加快实施人文北京、科技北京、绿色北京为发展战略，以更高标准推动首都经济社会又好又快发展"为导向，以"创业带动就业"精神为指导，旨在挖掘初创成功的青年创业典型，推出一批可供广大创业青年参照学习的自强不息、自主创业的身边榜样，宣传他们的创业精神，鼓励更多青年投身创业，从而推动共青团组织服务青年创业工作的进一步展开，更好地营造青年积极参与创业的社会氛围。参选的52个青年创业项目涵盖高新技术、文化创意、社区服务、手工制作、农业养殖、农业种植等领域，经过报名筛选、面试评审、实地考察、媒体公示等环节，最终评选出 19 个入围项目，并从中推选出 10 位第二届"北京青年创业之星"获奖青年。

2011 年 3 月至 6 月，由共青团北京市委员会指导，北京市学生联合会、北京市青年宫、北京共青团创业青年夜校主办，中国青年创业国际计划北京办公室承办的评选活动之第二届"'创业北京 创意北京'大学生创意创业邀请赛"（以下简称大赛）举行。本届大赛采用第一届大赛模式，主要参赛对象为北京高等院校。大赛旨在突出文化创意、高科技、低碳环保等元素，引导大学生拓展思路、勇于实践、创新发展、学习成长，让创意走近生活，让创业对接市场，进一步营造北京地区创业氛围，帮助大学生就业创业走向成功。经高校推荐、个人申报等方式，共有 37 所高校的 136 个具有创意创新精神的项目参赛，经前期筛选、评审、决赛答辩、汇总审核等环节，最终评选出 30 个入围项目，并从中推选出一等奖 1 名、二等奖 3 名、三等奖 6 名，同时评选出 10 个"优秀组织奖"。

2012 年 6 月至 11 月，由共青团北京市委员会（以下简称团市委）指导，北京青年创业就业基金会、北京市青年宫主办，中国青年创业国际计划北京办公室承办的"2012 年度'创业北京'青年创业项目征集大赛"（以下简称赛事）面向全市创业青年以及正在创业的高校大学生举办。赛事以团市委对服务青年创业工作的要求为目标，结合北京地区创业环境及创业青年群体的特点，旨在通过挖掘有潜质的青年创业项目，发现青年创业人才，为青年树立身边榜样，引导和帮助青年自主创业，营造北京地区创业氛围，并以创业带动就业。通过各服务站、创业产业园区前期宣传、收集整理、初步筛选等工作，以及社会创业青年自主报名等方式，推荐上报赛事组委会的青年创业项目共计 50 个，参赛项目涉及文化创意、广告传媒、批发零售、教育培训、居民服务、生产加工等领域。9 月初，赛事组委会组织评审专家对上报的参赛创业项目进行审核评估，并于 10 月份对其中符合参赛标准的 12 个青年创业项目进行了实地考察。经过考察评估、公示、终审之后，最终评选出 7 个获奖青年创业项目。同时，组委会综合各创业服务站年度内开展青年创业扶助工作及参与大赛的整体情况，还评选出了 8 个 "2012 年度北京优秀服务站"。

2013 年 5 月至 11 月，"2013 年度'我创业我圆梦'青年创业项目征集大赛"采用 2012 年赛事模式举办。赛事于"五四"青年节启动，共征集参赛创业项目 47 个。8 月底，由赛事组委会办公室组织评审导师对上述项目做了进一步评估分析，筛选出 12 个创业项目进入复赛；9 月上旬，赛事组委会办公室按实地考察项目地域分布，确定了"密云和顺义、大兴和东城、石景山和海淀、通州和朝阳以及房山"五条线路，组织评审导师分五组用时一周，分别对 12 个进入复赛的创业项目进行了实地考察，最终有 8 位创业青年获得"创业圆梦奖"。

2014 年 3 月至 12 月，由团市委主办、北京市青年宫承办的"2014 青年创业故事汇"征集赛（简称征集赛）举办。经媒体宣传，讲堂动员等征集方式，以及各团区县委、高校、街道等机构的推荐，至 7 月底，共征集到 106 个符合参赛标准的创业故事。征集赛组委于 8 月份组织评审专家经过初审、复审、决赛演讲等环节，最终评选出个人奖 25 个，其中"优秀奖"10 个、"入围奖"15 个，并针对推荐机构评选出了 5 个"优秀组织奖"。各奖项产生后，征集赛组委对部分有行业代表性的项目进行现场视频采集，制作了宣传片，并于 2014 年 12 月 6 日在北京市青年宫举办了主题为"讲创业故事 秀青春风采"的青年创业故事宣讲活动。

第五节　大学生就业服务

一、大学生就业服务活动简介

YBC 北京办公室于 2006 年推出"就业服务进校园"活动，专门为青年学生创造就业机会。为了促进服务活动取得时效性，开展了各种形式为大学生服务的活动。主要包括：举办大学生就业主题服务活动、举办校园双选会、召开大学生专场招聘会、开展校企对接、选送实习生进企业等，为学生与企业面对面沟通搭建服务平台，促进在校大学生创业就业，帮助企业招聘人才。上述活动到 2015 年共计举办 300 多期。

二、历年大学生就业服务活动

2006 年 5 月 17 日，YBC 北京办公室组织的首期"校园双选会"走进北京青年政治学院，本次共组织 26 家招聘企业，为学生提供了 300 多个就业岗位。有 400 多名学生参加了本次双选会。

2007 年 5 月 27 日，北京青年人才服务中心带领 10 家招聘企业，参加在全国青年就业创业培训服务中心举办的"高校毕业生与企业就业岗位对接"专场就业活动。此次对接活动除现场招聘外，还依托中国青年创业就业网，发布了网上专场招聘信息，使用人单位与求职个人在不受地域、时空限制的情况下，更为方便快捷地进行洽谈、应聘。

9 月 2 日至 8 日，共青团北京市委员会和西城区劳动局主办，YBC 北京办公室与西城职业介绍中心承办的"大学生就业系列公益活动"在北京市青年宫举行。其间组织了集中招聘会，参加招聘活动的 39 家企业，为大学生们提供了近 600 个就业岗位，约有 800 多名学生和家长参加了招聘会。招聘会还为大学生设立了创业就业咨询台，目的是为大学生今后的职业生涯规划提供指导。

2008 年 9 月 26 日，由 YBC 北京办公室、西城区劳动和社会保障局联合主办的"西城区高校毕业生就业服务专场招聘会"在北京市青年宫举行。20 余家涉及办事处、文化公司、服务公司、连锁店、美容美发集团等多种行业的招聘企业在此进行了招聘。参加就业招聘的有北京建筑工程学院、政法大学、北京工业大学等高校的 2008 届应届毕业生，有社区居民，还有往届大学毕业生。

2009 年 5 月 15 日，大学生专场小型见面会在北京市青年宫举办。此次见面会为应聘者提供了人力资源部经理及助理、生产经理助理、店长、销售人员、生产工人等 41 个就业岗位。来自北京农学院、北京师范大学、北京工业大学、北京服装学院的应届、往届毕业生以及复员军人、社会择业人员等 40 多名应聘者参加了见面会。

2011年1月14日，"2010年高校未就业毕业生及2011年北京高校应届毕业生就业专场招聘会"在北京人才市场中关村分部举办。YBC北京办公室作为合作单位参加了招聘会，并设置了创业咨询台，目的是为2011年即将毕业的大学生提供就业信息。

2014年3月28日，YBC北京办公室带领城市学院4名应届大学生到招聘企业进行面试，这是北京市青年宫推出的公共就业服务项目的首场"校企对接"活动。本次集中面试的企业是位于朝阳区白家庄的睿智立邦（北京）教育科技有限责任公司。招聘分为面试和笔试，笔试主要测验知识的广度及对企业的认同度，面试设置了问题对答环节。经过一个上午的沟通交流，求职个人和招聘企业达成初步意向。

10月至12月，YBC北京办公室举办的"校园双选会"陆续开始启动。YBC北京办公室共组织163家用人单位，分别走进北京工业大学、北京联合大学、北京外国语大学、北京服装学院、北京物资学院等10所高校，开展了12次校园双选活动，为求职大学生提供了2495个就业岗位。同时还举办了企业宣讲、就业指导等就业活动，直接服务人数达到了15476名；其中，828名应届生与企业达成初步面试意向。

2015年1月至2月，北京市青年宫创业就业办公室工作人员重点走访了在2014年度"校园双选会"活动中，招到合适人员的企业，回访了学生入职后的情况，同时了解了企业2015年的招聘需求。在走访交流中，企业负责人分别反馈了2014年度的招聘情况，并表示对入职后的大学生都很满意。各企业也透露了2015年度的招聘计划，及为在校大学生提供的实习岗位。下一步，北京市青年宫创业就业办公室将会继续走访招聘企业，并了解更多的企业招聘需求，为进一步推进校企对接、正确引导大学生就业做好准备。

5月6日，北京市青年宫创业就业办公室应首都经济贸易大学密云分校的邀请，将公益就业指导服务送进了密云分校校园，该校经管系100余名在校生参加了本次活动。

6月16日，北京市青年宫创业就业办公室带领9家招聘企业参加了"北京建筑大学2015年暑期就业见习双选会"，参会企业为该校的建筑与城市规划、控制科学与工程、自动化、计算机、电子商务、市场营销、物流等十多个专业的在校生发布了实习信息。现场有 165 名大学生与招聘企业达成了初步面试意向。

第六节　青年创业门诊巡诊活动

一、青年创业门诊巡诊简介

青年创业门诊巡诊旨在依据青年创业者所需，采用常规门诊、门诊下基层、门诊进企业、项目巡诊等不同服务方式，满足不同创业青年需求，帮助青年解决实际经营中的困难，助力创业青年更好发展。至 2015 年，共举办青年创业门诊、巡诊考察等创业活动 260 期。

二、历年青年创业门诊巡诊活动

2006 年 10 月 20 日下午，英国青年创业国际计划（YBI）总干事在中国青年创业国际计划（YBC）全国办公室和北京办公室人员及创业导师的陪同下，对 YBC 北京办公室第一批扶助的两个创业青年项目进行了巡访考察。两个项目分别是位于北京市通州区的民俗手工艺品厂和位于北京亦庄开发区的快餐加工厂。

2007 年 8 月 3 日，YBC 北京办公室根据此前了解到的由于肉蛋等原材料价格的上涨，创业青年"餐之恋快餐加工"项目在经营上出现困难的情况，专门邀请创业导师到大兴区亦庄开发区项目地进行现场会诊，一起分析市场，并提出调整主辅料、增加花色品种、改善营养搭配等意见和建议。

2008 年 8 月 28 日，北京市青年宫领导对已扶助的首位农村创业青年的毛豆种植项目进行考察。考察中，北京市青年宫领导向创业青年详细询问了一些关于成本、营销和今后发展的问题，并针对创业青年"准备明年扩大种植面积"的想法提出"不要盲目扩张，但可以增加品种和套种，并细化毛豆销售方式"的建议。

2009 年 10 月 15 日，YBI 执行主任和 YBI 支持与发展经理一行对 YBC 北京办公室及已扶助青年创业项目进行考察，一行人考察巡访了位于北京市鼓楼东大街的创意产品小店和位于北京市石景山区的影楼两个青年创业项目，并走访了石景山创业园。

2011 年 6 月 22 日，YBC 北京办公室组织 10 多位企业家导师，到位于大兴庞各庄镇的项目——北京爱农星食用菌专业合作社进行考察交流。北京市青年宫、北京市大兴团区委领导同志参加了活动。

2012 年 9 月 16 日至 18 日，YBC 北京办公室组织评审专家对 11 个青年创业项目进行了实地考察巡访。项目涉及文化创意、广告传媒、批发零售、教育培训、居民服务、生产加工等领域，项目分布于西城、海淀、朝阳、通州、大兴、平谷等区域，评审专家们分组亲临青年创业项目实地，就创业者的综合素质、个人资信、商业计划的可持续性及项目市场环境等方面调研评估，并从各自专业的角度对青年提出意见和建议。

2013 年 3 月 29 日，YBC 北京办公室首期青年"创业门诊"在北京市青年宫举办。创业导师就市场营销、品牌定位和法律咨询等内容为创业青年答疑。本期"创业门诊"共有 9 位创业青年通过 QQ 群、电话报名两种方式预约成功。每位青年在经过 40 分钟的"自述、问诊、把脉、开方"流程后，各自的问题在不同程度上得到了解决。北京市青年宫领导参加了"创业门诊"的分享环节。

7 月 25 日，YBC 北京办公室应怀柔服务站需求，邀请创业导师为参加该区创业大赛的 10 名创业青年做创业咨询及指导，这是青年"创业门诊"首次下基层。

9 月 10 日至 13 日，YBC 北京办公室组织"企业管理、科技制造、传媒印刷、教育培训、食品加工、法律诉讼"等相关行业的 15 名创业导师开展"创业导师'巡诊周'公益行"活动，对已扶助青年创业项目中部分经营有困难的项目进行现场指导。通过对项目实地的考察及对青年本人的询问，帮助创业青年发现问题，在分析与探讨之后提出解决问题的途径、对策，并对创业项目的发展前景提出意见及建议。

2014 年 5 月 16 日，YBC 北京办公室受专业服务站邀请，将第十六期创业门诊开到尚公律师事务所内。创业导师为创业青年做法律咨询及指导。过程中，青年对劳动合同的签署、企业维权等法律方面的问题进行咨询，律师从专业的角度分别为创业青年一对一解答，并引导青年，如何在合法经营的基础上保护自己的权益。此次带青年到专业机构接受创业指导是青年"创业门诊"又一形式的创新及尝试，青年在接受专业培训的同时，还能够感受该企业的文化氛围，从另一个角度收到学习和借鉴的效果。

2015 年 3 月 31 日至 4 月 2 日，北京市青年宫受共青团北京市委员会（以下简称团市委）委托，由北京市青年宫领导带队，组织创业导师对团市委"对口援助"的新疆和田地区 8 个青年创业项目进行实地考察。此次考察的 8 个项目是"京和青年创业引导专项基金"成立后的首批创业项目，经过初筛、初审、复审等审核流程后积淀下来，分布在墨玉、和田、洛浦三个县区，项目都具有显著的地域性，像手工羊毛地毯、木雕、食品等都具有民族特色。考察过程中，创业导师从项目的真实性、可行性，以及盈利点等多方面进行论证，确保考察结果的客观性。

2015 年 6 月 3 日及 6 月 10 日，北京市青年宫创业就业办公室工作人员陪同创业导师对位于大兴区、房山区的 3 个青年创业项目进行实地走访及巡诊考察，并组织青年进行互动交流，相互寻找合作切入点。针对青年提出的各种经营发展问题，导师们也一一给出自己的见解和建议。

第七节 "五四"北京青年创业就业服务周

一、"五四"北京青年创业就业服务周简介

"五四"北京青年创业就业服务周系列活动（以下简称服务周）自 2014 年首次推出后，已连续举办两届。此项目以北京地区有创业就业需求的企业及北京高校毕业生、青年群体为服务对象，目的是提升北京地区青年创业就业成功率，推动北京地区经济协调发展。

二、历年"五四"北京青年创业就业服务周活动

2014年5月4日至11日，首届"五四"青年创业就业服务周活动举办。内容包括：免费为企业发布招聘信息、举办青年创业就业"微论坛"以及公益集中面试会。与此同时，在青年宫大厅为20余家企业发布行政、财务、销售、技术等10余类、100多个就业岗位信息，满足不同群体在创业就业方面的不同需求。

在就业"微论坛"上，指导教师向大家传授了许多面试技巧，并提醒大家要具备职场道德，要对企业负责，同时也要学会用法律武器保护自己。参加论坛的30余名青年，与其他20多名求职者一起参与了4家企业的集中面试，有10余人与企业达成求职意向。

在创业"微论坛"上，创业导师针对听课人员的特点，从性格特点、创业兴趣、现有资源以及市场趋势等问题入手，通过对实际案例的讲解，鼓励大家无论具备哪些特质都会在不同领域有所成功。

2015年5月4日至9日，第二届"五四"北京青年创业就业服务周活动举办。服务周活动包括青年宫线上线下招聘岗位信息发布、北京市财会学校专场就业微论坛、公益就业指导走进首都经贸大学密云分校、就业面对面进企业，以及综合集中面试等内容。

5月4日，北京市财会学校专场就业微论坛在北京市青年宫举办，来自北京市财会学校的80余名师生以及街道有就业需求的青年共计百余人参加了活动，这次活动标志着北京市青年宫"五四"青年创业就业服务周活动正式启动。

5月6日，北京市青年宫创业就业办公室应首都经济贸易大学密云分校邀请，将公益就业指导服务送进校园，该校经管系百余位在校生参加了活动。

5月9日，"五四"青年就业服务周系列活动的最后一项"公益性综合集中面试会"在北京市青年宫举办，此次面试会是对就业服务周系列活动的收官。参会的12家招聘企业是从近百家招聘企业中精选出来的，他们为参加面试的求职者提供了行政、财务、销售、技术等10余类、300多个就业岗位。有100余名求职者参加了面试会。

此外，对于急需用人来不及参加公益性综合集中面试会的企业，主办方还有针对性地为他们举办了三场"就业面对面"活动，带领求职者直接到企业进行了面试。

第八节　举办青少年观影公益活动

一、举办"和爸爸妈妈一起看"系列公益活动

1996 年 1 月 27 日上午，由北京市青年宫剧场部、北京市青少年法律与心理咨询服务中心、《中国少年报》社、北京电视台青少部、北京市电影发行公司联合主办的"和爸爸妈妈一起看"系列活动正式拉开帷幕。活动旨在通过听讲座、看电影、写心得三种形式，让父母和孩子探讨共同话题，增进相互间的理解，促进形成积极的亲子关系。

在当年寒假期间，"和爸爸妈妈一起看"系列活动共放映 8 场电影，并结合每场电影的内容，举办了 8 次讲座。具体是 1 月 27 日放映电影《失去的梦》，知心姐姐卢勤主讲"父母和孩子应该有的良好心态"；1 月 28 日放映电影《陌生的爱》，知心姐姐卢勤主讲"怎样帮助孩子成功"；2 月 3 日放映电影《好孩子》，杨艺文主讲"共圆一个梦"；2 月 4 日放映电影《我给爸爸加颗星》，由闵乐夫主讲"教会孩子与他人交往"；2 月 10 日放映电影《狐狸列那》，由解军主讲"如何培养孩子的学习能力"；2 月 11 日放映电影《金秋鹿鸣》，由宋秀玲主讲"小学生怎样适应学校生活"；2 月 24 日放映电影《暗号》，讲座内容是"怎样对待孩子的考试成绩"；2 月 25 日放映电影《吾家有女》，由申东主讲"孩子眼中的妈妈爸爸"。

1996 年 3 月 2 日，北京市青年宫剧场部活动组委会在"和爸爸妈妈一起看"活动结束后，就"和爸爸妈妈一起看"活动开展情况召开座谈会。团市委、北京市青年宫、北京市电影公司、《中国少年报》社等单位的领导同志和系列活动的主讲人知心姐姐卢勤及部分家长参加了座谈，各位专家对本次活动给予了很高的评价。

1996 年北京市青年宫等单位，在寒假期间成功举办"和爸爸妈妈一起看"系列

活动之后，依然坚持每周六上午放映一部儿童影片，并配有 1 小时专家与孩子及家长座谈。从 1 月 27 日开始到 11 月底结束，共举办活动 48 场，参与活动的观众大约有 3 万人次。"和爸爸妈妈一起看"系列活动组委会除了组织孩子和家长一起看电影和举办讲座之外，还开展了"看电影写心得家庭生活征文活动"，鼓励父母和孩子结合电影内容，写出自己在家庭生活方面的感想和体会，获奖文章刊登在《中国少年报》"爸爸妈妈和我"栏目中。整个活动历时一个月，约有 5600 人次参与了此次活动。

二、周六世界经典影片观摩展映

1997 年 11 月 8 日，由北京青年宫影剧院主办的"周六世界经典影片观摩展映"活动正式拉开帷幕。活动每周六下午 2 点举行，每次活动放映两部世界经典影片，并邀请电影专家为观众进行免费讲解。截止到 2000 年 11 月结束，活动历时 3 年，共放映《第一滴血》《罗马假日》等经典影片 148 部次。著名电影理论家周传基先生，北京电影学院著名教授郑洞天、周坤，著名电影评论家尹鸿，北京师范大学艺术系教授张同道等专家学者，先后参与了多次讲座。大约 40000 余人次观看了电影周展演并参加了与影人见面活动。

三、举办赈灾义卖活动

2008 年四川汶川发生特大地震，为了支援地震灾区，6 月 1 日，北京青年影视俱乐部会员及部分观众参加了在北京市青年宫举办的"一张票、一份情"主题赈灾义卖活动，活动所得善款全部用于抗震救灾。

四、举办"电影伴我快乐成长"系列活动

2009 年 6 月 30 日，由首都文明办、共青团北京市委员会、中科院心理研究所、中国教育技术协会电影教育专业委员会主办，北京市青年宫承办的"电影伴我快乐成

长"系列活动，在青年宫正式启动。启动仪式之后举行了儿童纪录片《小人国》首映式。

10月11日，"电影伴我快乐成长"系列活动圆满结束，首都文明办、共青团北京市委员会、中科院心理研究所、中国教育技术协会电影教育专业委员会、北京市青年宫等单位的领导出席了闭幕式。

2010年9月11日，第二届"电影伴我快乐成长——和爸爸妈妈一起看"公益电影活动在青年宫正式启动，百余位小朋友和他们的爸爸妈妈一起参加了活动。

2010年11月7日，青年宫与中国电影技术协会合作举办的"电影伴我快乐成长——和爸爸妈妈一起看"主题活动走进皇城根小学，以电影的形式为该校师生举办了一期生动的消防安全知识讲座。

2013年，"电影伴我快乐成长——和爸爸妈妈一起看"举办第五届系列主题活动，主题是"爱上电影课"。暑期青年宫采用精选影片、专场放映家长及儿童免费领票的活动形式，共举办"爱上电影课——和爸爸妈妈一起看"电影活动25场，放映了《孙子从美国来》《我爱灰太狼2》《小小飞虎队》等20余部优秀影片，12000余人参加了观影活动，同时开展的青少年影评征集评选活动，2个月内共收到影评600篇，经过专家老师和活动组委会的评选，最终评出一、二、三等奖45篇，优秀影评陆续发表在《中学生时事报》和《中国少年报》上，至此活动圆满结束。

五、"呵护童心——社会各界关爱少年儿童公益服务行动"

为响应共青团北京市委员会的倡议，2010年5月29日至6月1日青年宫积极参与了"呵护童心——社会各界关爱少年儿童公益服务行动"。

5月31日、6月1日青年宫公益电影快车分别来到未成年人救助保护中心和北京儿童福利院，为那里的孩子放映了影片《宝葫芦的秘密》《战鸽总动员》。

2010年6月1日上午9：20，青年宫举办了"呵护童心——社会各界关爱少年儿童公益服务行动"儿童电影公益专场放映，在青年宫2号影厅放映了动画片《黑猫警长》，150名孩子免费观看了电影。

第九节 "公益电影快车"流动放映服务基层

一、"公益电影快车"简介

青年宫"公益电影快车"前身为"送片入校"的流动放映服务队。2004年初，北京市青年宫和北京市电影公司共同策划了"送片入校"活动，教委和团市委联合下发了《关于开展"送片入校活动"的通知》，"送片入校"办公室正式成立。2004年4月6日，活动在北京市宏志中学正式启动。

2004年上半年"送片入校"活动在东城区开始试点工作，下半年正式在全市14个城区及4个郊区县全面铺开。截止到当年10月底，"送片入校"办公室在60多所学校放映了近100场次，三万多名学生在校园观看了《张思德》《冲出亚马逊》《生存岛历险记》《女生日记》《足球大侠》等一大批主旋律影片和优秀儿童影片。

自2005年起，在团市委、首都精神文明建设办公室、北京市文化局、北京市广电局等政府部门和北京市电影公司等有关专业部门的领导和支持下，在李春平先生等各界的资助和支持下，北京市青年宫流动放映服务队更名为"公益电影快车"，先后承担起"北京市首届青年学习节"、"慰问春节留京贫困大学生"、"北京青少年公益电影节"、"优秀电影进社区"等活动。将单一的送电影进校园拓展到把电影送到工地、社区、郊区以及福利院、监狱等群体中去。特别是与北京建工集团合作，开展了"慰问首都建设者，百场电影进工地"的活动，为来自外省的务工人员，带来了丰富的电影文化，受到了工人们的欢迎。

二、百场电影进工地活动

（一）"百场电影进工地"活动简介

2005年，在"建设新北京，迎接新奥运"的背景下，国家广电总局、北京市青年宫、北京新影联影业有限责任公司、北京建工集团等单位共同发起举办"慰问首都建设者，百场电影进工地"活动。活动整合社会资源、凝聚各方力量、服务基层建设者。2010

年起，华夏电影发行公司作为新增主办单位，在之后的历届活动中起到了积极推动和保障作用。截止到2015年，北京市青年宫"百场电影进工地"活动共完成十一届，惠及约75万来京务工青年。

（二）"百场电影进工地"活动历年开展情况

2005年4月26日，由北京市青年宫和北京市电影公司组成的流动电影放映队到新建机场三号楼工地，为工地建设者放映了多场电影。

2005年4月28日，由北京市青年宫和北京市电影公司组成的流动电影放映队到奥运场馆"鸟巢"工地，慰问奥运工程建设者，并举行了电影巡映及赠书仪式。

2005年7月5日，由北京市青年宫和北京市电影公司共同创办的"公益电影快车"来到北京电视台中心工地，开幕影片《张思德》的主演吴军和建设者代表共同为"百场电影进工地"活动揭幕。

2005年10月20日，"慰问首都建设者，百场电影进工地"活动落幕暨征文颁奖仪式在建工集团百子湾1号工地举行，国家广电总局电影局、北京市文化局、北京市电影发行放映协会、北京市电影公司、建工集团、北京市青年宫等单位的领导同志及闭幕影片《沉默的远山》导演郑克洪等出席了仪式。

2006年6月26日，北京建工集团四建第九项目部在位于北京慈云寺的"远洋国际中心"工地，向北京市青年宫"公益电影快车"办公室赠送锦旗，标志着第二届"百场电影进工地"活动启动。建工集团、北京市青年宫的领导同志出席了赠旗仪式和活动启动仪式。10月20日，第二届"百场电影进工地"活动在国家公务员宿舍工地举行了闭幕式，北京市青年宫领导同志参加了闭幕式并讲话。

2007年4月29日，第三届"百场电影进工地"启动仪式在建工集团裘马都工地举行，著名相声演员、影片导演兼主演冯巩率影片《别拿自己不当干部》剧组参加了启动仪式。11月27日，"奥运建设者圆梦北京进影院暨第三届百场电影进工地活动闭幕式"在北京青年宫电影城举行。国家广电总局、团市委、市文化局文化市场处、首都文明办宣教处、北京建工集团、北京新影联公司等单位有关领导以及来自北京建工集团的 400 余名首都建设者出席了闭幕式。闭幕式上，国家广电总局副局长赵实代表国家广电总局特别发来贺信，对青年宫为北京电影公益事业所做出的贡献表示赞许与感谢，并提出了殷切的希望。仪式结束后，著名导演冯小宁与观众进行了座谈，并和大家共同欣赏了他导演的影片《青藏线》。

2008 年 4 月 25 日，第四届"百场电影进工地"活动在北京建工集团宋家庄保障性住房工地拉开帷幕，北京市青年宫和建工集团单位的领导同志出席了开幕仪式。影片《隐形的翅膀》成为活动开幕影片。11 月 24 日，第四届"百场电影进工地"活动闭幕式在北京市青年宫举行。北京建工集团宣传部、团委、工会的领导和北京青年宫电影城的领导、放映人员以及务工人员代表共计 40 余人出席了闭幕式座谈会。

2009 年 3 月 10 日，第五届"百场电影进工地"启动仪式，在北京建工集团弘善家园工地举行。启动仪式之后，为农民工们放映了影片《农民工》。

7 月 31 日，"百场电影进工地"慰问活动暨海外工程数字电影放映机捐赠仪式在北京建工集团某工地举行，北京市青年宫的领导同志出席了捐赠仪式，"公益电影快车"还为工人们放映了最新影片《沂蒙六姐妹》。11 月 8 日，第五届"慰问首都建设者，百场电影进工地"活动，在地铁十号线延长线工地圆满落下帷幕。

2010 年 4 月 28 日，第六届"百场电影进工地"启动仪式，在首钢科教大厦工地举行。北京市广电局、华夏电影发行公司、北京建工集团、北京市青年宫的领导同志出席了启动仪式。7 月 15 日，北京市青年宫"公益电影快车"首次来到天津西客站等京外重点工程工地，为北京建工集团的农民工们放映了多部电影，从而实现了京内、京外、境外放映"全覆盖"。10 月 29 日，第六届"百场电影进工地"活动在北京王四营保障房工地落幕。

2011 年 4 月 7 日，第七届"百场电影进工地"活动在北京建工集团承建的长安汽车北京基地举行开幕式，开幕式影片为国产军事大片《歼十出击》。8 月 2 日，"百场电影进工地"活动在河北省石家庄站站房工地举行电影放映活动，为工地建设者放映了影片《飞天》。10 月 27 日，第七届"慰问首都建设者，百场电影进工地"活动，在北京建工集团重点工程工地圆满落幕。

2012 年 4 月 28 日，青少年公益电影节暨第八届"百场电影进工地"活动启动，北京建工集团、北京市青年宫的领导同志出席了启动仪式。10 月 24 日，以"喜迎党的'十八大'，慰问首都建设者"为主题的第八届"百场电影进工地"活动在望京 A1 区 C 组 4 号工地闭幕。

2013 年 4 月 26 日，第九届"百场电影进工地"启动活动在北京大望京绿地中心工地举行，开幕影片《雷锋的微笑》主创人员到场与建设者见面。11 月 20 日"我与百场电影"座谈会在建工集团举行，"百场电影进工地"各主办单位领导及负责人、工地建设者代表参加了座谈会并畅谈了对活动的建议和意见，为第九届"百场电影进工地"画上圆满句号。

2014 年 5 月 7 日，"百场电影进工地十周年纪念活动"在北京六里桥北京政务中心建设工地举行。团市委、北京市青年宫、华夏电影发行有限责任公司、北京建工集团等十家单位的领导同志出席了活动。在活动十周年回顾座谈会上，北京建工集团、北京市青年宫和华夏电影公司等三家主办单位负责人先后发言，全面回顾了"百场电影进工地"活动十年来所走过的路程及所取得成绩，希望活动能够持续办下去，真正服务来京务工青年。随后举行的启动仪式上，时任八一电影制片厂厂长黄宏携其导演的影片《倾城》及剧组主创集体亮相，为活动开幕。10 月 31 日，第十届"百场电影进工地"在丰台区万泉寺定向安置房项目工地闭幕。

2015 年 4 月 29 日，第十一届"百场电影进工地"活动在北京建工集团北京地铁 16 号线 23 标工地拉开帷幕。八一电影制片厂、北京市青年宫、华夏电影发行公司、北京建工集团、市国资委宣传工作处、市委宣传部宣传处等主办单位、支持单位的领导同志出席活动。开幕影片《天河》剧组的部分演职员到场与建设者见面。2015 年 11 月 18 日，第十一届"百场电影进工地"活动在路桥公司地铁 6 号线二期工地落下帷幕。百余名来京建设者共同观看了抗战影片《百团大战》。

三、"北京共青团服务进京务工青年周末剧场"

北京市青年宫响应团中央号召，发挥"公益电影快车"的流动放映优势，采取走出去和请进来相结合的方式，为广大外来务工青年组织开展了"北京共青团服务外来务工青年周末剧场"。

2011年12月16日，"周末剧场"走进龙海打工子弟学校，进行公益电影放映。

2012年1月31日，为期一个月的"周末剧场"、"公益电影快车"两节送温暖活动圆满结束。他们先后走进打工子弟学校、地铁建设工地、福利院、太阳村、少管所等进行了10场公益电影放映活动，受众群体3000人。

2012年4月7日，公益电影快车开进甘肃某进京务工青年驻地，为工作在那里的务工青年进行了"驻京十八省市百场公益电影放映"首场放映活动。

2012年5月17日，青少年公益电影节公益电影快车驶进坤江综合市场，为来京务工青年放电影。

2012年6月4日、10日、15日，青少年公益电影节公益电影快车分别慰问贵州省、河南省、安徽省来京务工青年。

2012年8月7日、8日，青年宫公益电影快车慰问四川和重庆来京务工青年。

2012年10月30日，由北京团市委主办，北京市青年宫、陕西驻京团工委等共同承办的"2012务工青年百场电影放映暨'周末剧场'活动"闭幕仪式在丰田区靛厂路广场隆重举行。团中央、北京团市委、北京市青年宫等单位的领导同志出席了闭幕仪式。

四、"走进青年汇百场公益流动放映"活动

2013年，为弘扬践行党的群众路线教育实践活动，北京市青年宫面向基层青年汇开展了"流动青年宫 服务青年汇——走进青年汇百场公益流动放映"活动。

2013年6月，活动正式启动。9月16日，北京市青年宫公益电影快车来到大兴区采育乡"育新花园"青年汇社区，为来自13个自然村，生活、工作在这里的近

500 名社区青年和居民举办了"迎佳节 中秋电影晚会"。至此,为期三个多月的"流动青年宫 服务青年汇"百场公益电影放映活动圆满完成了第 100 场电影放映任务。活动期间,活动覆盖全市 16 个城区、乡镇和郊区县,共为来自四川、陕西、甘肃、河北、河南等 18 个省市驻京机构的务工青年放映影片 60 余部,惠及青年和广大民众达两万余人。

五、公益电影快车其他放映活动

2006 年,"公益电影快车"先后承担起"北京市首届青年学习节"、"慰问春节留京贫困大学生"、"北京青少年公益电影节"、"优秀电影进社区"等活动。同时还配合奥运工地举办"向首都建设者送清凉电影文化"活动,并在首都精神文明办的支持和指导下举办了第二届"迎奥运、讲文明、树新风——优秀电影进社区"活动。

2008 年,公益电影快车在完成第四届"百场电影进工地"、第四届"百场电影进社区"、第四届"北京青少年公益电影节"的放映任务外,在汶川特大地震灾害后,与青年宫"爱心传递小分队"一起奔赴灾区,为参与救灾的部队和受灾群众放映电影,支持抗震救灾。2008 年 10 月 8 日至 11 月 8 日,公益电影快车承接了团市委投拍的奥运题材公益影片《微笑圈》的放映工作,累计为府右街社区等 20 个社区放映 20 余场。同年,还圆满完成 2008 国际奥组委新闻中心为来京的非注册记者放映电影的任务。

2010 年"公益电影快车"除完成常规电影放映任务外,还完成了团市委推出的"两节送温暖"公益活动和"100365 首善行动"50 场公益电影放映任务,受到团市委表彰。

2010 年 5 月 14 日,北京市青年宫领导同志带队参加了北京建工集团、华夏电影公司、北京市青年宫共同主办的"公益电影快车——百场电影进外埠"活动,即慰问首都支援什邡建设者活动。

2010 年 7 月和 10 月,青年宫领导同志亲自带领"公益电影快车"行动组,分别深入天津和石家庄的北京建工集团承建的重点工程工地,以送电影的形式慰问建设者。

2010 年"公益电影快车"完成常规放映任务外,还完成团市委推出的"两节送温暖"

公益活动和"100365首善行动"50场公益电影放映任务，受到团市委表彰。

2011年"三八"妇女节期间，公益电影快车配合青年宫电影城和北京市妇女联合会共同举办"红色记忆传承——女性题材电影周"活动，进行专场放映6场。同年除常规放映任务外，还完成团中央、团市委、全国宫协为慰问务工青年及其子女开展的"周末剧场"放映活动。

2012年配合北京关心下一代工作委员会组织开展了"雷锋精神永放光芒"主题影片《雷锋》电影进学校、进社区放映活动，共放映《雷锋》159场。

截止到2015年，北京市青年宫公益电影快车共完成十一届"百场电影进工地"、十一届"百场电影进社区"、第二届至第十一届"北京青少年公益电影节"及其他放映任务，共放映电影3925场，其中为工地工人放映1268场，观众人次达到74.3万人；为社区放映1135场，观众人次达到55.1万人；为大中小学生放映912场，观众人次达到38.2万人。为特殊群体共放映610场。

第十节　其他公益活动

一、举办夏日广场

曾在1996年被北京市宣传部、市政府办公厅授予"北京市最佳夏日广场"的北京市青年宫夏日广场活动，经过紧张的筹备，于1997年6月14日开始了新的一期。本期夏日广场活动为期三个月，活动内容包括：夏日广场活动、周末影院、露天电影周、民族工艺制作大赛、交谊舞和民族舞大赛等。在夏日广场活动中，北京市青年宫安排了购物活动、冷食和风味小吃品尝活动、啤酒节活动等，为参加活动的居民提供一个独具特色的消暑纳凉场所。活动中，露天电影周和露天影院吸引了很多居民、学生观赏电影；交谊舞和民族舞大赛为爱好舞蹈的青年朋友，提供了一个交友和展示舞蹈才能的平台；民族工艺制作大赛满足了青年朋友对民族工艺的喜爱。

在夏日广场活动中，青年宫举办的交谊舞和民族舞比赛不分年龄段，每周评出一星，每月进行一赛。民族工艺设计大赛分儿童、少年、青年三个组进行，凡4岁至35岁的手工艺爱好者均可参赛。为确保参加人员从同一起跑线出发，公平竞争，比赛采取先培训后参赛的方式进行，经过培训的学员独立创作出的参赛作品，由评委进行评定，从而确定获奖等级。

在本次夏日广场中，除了以上所有项目之外，还有消夏小商品展销、儿童游艺、乒乓球比赛、台球比赛、城市高尔夫球比赛、兵器知识讲座、电脑培训、统合训练、钢琴培训、书法美术班、各棋类培训和比赛及美式英语培训等，并为中小学生制作的美术作品免费提供展示场所。

二、种植友谊树

2002年至2005年，北京市青年宫连续四年与韩国青年开展了种植友谊树活动。2002年在中韩建交10周年之际，两国大学生开展了文化交流活动。活动由首都精神文明建设委员会办公室主办，北奥大型文化体育活动公司、北京市青年宫等几家单位联合承办。活动中，韩国青年参观了北京大学及林业大学，游览了长城、颐和园、长安街，并欣赏了京剧。此外，还与中国学生在八达岭长城脚下共同种下了"中韩友谊林"。之后，2003年、2004年、2005年都举行了类似的种植"中韩友谊林"活动，并且在2006年和2007年，还举办了两届中韩大学生志愿者交流营活动。

三、平面媒体招聘会

2003年3月，针对应届毕业生就业难问题，在团市委的领导下，北京市青年宫培训部与《北京青年报》社、团市委大学部共同承办了首届"万名大学生平面媒体招聘会"。《北京青年报》社负责提供版面编排设计，团市委大学部负责提供万名大学生应聘资料，青年宫培训部负责提供企业用人岗位。其中任务最难完成的就是就业岗位的提供，因为大学生就业难就难在缺少用人单位和用人岗位。培训部努力克服困难，先后向城八区、远郊区县，亦庄、中关村等中外企业人才服务机构，数十家人才市场、职介机构发出邀请函，直接与企业联系。本届平面媒体招聘会共发出传真 1000 余件，拨打电话 6000 余次。在北京市青年宫领导的大力支持和员工的共同努力下，为本次招聘会提供了 300 多个用人单位、4000 个就业岗位信息，使本届平面媒体招聘工作取得了良好的效果，得到了团市委的表彰。

四、"2006 年来京建设者与首都文明同行——百星慈母游京城"活动

2006 年 5 月 13—15 日，由首都文明办等单位主办，北京市青年宫承办的"2006 年来京建设者与首都文明同行——百星慈母游京城"活动在北京成功举行。"来京建设者文明之星"的杰出代表的母亲 70 多名，受邀来到北京，在他们子女的陪伴下，登上了天安门城楼，参观了正在建设中的奥运工地，泛舟昆明湖上游览颐和园，并参加了"为了母亲的微笑"——来京建设者文明之行颁奖晚会，接受北京市领导为他们颁发的奖杯和证书。相关单位领导与百星及母亲们举行了座谈会。

五、志愿者主题活动

2008 年 4 月 10 日下午，由北京奥运会志愿者工作协调小组办公室、北京奥组委志愿者部、北京奥组委残奥会部、共青团北京市委员会、北京市总工会、北京志愿者协会共同主办的"两个奥运同样精彩——北京奥运会、残奥会文明观众啦啦队志愿者在行动"主题活动在北京市青年宫举行。此次活动也同时标志着首都"迎奥运、讲文明、树新风"赛场文明志愿行动正式启动。各主办单位领导出席了活动，来自首都各高校、机关、企事业单位、社会团体的近 1000 名奥运啦啦队志愿者代表，参加了本次"北京奥运会、残奥会文明观众啦啦队志愿者在行动"主题实践活动。

活动当天，举行了授旗仪式，并推出了啦啦队卡通荣誉队员"咚咚"。"咚咚"是以狮子为原型的卡通荣誉队员，他身上绣有由太极纹、云纹、回纹幻化而生成的吉祥纹样，这纹样凝聚着中华民族独特的审美理念，并集中展现了奥运观众的文明素质。

接着，身穿啦啦队助威服的五胞胎儿童武术表演，把专门为奥运加油而设计的一

款助威服装，正式呈现在广大观众眼前。

之后，在整个奥运举办期间，每个奥运赛场内都有文明啦啦队引导员和啦啦队骨干成员，共同引导全场观众为运动员加油助威。

六、"科学爱眼 健康成长"青少年用眼卫生系列公益活动

"科学爱眼 健康成长"青少年用眼卫生系列公益活动（以下简称"爱眼活动"）是由北京市教委、首都精神文明建设委员会办公室、北京市卫生局、共青团北京市委员会、北京市体育局联合主办，北京市青年宫、北京同仁验光配镜中心承办的青少年用眼卫生系列公益活动，自 2009 年始，至 2015 年共举办了 7 届。

2009 年第一届"科学爱眼 健康成长"青少年用眼卫生系列公益活动于 4 月至 6 月间陆续开展了"爱眼宣传进校园"、"爱眼知识考考你"、"爱眼护眼小征文"、"爱眼使者送爱心"、"爱眼护眼游园会"等活动，走进了全市 8 个区县的 11 所中小学校，为近万名学生讲座咨询，为近千名师生进行了免费检测，为 1.5 万余名青少年及家长义务咨询，共计 16 万名中小学生参与活动。

2010 年第二届"科学爱眼 健康成长"青少年用眼卫生系列公益活动走进了包括 2 所打工子弟小学在内的 12 所学校，为近千名师生进行了免费视力检测，近万名学生聆听了专家的讲座，共收到全市 15 个区县的知识竞赛答卷近 14 万份，征文近5000 篇。

2011 年第三届活动更名为"关爱眼部健康 减缓近视发展"青少年用眼卫生系列公益活动，走进了 10 所学校，为 50 名打工子弟、残疾儿童和孤残流浪儿童免费验光配镜，为近 5000 名师生进行了免费视力检测，近万名学生聆听了专家的讲座，共收到全市 13 个区县的知识竞赛答卷近 12 万份，征文近万篇。

2012 年第四届"关爱眼部健康 减缓近视发展"青少年用眼卫生系列公益活动走进了全市 6 所学校，发放爱眼护眼手册 10 万册，为 50 名打工子弟和偏远山区学生免费配镜，为近 4000 名师生进行了免费检测和讲座，共收到知识竞赛答卷近 8 万份，

通过对全市等十个区县的 8.2 万名青少年用眼卫生情况的调研及数据汇总，撰写发布了《2012 北京青少年用眼卫生情况调查报告》。

2013 年第五届"关爱眼部健康 减缓近视发展"青少年用眼卫生系列公益活动为 50 名残疾、智障孩子和偏远山区学生免费验光配镜，为近 4000 名家长、师生进行了免费检测和讲座，共收到全市 13 个区县的知识竞赛答卷近 12 万份，黑板报、手抄报、电子报及剪贴报共 1562 份。

2014 年第六届"关爱眼部健康 减缓近视发展"青少年用眼卫生系列公益活动，走进了全市 10 所小学，发放"和爸爸妈妈一起看"爱眼知识亲子读本 10 万册，为 30 名贫困家庭孩子和偏远区县学生免费配镜，为 2087 名家长、师生进行了免费检测和讲座，收到全市十余个区县提交的爱眼知识答题 130263 份，手抄报、电子报共 10720 份，有 700 名中小学生在爱眼知识竞赛中获奖。

2015 年"关爱眼部健康 减缓近视发展"青少年用眼卫生系列公益活动由北京市教委、北京团市委主办，北京市青年宫、北京同仁医院、北京同仁张晓楼眼科公益基金会承办，于 2015 年 11 月至 12 月间相继开展了"爱眼知识进校园"、"爱眼护眼手抄报比赛"、"爱眼知识体验日"等活动，走进了全市 10 所小学，发放"和爸爸妈妈一起看"爱眼知识亲子读本 5 万册，为 30 名外来务工人员子女免费配镜，为超过 3000 名学生进行了免费视力检测，收到全市 9 个区县提交的爱眼护眼手抄报 19480 份，有 300 名中小学生在比赛中获奖。

七、北京市单身青年交友联谊项目

北京市单身青年交友联谊项目是青年宫为服务单身青年的交友联谊需求，由活动部自 2010 年开始策划实施的服务项目，至 2015 年连续举办了 5 年。

2010 年，共开展了"播种希望，分享春天"植树活动、"梦圆五月，情定北京"公益集体婚礼、"相约军营，牵手情缘"军地青年交友联谊活动、"相知中秋，梦圆九月"交友联谊活动、"低碳生活，绿色交友"团员青年桌游交友联谊活动、"相约圣诞，快乐结缘"平安夜交友联谊活动等六次交友联谊活动，服务单身青年近4000人次。

2011年，交友联谊项目共开展了北京单身青年交友联谊公益讲堂系列活动、"播种希望，分享春天"、"青春有约，幸福绽放"及"幸福相约，轻松交友"等各种形式的交友活动共12次，直接服务人次近3000人，媒体直接报道12次，各类主要新闻媒体转载百余次。2011年9月份正式开通了"北青交友"官方网站平台，至2011年12月底，网站上共注册报名会员近1400人，发布活动消息近百条，访问量达168824人次，日平均访问量1876人次。

2012年，北京市单身青年交友联谊项目共开展了北京单身青年交友联谊公益讲堂系列活动、桌游观影情人节主题活动、"青春有约，幸福绽放"及"爱上军营，爱上TA"房山区军地青年交友联谊嘉年华等各种形式的交友活动共13次，直接服务人次近3500人，媒体直接报道10次，各类主要新闻媒体转载百余次。8月份开展了面向基层单位的调研活动，共面向政府机关、企事业单位、民营单位等不同类型的40余家单位发放了调查问卷，根据回收问卷的结果，进行了问卷分析，形成了《北京基层单位及青年交友婚恋需求调查报告》，并进一步了解了基层单位在单身青年联谊方面的具体需求。建立了北青交友线下数据库，可以满足将团体单位、网上注册会员及线下注册会员导入、查询和导出的功能。

2013年，北京市单身青年交友联谊项目共开展了"独特的你我"、"恋爱多米诺"、"爱情的天平"等8次不同主题的交友联谊公益讲堂互动活动；"五四"青年节、"七夕"情人节、"光棍节"3次专场活动以及"爱在北京城，情定园博园"绿色公益集体婚礼，直接服务单身青年500余人。

2014年，共开展了以"如何展现独特的我"、"他人眼中的我"、"如何走近我"等为主题的爱情工作坊主题活动6期，以"相约七夕，快乐桌游"及"相约青春，魅力光影"等为主题的俱乐部交友活动5期，并举办了"相约金秋，为爱而动"奥森公园户外专场交友联谊活动，全年活动受益单身青年千余人。

2015年，共开展了以"缘聚青春，邂逅爱"、"爱在青年宫"、"来吧，让我们做朋友"及"为爱而动"等为主题的交友活动11次，受益单身青年600余人。同时，继续利用北青交友网及开通的"Love 北青"官方微信为会员提供免费的便捷网上沟通服务，截止到 2015 年 12 月底，北青交友网拥有近 3100 名注册会员，会员间免费信息沟通 12000 余条，网站访问量 458124 次。开通了"Love 北青"官方微信，截止 2015 年 12 月，已有近 600 名活跃用户，30 余次交友消息发布及人员报名。

八、北京青年梦想舞台系列公益活动

"北京青年梦想舞台"系列公益活动是由北京市青年宫主办、青檬音乐台独家媒体支持的旨在配合微博运行设计，开展的为首都各界青年提供展示才艺、实现梦想的青春舞台。该活动由市财政专项资金支持，信息中心负责项目申报、活动策划、组织实施。2014 年共举办了六场活动，2015 年举办三场活动。

2014 年 4 月 12 日、26 日，首场活动"暖心全家福"、"暖心婚纱照"为外来务工家庭拍照活动分别开展，通过北京青年宫官方微博发起并招募的 40 余位摄影爱好者组成的"暖心摄影团"到位于北京昌平区天通苑的新源小学，为 30 多个外来务工家庭拍摄照片。5 月 17 日，经过对拍摄照片的精心挑选和展板制作，"镜头里的平凡幸福——暖心行动摄影展"在青年宫一层大厅展出。

2014 年 5 月 24 日，"幻变青春魔方邀请赛"在北京市青年宫举办。通过官方微博发起活动并征集魔方高校社团及爱好者们同场竞技，活动得到了魔方迷们的积极响应。来自北京科技大学、北航魔方社、北京邮电大学世纪学院、北京信息科技大学等高校魔方社团，还有来自鼓楼一中、玉桃园小学的小魔方迷们，现场参与了活动。现场展示了魔板、魔方、魔尺、叠杯玩家们的高超绝技，还向大家介绍了金字塔魔方、镜面魔方、四面魔方、齿轮魔方、剑玉等各式魔方的特点和玩法，普及了魔方知识。

2014 年 7 月 13 日，"畅想魅力青春"故事会暨北京高校脱口秀达人展示活动，在北京市青年宫下沉舞台上演。活动经北京市青年宫的官方微博发出招募令，评委们对报名选手逐一挑选，最终 19 位选手参加了现场展示。选手们从"行走在青春的路上"、"台湾金曲奖"、"爱好与职业"、"大学生公益"四个规定主题中任选其一进行比拼，依据现场评委的评判和赛后微博上的人气，最终评选出前三名优秀达人进行奖励。另外，此次活动的媒体支持单位青檬电台，特别为优秀选手提供了五名暑期在青檬电台实习的机会。

2014年9月12日，"青春潜力无限"户外探索体验活动在北京国际青年营举办。活动通过北京市青年宫官方微博，招募选拔了20名北京各高校的户外运动爱好者，加入此次户外探索之旅。活动内容包括攀岩、登山、徒步、CS真人对抗、绳结、搭帐篷、制作木工作品、活字印刷体验、刻橡皮图章等环节，考验了身体力量和耐力，锻炼了团队协作意识，增强了青年朋友们的户外生存技能。

2014年10月21日，"开启青春梦想"国学成人礼体验活动在北京市青年宫举办，近百名高中生参加了成人礼。首先，国学老师与主持人以问答的形式向大家介绍了成人礼的由来及含义。接着，老师带领同学们朗诵了精心挑选的国学经典诗句，并与主持人就对经典国学的理解和同学们进行了共同探讨。随后，繁简字识读互动环节让同学们开动了脑筋，增长了知识。最后是汉服体验环节，主持人邀请了男、女各10名同学上台试穿汉服，同学们穿好汉服后，列队排开，在国学老师的指导下学习古人走路和行礼的方式。

2014年12月21日，高校炫彩创意设计展在北京市青年宫大厅举办。活动通过从北京市青年宫官方微博发起征集，在北京高校大学生当中征集创意纯手工作品在青年宫进行集中展示和售卖。创意展示项目包括北京外事学校的西点制作；手工达人们的纸雕、饰品、皮制品、布艺相册、锡纸制作；光感应系统模拟沙盘；物理唱片机等学生们自己设计制作的创意作品，活动不仅展示了当代大学生们的创意思维和动手能力，同时也给大家搭建了一个开辟创业之路的平台，还能通过与参观者的交流了解自己作品缺陷，给他们带来了切实的帮助和扶持，帮助大学生们实现自己的梦想。活动从上午10点正式开始一直持续到中午12点，吸引了众多市民的围观。

2015年4月25日，2015"北京青年梦想舞台"拉开帷幕，首场活动"幻变青春2——北京青年魔方达人赛"在北京市青年宫举办。此次活动最大的亮点是通过北京市青年宫官方微博和微信，征集到了近百位青少年魔方爱好者，共同完成1800个魔方组成的庆"五四"主题的巨幅拼图。活动同时还设置了竞技性较强的三阶速拧单项赛和趣味竞技赛等环节。活动前期，北京青年魔方达人赛还走进了北京高校，进行了赛事的预热暨预赛，选拔出了优秀选手参与到现场活动中来。

2015年6月28日，"正当青春——原创音乐分享会"在青年宫小剧场激情唱响。活动前期经青年宫官方微博发起后，歌手和观众报名十分踊跃，活动微博的阅读量超过了13万，经过挑选，最终来自中国传媒大学、北京工业大学、北京工商大学等高校的7组原创音乐人现场演绎了自己的原创歌曲，近200位现场观众对歌手们的演唱给予热情支持。央视体育频道音乐制作人陈吉浙、最美和声第三季人气选手徐嘉苇作为分享嘉宾在现场点评了歌手演唱。分享会结束后，主办方还将歌手们的现场演唱音频上传至官方微博及微信，进行人气王的评选。

2015年9月12日，在纪念中国人民抗日战争暨世界反法西斯战争胜利70周年之际，2015北京青年梦想舞台系列活动之三——"红色骑迹·北京抗战遗迹探访活动"在北京市青年宫成功举办。本次活动以绿色骑行的方式，探访北京城内留存的抗战遗迹，青年朋友们在强身健体的同时了解抗战故事，铭记抗战英雄。活动通过青年宫官方微博、微信征集到40名骑行爱好者，以定向骑行的方式，从青年宫出发，探访北京城内10个抗战遗迹点，各组队员均圆满完成了骑行探访任务，返回青年宫后，由北京市青年宫领导同志分别为队员们颁发了活动纪念品及证书。活动结束后，青年宫还在官方微博和微信上陆续登载10个抗战遗迹的英雄故事和活动花絮。

第三章 文化艺术活动

第一节 影视文化活动

一、举办北京青少年公益电影节

北京青少年公益电影节是一项以 7—18 岁青少年为主要对象，以"架起青少年与优秀电影文化桥梁"为宗旨，以"青春气息、原创意识、公益特色、快乐参与"为定位的大型公益电影文化活动。自 2005 年首次举办以来，已连续成功举办 11 届。

2005 年 4 月 9 日，在国家新闻出版广播电影电视总局、共青团中央的指导下，由共青团北京市委员会、北京市委宣传部、首都精神文明办公室、北京市新闻出版广播电影电视局、北京市文化局等多家单位共同主办，北京市青年宫等单位承办的首届"北京青少年公益电影节"顺利开幕。

2006 年 4 月 9 日，由团市委、市委宣传部、首都精神文明办、市委教育工委、市教委、市文化局、市广播电视局、市新闻出版局、北京青少年联合会、中共石景山区委等十一家单位联合主办的第二届"北京青少年公益电影节"在中国电影博物馆开幕，上述单位的主要领导及北京市青年宫领导出席了开幕式。本次电影节活动的主要内容有"北京青少年公益电影快车"系列展映活动、媒体播映进万家系列展播活动、影视名人大讲堂系列活动等。

2007 年 5 月 1 日，第三届"北京青少年公益电影节"开幕。主办单位和承办单位领导纷纷在开幕式上讲话，表示要全心全意地支持本次活动，保证活动的顺利进行。本次活动的主要内容有"探索电影的奥秘"中国电影博物馆参观活动、"我与祖国共成长"——"八一厂"参观体验活动、"我的童话之旅"参与实践活动等。

2008年5月10日，第四届"北京市青少年公益电影节"开幕。本次电影节的主要活动内容有优秀电影展映、DV短片大赛、公益电影短片征集、公益电影内容座谈等系列活动。

2009年8月至10月，第五届"北京青少年公益电影节"成功举办。主要活动有"主题电影征文"活动、"百部经典影片回放"专场、"公益电影大放送"活动、"我最喜爱的电影评选"活动以及"电影伴我快乐成长研讨"活动等。主办和承办单位的领导出席了开幕式并讲话。

2010年8月至9月，第六届"北京青少年公益电影节"成功举办。本届公益电影节主要内容有"国际论坛"、"入围影片展映"、"和爸爸妈妈一起看"、"入围影片评选"、"优秀影片进校园、进社区"等。

2011年4月至8月，第七届"北京青少年公益电影节"成功举办。本届电影节的主要内容有"看电影、讲电影"，"送电影、评电影"，"演电影、拍电影"三大主题活动。

2012年4月至8月，第八届"北京青少年公益电影节"成功举办。本届电影节首次举办了青少年题材影片展映评选活动，经过报名审核，共有47部影片报名参赛，经过网络投票、随展投票和60名青少年小评委评选，最终产生了首届"蓓蕾奖"的各大奖项。

2013年6月1日，第九届"北京青少年公益电影节"在北京市青年宫开幕，本届电影节坚持"看电影、讲电影"，"送电影、评电影"，"演电影、拍电影"三大主题活动。同时开展了"优秀国产影片暑期展映"，并且免费向全市青少年赠送了1.5万张观影券。

2014年4月至8月，第十届"北京青少年公益电影节"成功举办。本届电影节共设7项活动，其中在全市百余所中小学开展了校园展映活动，有50000余名青少年系统地观看了本届电影节的入围影片，并回收了实名投票万余张。经过大家的评选，顺利评出了本届电影节"青少年最喜爱的影片"。

2015 年 7 月 18 日至 24 日第十一届"北京青少年公益电影节"成功举办。电影节于 4 月 18 日正式启动校园展映、"我是未来星"青少年影视艺术新人选拔、第四届全国中学生原创影片大赛等校园活动；开幕式、国际青少年影像教育峰会、国际青少年短片展映、国际中学生电影夏令营、闭幕式等电影节主体活动在怀柔举办。老艺术家田华、翟俊杰，著名演员刘继忠、张一山等出席电影节活动。

二、举办电影首映及影人与观众见面活动

1995—1997 年电影首映及影人与观众见面

1995 年 12 月，影片《暴走战士》在青年宫首映，影片主演刘德华到场参加首映礼。

1996 年 7 月 4 日，北京市电影公司与北京市青年宫联合在北京青年宫电影城举办电影《秦颂》首映式暨演员与观众见面会，著名导演周晓文，著名演员姜文、葛优、许晴等资深影人参加首映式及见面会。

1996 年 8 月 13 日，北京市青年宫隆重举行 1996 年第九部进口大片《勇敢人的游戏》首映式暨观众见面会，美国当红影星邓斯特、皮尔斯及中国译制人员与参加首映式和见面会的观众合影留念。

1996 年 9 月 28 日，在青年宫举行电影《太后吉祥》演员与观众见面会，主要演员陈强、陈佩斯等出席见面会。

1997 年 2 月 5 日，电影《埋伏》在青年宫举行首映式，著名相声演员、该片主演冯巩等参加首映式并与观众见面。

1997 年 2 月 26 日，在青年宫举办电影《离开雷锋的日子》首映式暨演员与观众见面和座谈会。团市委的领导同志及北京青年志愿者代表参加了首映式。雷锋、乔安山的饰演者著名演员吴军、刘佩琦，著名演员宋春丽及导演雷献禾和乔安山夫妇与观众见面并进行座谈。

1997 年 5 月 15 日，美国进口大片《山崩地裂》在青年宫举办了全市首映礼。

1997 年 8 月 23 日，在青年宫举办电影《太阳火》首映暨演员与观众见面会，该

片导演、著名电影演员张瑜与观众见面并进行了座谈。

1997 年 10 月 11 日，在青年宫举办了国产优秀影片《有话好好说》首映暨演员与观众见面会。著名导演张艺谋，著名演员姜文、李保田、瞿颖与观众见面并进行了座谈。

1997 年 12 月 13 日，我国首部贺岁影片《甲方乙方》在青年宫举办"甲方乙方影人影迷新春贺岁大联欢"活动，导演冯小刚率主演葛优、徐帆、英达、杨立新等出席活动，并与观众联欢贺岁。

1998—2000 年举办电影首映及影人与观众见面活动

1998 年 2 月 14 日，在青年宫举办了电影《半生缘》首映式暨演员与观众见面会，导演许鞍华，主演吴倩莲、吴辰君等参加首映式并与观众进行了交流。

1998 年 8 月 2 日，电影《红色恋人》首映式在青年宫举行，著名导演叶大鹰和著名演员张国荣、梅婷、陶泽如出席了首映式并与观众进行了座谈。

1998 年 9 月 25 日，武侠电影《风云雄霸天下》首映暨演员与观众见面会在青年宫举办，著名演员郑伊健、杨恭如到场与观众见面并展开座谈。

1998 年 12 月 24 日，优秀喜剧电影《不见不散》首映式在北京市青年宫大剧场举办，著名导演冯小刚，主要演员葛优、徐帆与观众见面。

1999 年 2 月 14 日，贺岁大片《男妇女主任》首映，赵本山、宋丹丹在青年宫与观众见面并进行了座谈。

1999 年 3 月 13 日，影片《爱情命运号》在青年宫首映，日本著名女演员石田光专程到场与观众见面。

1999 年 4 月 18 日，北京市青年宫、北京新影联影业有限责任公司、北京青少年发展基金会在北京青年宫电影城联合举办影片《一个都不能少》见面会暨捐赠仪式。著名导演张艺谋，主演魏敏芝、张慧科来到青年宫电影城，参加了首映式并与观众见面。

1999 年 5 月 30 日，儿童影片《兔儿爷》在青年宫首映，青年女导演秦燕与片中几位小演员到场与观众见面。

1999 年 8 月 1 日，动画片《宝莲灯》在青年宫首映，主要配音演员姜文、徐帆、马羚、马精武及主唱张信哲等参加首映礼。

1999 年 8 月 15 日，影片《缘，妙不可言》在青年宫首映，主演赵薇到场与观众见面并进行了现场签售。

1999 年 9 月 14 日，香港影片《星愿》在青年宫首映，导演马楚成，主演任贤齐、张柏芝到场与观众见面。

1999 年 10 月 9 日，影片《黄河绝恋》在青年宫首映，导演冯小宁、主演宁静等到场与观众见面。

1999 年 12 月 24 日，贺岁影片《没完没了》圣诞夜在青年宫首映，导演冯小刚，主演葛优、吴倩莲等到场与观众见面。

2000 年 2 月 14 日，影片《说好不分手》在青年宫首映，影片导演傅靖生，主演濮存昕、许晴及其他剧组成员到场与观众共度情人节。

2000 年 3 月 2 日，《走出硝烟的女神》在青年宫首映，影片导演王薇，主演宋春丽、吴京安、剧雪专程到场与观众交流。

2000 年 3 月 6 日，在青年宫举办国产影片《洗澡》见面会，导演张扬、主要演员姜武出席了见面会。

2000 年 5 月 18 日，国际著名影星施瓦辛格现身青年宫与影迷见面，以"慈善大使"身份为"中国特奥世纪行"筹集善款。

2000 年 5 月 20 日，在青年宫举办影片《说出你的秘密》首映式，导演黄建新，著名演员王志文、江珊出席了首映式。

2000 年 7 月 5 日，电影《北京人》在青年宫举行首映。演员程前、吕丽萍来到青年宫和观众见面。

2000 年 8 月 18 日，在青年宫举办电影《生死抉择》首映式，原著作者张平、著名导演于本正、编剧宋继高以及主要演员王庆祥、廖京生、左翎等演职人员到场与观众见面。

2000 年 9 月 7 日，电影《一声叹息》在青年宫举行首映式，作品主要演员还与观众举行了见面会，并进行了座谈。

2000 年 11 月 24 日，在青年宫举行电影《花样年华》首映式及演员与观众见面会，著名导演王家卫及主要演员张曼玉、梁朝伟到场与观众见面。

2001—2005 年举办电影首映及影人与观众见面活动

2001 年 1 月 1 日，著名导演张艺谋，主演赵本山、董洁等在青年宫举办影片《幸福时光》新年首映礼。

2001 年 2 月 23 日，在青年宫举办影片《刮痧》新闻发布会暨首映式，著名导演郑晓龙、编剧于小平及主演梁家辉、蒋雯丽、朱旭及美方主要演员出席了活动。

2001 年 3 月 14 日，美国惊险片《垂直极限》在青年宫首映，我国国家登山队前总教练周正、中国登山协会主席曾曙生、中国登山协会秘书长于良璞等专家与观众现场交流。

2001 年 3 月 29 日，公路影片《走到底》在青年宫首映，制片人罗异，导演施润玖，主演莫文蔚、姜武、张震岳到场与观众见面。

2001 年 4 月 25 日，影片《紫日》首映式在青年宫举行，著名导演冯小宁、主演富大龙、前田知惠、安娜·捷尼拉洛娃到场与观众见面。

2001 年 8 月 21 日，香港著名演员周星驰与影迷见面会在青年宫举行。

2001 年 9 月 22 日，由中宣部、铁道部、广电总局、市委宣传部等单位共同拍摄的电影《詹天佑》影片首映式在青年宫举行。广电总局局长徐光春、市委副书记龙新民、著名演员孙道临等参加首映式。

2001 年 12 月 15 日，贺岁片《大腕》在青年宫举办首映式。著名导演冯小刚、著名演员李成儒与观众见面。

2002 年 2 月 5 日，贺岁片《一见钟情》新闻发布会和影片首映式在青年宫举行。导演夏钢携主演陆毅、范冰冰、马伊琍等明星参加仪式。

2002 年 2 月 18 日，《天下无双》剧组成员在青年宫与青年影视俱乐部会员及影迷见面，导演刘镇伟，著名歌手王菲，著名演员梁朝伟、赵薇、张震参加见面活动，并与青年影视俱乐部会员及影迷举行座谈，征求他们对该片的反响和意见。

2002 年 4 月 23 日，著名演员黄宏携其自编自导自演的新片《二十五个孩子一个爹》

在青年宫举办影片首发式，黄宏及女主演李琳与部分片中小演员到场与观众见面交流。

2002 年 4 月 27 日，改编自著名科幻小说家倪匡的《卫斯理之蓝血人》在青年宫首映，著名影星刘德华到场参加首映，为影片造势。

2002 年 5 月 8 日，电影《寻枪》在青年宫举行首映式，导演陆川，演员姜文、宁静、伍宇娟等与影迷见面，并就影片创作情况征求了大家的意见。

2002 年 7 月 2 日，电影《嘎达梅林》首映式暨新闻发布会在青年宫举行。

2002 年 7 月 9 日，美国大片《星球大战前传Ⅱ》首映式及新闻发布会在青年宫举行。

2002 年 8 月 3 日，《天脉传奇》首映式在青年宫举行，该片导演鲍德熹、监制钟再思和主演杨紫琼等到场与观众见面。

2002 年 9 月 20 日，著名导演陈凯歌的新片《和你在一起》在青年宫举办首映式，导演冯小刚客串主持，主演王志文、陈红、刘佩琦、小演员唐韵参加了首映式，著名小提琴演奏家李传韵现场即兴演奏了小提琴曲。

2002 年 11 月 15 日，在青年宫举办《美丽的大脚》首映式，影片导演杨亚洲和主演倪萍参加首映式，并与观众见面。

2003 年 3 月 22 日，国产影片《大鸿米店》在青年宫举办首映式，影片导演黄健中，主演陶泽如、石兰、杨昆等在影片放映之后，到场与观众见面并进行现场交流。

2003 年 7 月 12 日，影片《炮制女朋友》在青年宫举办首映式，剧组成员还与观众举行了见面会。该片导演叶伟民，主演郑伊健、赵薇到场与观众见面。

2003 年 9 月 2 日，反映非典时期的故事片《38 度》在青年宫首映，主演陶红参加了首映交流。

2003 年 10 月 16 日，根据几米漫画改编的影片《向左走向右走》在青年宫首映，梁咏琪到场与观众见面。

2003 年 12 月 24 日，影片《玉观音》首映式在青年宫举行，导演许鞍华，主演赵薇、谢霆锋等与观众见面。

2004 年 2 月 14 日，《恋爱中的宝贝》情人节在青年宫首映，导演李少红，制片人李晓婉，摄影师曾念平，主演周迅、黄觉、陈坤等到场与会员及观众交流，共度浪漫之夜。

2004年11月9日，在"119"消防宣传日之际，青年宫举办了美国灾难大片《烈火雄心》的首映式。为了强化宣传效果，市公安局、消防局作为特邀主办方，在青年宫前广场进行了消防器材使用方法的演示，形象大使韩雪、董勇身穿消防服登上了20米高的云梯车。

2005年2月1日，影片《情人结》的导演霍建起，主演赵薇、陆毅到青年宫与观众见面，并向影迷赠送了情人节礼物。

2005年2月13日，著名导演胡安，著名演员王志文、周迅携新片《美人依旧》来青年宫与观众见面。

2005年2月24日，荣获2005年柏林国际电影节银熊奖及评委会大奖的影片《孔雀》剧组，在北京青年宫电影城举行观众见面会，畅谈影片获奖收获和体会。

2005年4月21日，影片《心急吃不了热豆腐》在北京青年宫电影城举行了首映式暨新闻发布会，主演冯巩、徐帆、刘孜等剧组人员与观众见面。

2005年5月30日，由市文联主办、青年宫承办的"长城魂——牢记历史，珍爱和平"纪念抗战胜利六十周年观看抗战影片活动正式启动，导演冯小宁、演员潘长江等携影片《鬼子来了》参加首映式。

2005年9月5日，影片《鲁迅》在青年宫电影城举行首映式，鲁迅之子周海婴及主演濮存昕、张瑜，导演丁荫楠以及影片全体创作人员，一起参加了首映式。

2005年10月12日，第六代导演张扬的作品《向日葵》，在北京青年宫影城举行了首映式及影迷见面会，导演张扬，主演梁静、孙海英以及影片其他主创人员与影迷见面，并进行了座谈。

2006—2010年举办电影首映及影人与观众见面活动

2006年2月14日，电影《芳香之旅》见面会在北京青年宫电影城举行，影片主演范伟到场与观众见面。

2006年4月21日，北京青年宫影城举行了由著名画家陈逸飞先生遗作改编的同名影片《理发师》首映式，影片主演陈坤、曾黎、王雅捷等与观众面对面地进行了交流。

2007 年 5 月 12 日，影片《红美丽》签售活动在北京青年宫电影城举办，国际影星邬君梅亲临现场，为影迷签售。

2007 年 5 月 23 日，电影《天地告白》看片暨"科学发展观与记者的社会责任"座谈会在北京青年宫电影城举行，主演张瑜出席座谈会，并与观众进行座谈。

2007 年 12 月 17 日，贺岁喜剧片《大电影 2.0：两个傻瓜的荒唐事》，导演阿甘，演员郭涛、刘心悠、李灿森、英壮等在北京青年宫电影城与观众见面。

2010—2015 年举办电影首映及影人与观众见面活动

2010 年 5 月 4 日，由团市委主办、北京青年宫影城承办的"心手相牵——我们快乐同成长"暨影片《额吉》首映式，在北京青年宫影城举办，同时举行了导演、演员与观众见面活动，团中央书记处及团市委的领导同志出席了首映式并参加了座谈。

2010 年 5 月 11 日，由北京市青年宫承办的"校园青春电影行动"启动仪式暨影片《生死时刻》与观众见面会在华北电力大学举行，近千名师生参加了启动仪式和见面会。

2010 年 5 月 14 日，大型音乐舞蹈史诗电影《复兴之路》在青年宫举办了首映典礼暨主创与观众见面会。国家广电总局电影局、华夏电影发行有限责任公司、中央新闻纪录电影制片厂等单位的领导同志出席活动并致辞。北京新影联影业有限责任公司、中影星美电影院线有限公司、万达电影院线股份有限公司以及重点影院的领导代表全国 36 条院线出席活动，500 名观众参加了首映礼，拉开了电影《复兴之路》全国公映的序幕。

2012 年 6 月 1 日，影片《跑出一片天》在青年宫首映，主演田亮到场与小观众见面。

2012 年 7 月 6 日，影片《甲午大海战》在青年宫首映，冯小宁导演、孙海英、高军、扎西顿珠、郭家铭、龚洁等剧组成员参加了见面会并与观众交流。

2012 年 9 月 18 日，影片《白鹿原》首场演出暨主创人员与观众见面会在北京青年宫电影城举行，导演王全安携主创张雨绮、吴刚、成泰燊、段奕宏莅临影城并与观众进行座谈。

2012 年 11 月 12 日，"十八大"献礼影片之一《许海峰的枪》北京首场看片会在青年宫影城举行。

2014年4月17日晚，青年宫电影城展映了第四届北京国际电影节，"北京展映"的影片《南部风暴预警》。影片由法国电影巨星让·雷诺主演。展映后，让·雷诺来到展映影厅与现场观众和影迷进行了面对面的交流。

三、举办青少年生态环境大讲堂

青少年生态环境大讲堂（以下简称大讲堂）活动由国际欧亚科学院中国科学中心、北京市关心下一代工作委员会、北京市环境保护局、北京绿色未来环境基金会联合主办，北京市青年宫、北京电视台承办，是有关机构和BTV联手重点打造的全国首个以生态环境问题为主题的科普类节目，它紧紧围绕环境污染问题展开讲座和研讨。

2014年1月，第一季《青少年生态环境大讲堂》在北京电视台开始录制。本季环保大讲堂分为四期，1月16日下午，在北京电视台录制了二、三期，1月17日下午录制了一、四期，四期节目均以大气环境问题为重点，讲述了大气与环境的关系。第一期的主题是"应对雾霾来袭，透过迷雾看本质"，第二期的主题是"学习环保知识，揪出雾霾真凶"，第三期的主要内容是"明辨雾霾危害，关爱青少年健康"，第四期的主题是"小手带大手，携手赶走雾霾"。来自回民学校、裕中中学的100余名初中学生参与了节目的录制。

2014年11月5日、6日，保护环境大讲堂第二季四期节目在北京电视台录制。第一期的主题为"小水滴北京旅行记"，第二期主题为"小水滴的绿色梦想"，第三期主题为"请珍惜每一滴水"，第四期主题为"你会喝水吗？"，北京第一五九中学和北京第四十三中学的100余名中学生参与了节目的互动和录制。

第二节 书画艺术活动

一、奥运专题绘画比赛

比赛简介。 青少年 "绿色梦想，彩绘奥运" 绘画比赛是由北京奥组委工程部和环境保护部发起，联合北京奥组委文化活动部、中国青少年宫协会等几家单位主办，北京市青年宫、团市委中少部、北京 "2008" 工程建设指挥部办公室、北京环境保护基金会承办的，以 "绿色奥运" 为主题的环保宣传教育活动。活动要求参赛者使用环保画笔在环保纸上创作环保画，目的是在青少年中广泛开展环保教育。活动组委会决定，活动结束后要将其中的优秀作品装饰在奥运工地围挡上，为学生们提供一次切实参与奥运的机会。并且将最终获奖作品装饰在运动员村和媒体村，并作为礼物赠送给运动员和记者。活动自 2005 年开始，一直到 2008 年结束共举办了四届。

2005 年绘画比赛及颁奖。 2005 年的活动于 6—9 月举行，活动内容有举办绿色奥运理念和绘画技巧讲座；用废旧报纸换领环保纸笔作画；作品评比及颁奖；印制优秀作品画册；将部分作品喷绘到奥运施工工地围挡进行展示；举办优秀作品展。比赛评选出了一等奖 5 名、二等奖 20 名、三等奖 30 名、优秀奖 50 名、优秀组织奖 10 名。

9 月，在北京市青年宫举行了颁奖暨北京奥运会 "绿色奥运标志" 发布仪式。仪式上首先为绘画比赛获奖选手颁奖。随后，伴随着小朋友们表演的童谣、歌曲联唱、小品和舞蹈等节目，由小朋友们的绘画作品组成的绿色奥运主题墙被搭建出来，国家环保总局局长解振华和北京市政协副主席张和平共同旋转奥运墙，随着 "奥运墙" 的转动，墙体背面的绿色奥运标志渐渐露出。北京市副市长、北京奥组委执行副主席刘敬民、北京奥组委执行副主席杨树安，以及北京市、北京奥组委、北京奥运会赞助商、民间环保组织、历届奥运会冠军等各方面的代表和 100 余名少年儿童参加了发布仪式。

2006 年绘画比赛及颁奖。 2006 国际中小学生 "绿色梦想，彩绘奥运" 绘画比赛活动内容有：举办绿色奥运理念和绘画技巧讲座，参观环保科普教育基地，用废旧报纸换领环保画笔和环保纸，画环保画等。组委会将对征集到的优秀作品进行评选、展览，并印制画册，之后将部分获奖作品喷绘到奥运施工工地围挡上展示，部分作品用于奥运村和媒体村的房间装饰。活动于 4 月 25 日正式启动，有 3 万余名北京市和兄弟省、直辖市、自治区的中小学生参加。经专家评选，最终评选出一等奖 10 名、二等奖 20 名、三等奖 50 名、最佳创意奖 10 名、最佳色彩奖 10 名、最佳造型奖 10 名、优秀奖 100 名，优秀组织奖 10 名、组织奖若干。9 月份在奥运村工地举行了颁奖仪式，主办单位领导及嘉宾分别向获奖单位及个人颁发了荣誉证书、奖杯和纪念品。

2007 年绘画比赛及颁奖。2007 国际中小学生"绿色梦想，彩绘奥运"绘画比赛，于 4 月 13 日在莲花池公园启动，各主办、承办单位主要负责人、奥运冠军叶乔波、绿色奥运环保专家、来自国际学校的外国学生代表以及北京市的中小学生代表参加。参加活动人员共同参与了发放"绿色奥运"宣传手册；共植"绿色奥运志愿林"；寄语"绿色奥运"；共绘"绿色梦想"等主题活动，并向全国乃至国际青少年发出环保倡议。活动中还组织了植树、宣传环保小分队。参赛者用换领的环保画纸和画笔即兴创作了环保画。组委会将对比赛中的获奖作品制作成展板在北京市青年宫展出，并编辑了优秀作品集，作品集将免费发给每一位参赛选手。此外，组委会还号召组织多项针对性强的宣传教育活动。山西现代双语学校同学们在老师的带领下，组织 2008 人共同绘制了 28 米 ×28 米的巨幅画卷，献给奥组委以表达他们对奥运会的期盼。北京花家地小学借结对学校的同学们到北京访问的机会，专门组织中外青少年共同创作参赛作品。北京市朝阳区枣营小学的学生在比赛后，还在自己学校制作了绿色环保宣传画廊，教育同学积极参与奥运。多家媒体对比赛启动、评奖、颁奖等环节进行了跟踪报道。本次比赛之前还举行了环保知识讲座。本次活动最终收到作品 10000 幅。8 月底，由中国美协少儿美术艺委会的美术专家组成的评委会在北京市青年宫进行了评奖工作，评出小学组一等奖、二等奖、三等奖、优秀奖、创意奖、色彩奖、造型奖、国际风情奖 410 名。中学组除未评国际风情奖外，上述奖项共评出一、二、三等奖 210 名，以及优秀组织奖、组织奖若干名。共有 116 名老师获得优秀指导教师奖。获奖代表于 9 月 21——23 日齐聚北京，参加颁奖典礼。

2008 年绘画比赛及颁奖。2008 年的青少年绘画比赛由北京市青年宫、宋庆龄基金会文化艺术培训中心主办。比赛于 6 月启动，10 月 31 日举行颁奖仪式，比赛共收到作品 2483 幅，其中中学组 357 幅、小学组 2126 幅。北京 15 个区县的教委、少工委、学校，部分京外奥运城市的单位和个人报名参加。由中国美术家协会的专家和主办方领导组成的评委会经过认真评选，共评出 210 位获奖同学及优秀组织奖、组织奖、优秀指导教师奖。本次大赛的部分优秀作品将编辑成画册并作为速写本封面及插页。

二、书法作品展

由北京奥运会志愿者工作协调小组办公室、共青团北京市委员会、北京志愿者协会主办，北京市青年宫承办的"微笑北京 志愿奥运 共创和谐——岳廷孝书法作品展"揭幕仪式，于 2008 年 4 月 12 日下午在北京市青年宫一层大厅隆重举行。团市委及青年宫领导同志出席了揭幕仪式。

岳廷孝是甘肃省白银市书法协会会员、会州书画院院长。他自幼喜好书法，研究了多家书法艺术，并精于行书。岳廷孝把国画技法、民间习俗融入到书法创作技巧中，独创了形状如桃、猴、鹤、飞天的"寿"字。本次他结合奥运元素，创作了"奥运寿"作品，得到了众多书法艺术家的肯定。随着举世瞩目的北京奥运会开幕的日益临近，做一名奥运志愿者，为北京奥运会做贡献已经成为岳廷孝的夙愿。他表示要将自己所创作的 36 幅书法作品，全部捐赠给北京奥运志愿者协会，以表达自己对北京奥运会的真诚祝福！

三、国画培训

为展示北京市青年宫国画班教学成果，为学员提供一个交流联谊的平台，北京市青年宫培训部 2009 年至 2015 年，共举办七届学员国画作品展，有千余幅作品参展。国画是中国独特的国粹艺术，千百年来通过绘画及欣赏满足着国人的精神追求，陶冶着国人的品德、情操。北京市青年宫培训部自 2009 年起增加国画培训班，聘请富有经验的教师任教，学员们从国画学习的零基础开始，认真摹写体悟技法、锤炼着笔墨。

功夫不负有心人，经过不长时间的学习，学员们画出的梅兰竹菊、牡丹等花鸟及山水题材作品，已初步取得了令人欣慰的效果。展览是对教学的一次小结与检验，北京市青年宫培训部每次举办展览，都选拔出一些优秀作品进行参展。虽然有些作品还不够成熟与完美，但瑕不掩瑜，重要的是学员们在国画艺术的学习中发现真善美，感悟博大精深的传统文化，提高了艺术修养和品味。

四、书画比赛

"我与祖国共成长"绘画比赛。2009 年 9 月至 11 月，由共青团北京市委员会作为指导单位，北京市青年宫主办，中国青少年宫协会及北京市旅游局支持的"我与祖国共成长"绘画比赛，累计收到作品 4054 幅，其中中学组 1003 幅、小学组 3051 幅，北京市 15 个区县的 61 家单位共上交作品 3297 幅，四川、安徽、青岛、广州、天津等 12 个外省市的 32 家单位共上交作品 757 幅。广州市聋人学校、北京市大兴特教中心、北京市第四聋人学校等特殊教育学校也都送来了学生们的作品。经过初选，共有 1405 幅作品入围参加评比。11 月 28 日，在北京市青年宫会议室，由中国美术家协会的儿童美术专家及主办方领导共同组成的评委会对入围的 1405 幅作品进行评选。12 月 8 日颁奖暨展览启动仪式在北京市青年宫一层大厅举行，中国青少年宫协会、北京市旅游局、共青团北京市委员会及北京市青年宫的领导同志出席了颁奖仪式，领导和嘉宾向获奖单位、教师及学生代表颁发了奖牌、奖状及画册。仪式上领导和嘉宾共同按下了卡通造型灯，触发启动激光球，为展览揭幕。组委会特意挑选其中最具代表性的画作进行装裱，并由作者本人在颁奖仪式上赠送给嘉宾。最后领导、嘉宾和同学共同参观了展览。

北京青年书画大赛。2012 年 5 月 16 日，北京青年书画社在北京市青年宫地下一层正式成立，成立书画社旨在弘扬中国传统文化，汇聚书画艺术家和青年书画人才，为广大书画爱好者搭建交流平台。书画社成立后，定期举办优秀书画作品展和名家展会和笔会活动，先后开展了"传承与创新，翰墨中华情——正举沈鹏师生书画展"、"墨韵丹青——美院学生国画联展"、"北京中青年书画作品展"、"助力申冬奥，喜迎世乒赛——中国体育收藏品展示交流"、"大理石天然画精品展"等活动。2014 年 6 月 1 日，北京青年书画社正式更名为北京青年美术馆，并迁至北京市青年宫三层。

"爱我北京"青少年绘画大赛。2013 年 6 月，北京市青年宫培训部启动"爱我北京·青少年绘画大赛"，旨在为青少年朋友提供一个抒发真挚感情、展示艺术才华的特殊舞台，将个人梦想汇聚成北京的梦想、中国的梦想，用画笔描绘美丽的北京，描绘美丽的中国梦。大赛共收到近千幅参赛作品，最后大赛评委会评出一等奖 6 名、二等奖 12 名、优秀奖 28 名。11 月 16 日，在北京市青年宫举办了颁奖仪式。中国美术艺术家协会、清华美院、大赛评委会、北京市青年宫领导同志，评委张亚飞、黄鹏飞、刘新星等为大赛获奖选手颁奖。同日，北京市青年宫培训部还举办了"爱我北京·青少年绘画大赛"优秀作品展。

"青春梦·中国梦"书画大赛。2013 年由共青团北京市委员会主办，北京市青年宫承办的"青春梦·中国梦"——北京青年书画大赛在北京市青年宫开幕，此次大赛的目的旨在弘扬和传承中华民族的传统文化，发现和培养青年书画艺术人才，展示青年书画技艺与成果，为中华书画艺术培养后备人才。大赛组委会面向各高校社团、企事业单位、部队、社区俱乐部等书画组织和书法爱好者征集优秀书画作品，并组成专家组对上交的书画作品进行评选和表彰。赛后大赛组委会组织了获奖作品的展览与展示活动，并组织了获奖人员的笔会活动，同时还出版了优秀作品集。活动自 2013 年启动至 2015 年，已成功举办三届。

第三节　音乐文化活动

一、北京青年文化节暨卡拉 OK 大赛

为丰富北京市青年业余文化生活，推动北京青年文艺演唱水平提高，北京市青年

宫举办的第十二届北京青年文化节卡拉 OK 比赛，于 1996 年 6 月 17 日—6 月 26 日在英特康乐城举行。本次卡拉 OK 比赛设民族、美声、通俗、戏曲四个组别，比赛分预赛、复赛和决赛三个阶段进行。参加此次比赛的选手共有 282 名，经过各组预赛之后，各组产生的前 15 名再进行复赛，复赛的前 6 名进入决赛。本次比赛共有 42 人进入决赛。经过角逐，最后产生一等奖 1 名、二等奖 2 名、三等奖 3 名、优秀歌手奖若干名。

比赛开幕时，主办单位领导到场并发言，感谢组委会的精心组织，感谢参赛选手的参赛热情，感谢评委公正的评判，预祝比赛圆满成功。

在决赛阶段，团市委领导同志也亲临赛场，并为获奖选手们颁发了证书及奖品。

历时十天的比赛，涌现出一大批优秀歌手。此次大赛的成功，为第十二届北京青年文化节划上了一个圆满的句号。

二、"七星杯"卡拉 OK 大赛

1996 "七星杯"卡拉 OK 大赛由北京市青年宫、北京电视台、北京频道广告公司共同主办，于 10 月 6 日开始报名，10 月 26 日、27 日在北京市青年宫地下一层歌舞厅进行面试，来自首都各行各业及京郊农村的青年卡拉 OK 爱好者积极参与，面试选手近 1800 人。历时两个月的初赛、复赛，12 月 7 日在保利大厦进行决赛。本次大赛设一、二、三等奖及最佳服装造型、最佳表演等奖项，最终，来自中央音乐学院的学生谭晶获得冠军。

三、新年音乐会

"送你音乐的方舟"新年音乐会。1995 年 12 月 31 日晚，在 1996 年新年即将来临之际，为提高青年人的音乐鉴赏水平，给即将进入节日欢庆的北京营造一种良好的音乐氛围，北京市青年宫、《北京青年报》社、北京瀛海威科技有限公司三家联手，并与中国广播交响乐团合作，在青年宫室内广场，隆重推出了"送你音乐的方舟"1996 新年主题音乐会。这次音乐会的主题是倡导高尚典雅的音乐欣赏习惯，同时也是为北京青年爱乐基金会募集资金。

音乐会由一曲《轻骑兵》揭开了序幕。现场观众倾听着一首首激动人心的乐曲，畅游在音乐的海洋。中央电视台、北京电视台、《北京青年报》等几家新闻媒体的记者也闻讯赶到现场，进行了现场采访报道。

市委常委、宣传部部长强卫，团市委领导在百忙之中，也抽出时间自费来参加音乐会，表现出对北京青年爱乐基金会的极大关心与支持。音乐会还开设了空中邮局和现场临时邮局，为每一位观众在新年来临之时加盖首日封，以纪念这难忘一刻。

随着新年钟声的敲响，会场灯光全部熄灭，在一片摇曳的烛光里，乐队演奏出了著名二胡曲《良宵》。观众在这星烛相映的会场里静静谛听着美妙的音乐，并默默地祝愿在新的一年里，我们伟大的祖国更加繁荣富强。

最后，在《一路平安》的动人乐曲声中，晚会落下了帷幕，并启动了"音乐方舟"的航程。"音乐方舟"的启航，标志着"北京青年爱乐基金会"正式成立。

1997 年室内广场音乐会。 随着 1997 年元旦的来临，在北京市青年宫，全国人大常委会委员、中华全国归国华侨联合会副主席林丽韫女士和共青团北京市委员会领导同志共同敲响了新年钟声。这浑厚嘹亮的钟声的响起，标志着 1996 年结束，1997 年元旦的来临。

北京市青年宫领导在 1997 年元旦来临之际，向所有在场的观众致以节日的问候，感谢朋友们对青年宫的支持，并希望室内广场音乐会能给大家带来最美好的视听享受。

"爱乐女室内乐团"的音乐家们在北京市青年宫一层环厅的玻璃穹顶下，正式拉开了 1997 年新年"爱乐女室内乐团"音乐会的序幕。

乐团成功演绎了《动物狂欢节》选段和小提琴协奏曲《梁祝》；二胡演奏家的一曲《烛影摇红》，描绘了烛光摇曳、红衣少女翩翩起舞的动人景象；三弦与小提琴合奏的《引子与赋格》将东方的神秘与西方的古典完美地结合在了一起。

在美妙的音乐声中，观众在北京市青年宫迎来了 1997 年的第一个清晨。

1998 年室内广场音乐会。 当钟表的秒针走到 1998 年 1 月 1 日零时零分零秒时，北京市文化局、北京市青年宫领导同志一起敲响了 1998 年新年的钟声。钟声响起，中央芭蕾舞管弦乐队开始演奏了新年的第一支乐曲，标志着 1998 年元旦室内广场音乐会开幕。本次演奏的乐曲有贝多芬、莫扎特、施特劳斯等世界顶尖级音乐大师们的许多首交响乐作品，观众们聚精会神地聆听着大师们的不朽作品，心灵受到了极大的震撼。

四、举办音乐展演及比赛活动

儿童音乐剧《雪童》展演。1996 年 11 月 8 日，"雪童"音乐童话剧开始在北京市青年宫上演，此部儿童音乐剧共演出 21 场，观众达 10000 余人次。演出期间，市委、市政府领导李志坚、龙新民、胡昭广等先后到场观看了音乐剧的演出。

北京首届中青年京昆演唱大赛。北京市首届中青年京昆演唱大赛于 1997 年 5 月 9 日，在北京市青年宫电影城举行。本次大赛由北京市文化局、共青团北京市委员会、北京电视台联合主办，北京市青年宫承办。旨在弘扬民族传统文化，在广大中青年中传播普及京昆艺术，培养更多的中青年戏曲爱好者。北京市常务副市长张百发，市委常委、宣传部长龙新民任大赛组委会名誉主任，吴江、孙毓敏等专业戏曲演员，教育家、音乐理论家组成评委会并担任大赛评委。大赛通过初赛、复赛、决赛，评出了一、二、三等奖，获奖选手成为了北京市青年业余京昆联谊会的首批会员。

大赛于 1997 年 5 月 9 日至 6 月 5 日在青年宫报名，年龄在 15 至 45 岁之间的业余戏曲爱好者均可报名，截至 6 月 5 日下午 6 点，共有 200 多名业余戏曲爱好者报名参赛。5 月 31 日上午 9 点，在青年宫电影城举办戏友票友联谊会，多位专家、专业演员与全体参赛选手进行交流，解答了参赛选手提出的问题，对他们进行了艺术指导。6 月 20 日，北京市首届中青年京昆演唱大赛颁奖汇报演出在北京青年宫电影城举行，裘云等 22 名中青年业余京昆爱好者分获一、二、三等奖；另有 20 名选手获得优秀奖；宣武区文化局等 5 家单位获得优秀组织奖。

第二届北京市中青年京昆演唱大赛。1998 年 4 月，北京市第二届中青年京昆演唱大赛在北京市青年宫电影城如期举行。本次大赛由北京市文化局、共青团北京市委员会、北京电视台、北京市学生联合会共同主办，北京市青年宫承办。著名表演艺术家吴江、谭孝曾、于万增、马永安、王树芳、阎桂祥、于魁智、李海燕担任了本届大赛评委。大赛于1998年4月下旬至5月20日报名，5月24日、25日、26日举行初赛，5月31日进行决赛，6月21日举办汇报演出。在历时3个月的大赛期间，来自全市各区县的工人、干部、农民和大中小学校的中外学生，共计150余名业余选手参加了比赛，最终评出一等奖3名、二等奖6名、三等奖9名，及优秀奖、荣誉奖、组织奖、园丁奖等获奖单位和个人共50名。

免费交响音乐会。为回报社会各界对北京市青年宫工作的大力支持和帮助，1998年3月17日，北京市青年宫在电影城举办了首场免费交响乐音乐会。音乐会由北京市青年宫、北京市文化局、北京交响乐团联合主办，观众可以免费领票观看演出。音乐会由著名指挥家谭利华担任指挥，由北京交响乐团演奏，并特邀了著名小提琴演奏家吕思清参加演出。约有500余名观众观看了音乐会。

继本次首场免费交响音乐会后，为了更好地在群众尤其是青少年中普及高雅音乐，北京市外企服务总公司、《北京日报》社、北京交响乐团、北京市青年宫等单位决定，以本次联合主办的"98免费交响音乐会"为契机，每月定期在北京市青年宫剧场部举办一场音乐会，具体举办时间是自1998年7月19日开始，12月22日结束，并且全部采取为观众免费赠票的方式进行。12月22日，"98免费音乐会"在青年宫剧场结束了最后一场演出，并正式落下帷幕。此活动共举办了七场免费音乐会的演出，观看音乐会的观众达5000余人次。

百姓音乐会。1999年12月19日，培训部在北京市青年宫地下二层啤酒花园举办百姓音乐会。演员全部是青年宫音乐培训班的学员和音乐爱好者，有天真烂漫的学童、有乐观向上的钢琴老人，还有被称作"成长阶梯"的青年朋友，他们在这个舞台上尽情展示了自己的音乐才华，有近300名观众观看了演出。音乐会上安排了钢琴、古筝、长笛、小提琴等器乐演奏，以及合唱、小品表演等。演员们还以舞蹈、乐器独奏的形式演绎了《梁祝》《旱天雷》《太阳出来喜洋洋》《蝴蝶》《蓝色多瑙河》等中外名曲。

　　北京市青年宫合唱团。2006 年 5 月，北京市青年宫成立北京青年合唱团。本届青年合唱团共有 50 余名青年声乐爱好者参加。10 月 15 日，北京市青年宫青年合唱团举行了首场汇报演出。经过认真筛选，《天路》《英雄赞歌》《我爱你——中国》《同一首歌》《半个月亮爬上来》等 7 个节目参加首场演出，并获得成功。

　　首届"迎奥运，庆和谐"音乐会。 2008 年 6 月 15 日下午，北京市青年宫培训部举办的以"迎奥运，庆和谐"为主题的 2008 学员音乐会，在北京市青年宫一层中央环厅举行。本届学员音乐会在大合唱《让世界充满爱》中拉开了序幕。音乐会还包括声乐、萨克斯专场、青少年器乐专场，以及手风琴演奏。萨克斯与古筝的对话《浏阳河》、萨克斯与竹笛合奏《爱我中华》两首曲目，将民族乐器与西洋乐器巧妙结合，展示出中西乐器结合所演奏音乐曲目的无穷魅力。音乐会历时三个小时，以创新的编排，精彩的演出，赢得了观众阵阵掌声。北京市青年宫地下一层下沉式看台、首层环厅和二楼环廊人头攒动，都沉浸在美妙的音乐所创造的意境之中，使整个青年宫成为了一个尽享音乐的魅力大舞台。著名京剧表演艺术家李世济也来观看了音乐会。本届音乐会是北京市青年宫迎奥运的首场演出，北京市青年宫领导表示，在奥运筹备期间，还要举办多次这样的音乐会，为奥运添彩。

　　北京青年公益音乐会。2008 年 11 月 16 日，主题为"盛世和谐"的北京青年公益音乐会在北京市青年宫大剧场隆重举行。经过前期预赛，最后入选的节目有 15 个。有 100 多名青年业余演员登台献艺。音乐会以民乐齐奏《喜洋洋》为序曲，之后演奏了《在银色的月光下》《小小竹排》《赛马》《牧民新歌》《野蜂飞舞》《侗乡之夜》《回家》《微笑北京》等中西器乐合奏、独奏及合唱节目。大合唱《爱我中华》最后一个登场。北京市青年宫领导到会并讲话。自此拉开北京青年公益音乐会的序幕。

　　2015 年 12 月 5 日下午，"与青年为伴 与公益同行"第六届北京青年公益音乐会在青年宫大剧场举行，此次音乐会正值北京市青年宫开业 20 周年，北京市政协主席吉林、北京市人大常委会副主任孙康林、北京市副市长王宁、中国残疾人联合会党组书记鲁勇、中国青少年宫协会会长、西城区区长、团市委书记、副书记等领导同志到场参加活动，与社会各界代表、青少年朋友和社区民众一起观看了青年宫 20 周年宣传片和文艺演出。

北京青年公益音乐会在 2008 年至 2015 年期间，共连续举办了六届，有万余名青年音乐爱好者观看了音乐会。

国庆 60 周年音乐会。 2009 年 5 月 2 日，北京市青年宫合唱团应邀前往国家游泳中心"水立方"，参加由中国音乐家协会合唱联盟、北京团市委学生处、北京市文化基金会、中央电视台电影频道联合主办的庆祝建国 60 周年音乐会。本次音乐会共邀请了北京市的 60 支合唱团，刘秉毅、殷秀梅、戴玉强、王宏伟、孙楠等著名歌唱家和歌手，刘晓庆、唐国强、王馥荔等著名演员也参加了演出。音乐会以万人大合唱的宏大规模与气势，共同演绎了建国 60 年来所创作的脍炙人口的红色经典电影歌曲，以及歌唱祖国的优秀合唱作品。北京市青年宫合唱团 50 人的合唱方阵演唱了《我的祖国》《娘子军连歌》等经典歌曲。青年宫合唱团从 2006 年成立到 2009 年坚持活动了 4 年。

举办"趣味钢琴，圆梦人生"音乐会。 为迎接青年宫成立 20 周年，2015 年 9 月 22 日，北京市青年宫培训部联合《钢琴艺术》杂志特别举办了"趣味钢琴，圆梦人生"钢琴音乐会。"中国钢琴教育的灵魂"——著名钢琴教育家、演奏家周广仁先生，钢琴教授黄佩莹老师，《钢琴艺术》杂志原副主编曹红雯老师亲自到场。从青年宫中老年钢琴联谊会中选拔出来的 30 多名乐手，先后演奏了《趣味钢琴曲选》中收录的《长江之歌》《茉莉花》《夜莺在歌唱》《夏日的梦》《蝙蝠》《小小的礼物》《银发飘飘》《告别时刻》等 33 首中外名曲，他们流畅自如、充满深情的演奏备受赞赏，周广仁先生夸他们具有专业的水准，从中感受到了一种精神的力量，让她敬佩，让她落泪。

五、英语歌曲演唱、诗歌演讲大赛

2002 年 6 月 15 日，由共青团北京市委员会、北京市委宣传部、北京市文化局、北京市体育局联合主办，北京市青年宫承办的第十八届北京青年文化节"北京市青少年英语歌曲演唱、诗歌演讲业余选手大赛"在北京市青年宫如期举行，有近百名青少年英语爱好者参加了比赛。

在参赛选手中，有在校的大学生和中学生，也有刚刚走入校门却已能用流利的英语演唱和朗诵的小学生。此次大赛无论是参赛选手的规模，还是参赛选手的水平，抑或是参赛选手的最小年龄都超过了以往。经过近两天的紧张比赛，选手们不但展示了自己的才华、检验了自身的英语水平，也通过此次比赛锻炼了自信心。通过比赛，可以看出学习英语已在北京青少年中蔚然成风，他们的英语水平已经达到了相当高的程度。本次比赛掀起了全市青少年学习英语的高潮。

六、"带老人出国转转"

2011年6月、9月，北京市青年宫培训部与《北京青年报》社青年部联手，从老年钢琴联谊会和摄影沙龙引发出"带老人出国转转"老年文化之旅活动，并通过《北京青年报》等媒体宣传报道了此项活动。举办本次活动旨在倡导年轻人关爱老人，为父母尽孝心。活动时间为10天一期，举办了两期，共有60余位老年朋友参加了赴奥地利、法国、卢森堡、比利时、德国等六国的文化交流活动。8月，北京市青年宫举办了"老人眼中的美景和美景中的老人"摄影展，《北京青年报》、《北京晚报》、《中国老年报》以及北京广播电台音乐广播都对此事进行了报道。

七、音乐普及活动

"音乐之角"。1997年3月23日，北京市青年宫剧场部举办主题为"音乐之角"的音乐活动。该项活动由北京爱乐女乐团、朝阳区文化馆、北京市青年宫剧场部联合主办。活动内容主要是通过举办专家讲座、组织观众欣赏高雅音乐、专家现场进行音乐表演等形式，普及推广高雅音乐。在活动中，著名钢琴家周广仁教授还为观众介绍了钢琴的艺术特点、如何欣赏钢琴、世界著名钢琴曲的特色等，并现场为观众进行了表演。从4月份开始，每周日上午10点在青年宫剧场开展活动，活动以周为单位，每月第一周是专家专题讲座，第二周是音乐欣赏，第三周是音乐表演，第四周是音乐大观园。期间，还举办了"贝满 55 同窗"钢琴表演、华韵九芳专场音乐会、"六一"儿童免费音乐专场等活动。

本次"音乐之角"音乐活动，自 3 月 23 日开始举办首次活动，至 6 月 1 日结束，共举办活动 10 期，约有 3000 人参与了活动。

中老年业余钢琴大赛。 1998 年 10 月 25 日至 11 月 29 日，由全国助老工程办公室、共青团北京市委员会（以下简称团市委）、北京市老龄委共同主办，美国新伴公司独家赞助，北京市青年宫承办的北京市首届"新伴杯"中老年业余钢琴大赛在北京市青年宫举行。担任本次大赛组委会的评委是周广仁、赵屏国、凌远、黄佩莹、黄瑁莹等知名钢琴演奏家和音乐教授，共有 400 多名中老年钢琴爱好者报名。经过初次选拔，北京、辽宁、湖北、广东等地 130 多位选手取得参赛资格。在历时一个月的比赛期间，130 多位选手经过初赛、复赛、决赛，最终有 31 位老人获奖。全国老龄委、全国助老工程办公室、团市委、新伴公司领导同志为获奖选手颁奖并观看了汇报演出。大赛在多家媒体进行了宣传报道，大赛闭幕汇报演出还被上传国际互联网络。

老年钢琴联谊演奏会。 2001 年 10 月 16 日，北京市青年宫中老年钢琴联谊会二十多位会员，应天津音协钢琴专业委员会"钢琴艺术世界"邀请，赴天津南洋饭店参加"首届京津老年钢琴联谊演奏会"。他们自诩为"老琴童"，平均年龄 61 岁，年龄最大的刘育毅 84 岁。他们弹奏了施特劳斯的《蓝色多瑙河》、贺绿汀的《牧童短笛》、肖邦的《即兴幻想曲》等精彩钢琴曲，赢得了观众阵阵热烈的掌声。

2002 年 10 月 18 日，北京市青年宫培训部组织"第二届京津老年钢琴联谊演奏会"。来自天津的 25 位老琴童和北京百名老年钢琴爱好者在青年宫再聚首。

钢琴演奏比赛交流。 为提高成人钢琴爱好者演奏欣赏水平，增进全国各城市成人钢琴爱好者的友谊，北京市青年宫积极为钢琴爱好者搭建联谊交流的舞台。2008 年，由人民音乐出版社主办，《钢琴艺术》编辑部与青年宫培训部承办的"全国（业余）成年人钢琴交流演奏活动"在北京市青年宫举办。

活动组委会决定，参加此项活动的演员必须是未接受过专业音乐院校、艺术职业院校学习的业余成年人。本次参加活动的演员共计 300 余人，他们分别来自北京、上海、天津、广州、香港等14个省、直辖市和特别行政区，著名钢琴教育家和演奏家周广仁先生、钢琴教授黄佩莹等作为活动的评委，对选手的演奏进行了逐一点评指导。自2008年至2012年，活动已连续举办了三届。

"老琴童"国家大剧院展风采。在2012年春节期间，首都精神文明办公室和国家大剧院联合举办了"我爱北京——市民新春联欢会"。本次联欢会面向全市普通百姓家庭和团体，通过社会动员，集中了一批水平高、趣味性强、易于互动的，以"歌、乐、舞、剧、戏"为主的高雅艺术节目，并在国家大剧院音乐厅进行了展演。

被誉为"老琴童"的四名北京市青年宫中老年钢琴联谊会会员，以一首双钢琴八手联弹的《军队进行曲》报名参加节目选拔。因为节目表现形式新颖独特，在300多个预选节目中脱颖而出，参加了春节期间在国家大剧院音乐厅的演出。

2012年正月初五，在国家大剧院音乐厅，四位钢琴老人精神矍铄，身着红色礼服裙，分坐在两架大型钢琴前，成功演奏了《军队进行曲》。

八、北京家庭才艺大赛

2002年第一届"我为北京添光彩"——家庭才艺大赛，由北京市文化局、首都精神文明建设委员会办公室、北京市妇女联合会主办，北京市青年宫承办，历时两个多月，于10月5日结束。

10月5日晚，北京家庭才艺大赛决赛暨颁奖晚会在北京市青年宫大剧场举行，13个家庭参加了决赛。经过激烈的角逐，由赵美轩家庭演出的《达坂城的姑娘》、刘俊滨家庭的《家和万事兴》获得一等奖，鑫林家庭《孤独的牧羊人》、宋英杰家庭《金蛇狂舞》、戈捷华家庭《军营里飞来一只百灵》、宋秋丽家庭《我的太阳》获得二等奖。市委有关领导应邀出席并向获奖家庭颁奖。

2005年"首都第二届家庭文化艺术节——家庭才艺大赛"自6月份启动，经过两个月的基层选拔，最终有13个家庭的节目进入决赛，8月21日下午在北京市青年宫进行了决赛。首都精神文明办、市妇联、市文化局、青年宫的领导同志出席了家庭文化艺术节的决赛并为获奖家庭颁奖，本次活动共评出一等奖一个、二等奖三个、三等奖五个、优秀奖四个。

2007 年第三届"欢乐家庭，情系奥运"——首都家庭文化艺术节于 8 月中旬启动，全市十八个区县踊跃报名，经过层层选拔，有 56 个家庭进入复赛，10 月 7 日在北京市青年宫大剧场举行了复赛，最终 14 个家庭进入决赛。10 月 14 日在北京市青年宫大剧场进行了决赛，本次活动共评出一等奖一个、二等奖二个、三等奖三个、优秀奖八个。

2010 年第四届首都家庭文化艺术节自 9 月份启动，经过基层推荐选拔，有 14 个区县的 32 个家庭进入复赛。10 月 31 日，在北京市青年宫大剧场举行了复赛，有 12 个家庭进入决赛；本次比赛共评出一等奖二个、二等奖四个、三等奖六个。

2011 年第五届北京家庭才艺大赛初赛于 11 月底开始面向社会接受报名。经过初赛选拔，各区县推荐出 3—5 个优秀节目，代表本区县参加此次复赛。再从参加复赛的 60 多个节目中，挑选出 16 个作品参加 2012 年 1 月 3 日下午在北京市青年宫举行"我的北京我的家"——第五届北京家庭才艺大赛决赛暨颁奖晚会。大赛共评出特等奖一名、一等奖三名、二等奖三名、三等奖九名；评出优秀组织奖二十五个、组织奖五个。

2012 年第六届"我的北京我的家——北京家庭才艺大赛"由北京市青年宫、北京文化艺术活动中心和北京市社区服务中心共同承办。初赛有 80 多个家庭参加，2012 年 10 月 28 日，57 个家庭经过复赛的选拔，由全市各区县推荐的 20 个家庭进入了在北京市青年宫举行的决赛。本次大赛最终评选出一等奖二个、二等奖四个、三等奖六个。

2013 年第七届"我的北京我的家——北京家庭才艺大赛"共征集到由 17 个社区及文化馆、10 个区县妇联、市台联、96156 热线及北京市青年宫选送的 76 个舞台类作品、116 个非舞台类作品，参加作品数量和人数再创新高。最终 20 个家庭进入了决赛。决赛于 2013 年 8 月 10 日下午在北京市青年宫大剧场举办。通州区选送的《含苞欲放的花》荣获声乐类一等奖；东城区推荐的原创作品《奔腾变奏曲》获得器乐类一等奖；《开路飞叉》《中华神韵》双双获综合类一等奖；决赛共评选出一等奖三个、二等奖七个、三等奖十个。

九、北京国际青少年"共同奏响奥运主题曲"

2005 年为配合奥组委举办的第三届北京奥林匹克文化节系列主题活动，由北京市旅游局、北京市东城区人民政府主办，北京市青年宫、北京青年文化交流协会承办的 2005 年北京国际青少年"共同奏响奥运主题曲"，于 7 月 13 日上午在王府井大街举行。来自中国大陆、中国台湾、中国香港、中国澳门及国外十几个国家的 21 个青少年表演队，近千名中外青年参加了彩街表演。本次活动充分展示了异国风情，有管弦乐队、民乐队、鼓乐队、歌舞表演队、步行操队等表演形式。青年宫领导带领青年宫各部门抽调的 40 余人参加了活动的组织和后勤保障等工作。

2006 年北京国际青少年"共同奏响奥运主题曲"活动，于 7 月 13 日上午在王府井大街隆重举行。本次活动由北京市旅游局、东城区人民政府和北京管乐协会主办，北京市青年宫承办。活动首先由北京市副市长孙安民、北京奥组委执行副主席蒋效愚等领导共同敲响奥运五色鼓，随后由曾经举办过奥运会国家及愿意参加奥林匹克文化活动的 13 个国家和地区的 23 支表演团体约 1500 人，以行进表演的形式，吹奏奥运会主题曲，表演与奥运有关的民族舞蹈。此次活动也是第四届北京奥林匹克文化节的绚烂华彩乐章之一。北京市青年宫有关领导带领青年宫各部门抽调 40 余人参加了活动的组织、后勤保障、车场调度、队伍引领等工作。

2007 北京·王府井·国际青少年"共同奏响奥运主题曲"活动于 7 月 13 日上午在王府井开幕，活动由北京市旅游局、东城区人民政府和北京管乐协会主办，北京市青年宫承办。此次活动是第五届北京奥林匹克文化节中唯一的以青少年为主体的国际文化交流活动。有来自世界 15 个国家和地区 25 支管乐队的 2000 多名青少年参加了演奏活动。北京市副市长丁向阳宣布"2007 北京·王府井·国际青少年'共同奏响奥运主题曲'"开幕，奥运之门开启，北京、天津、青岛、秦皇岛、上海、沈阳、香港 7 个城市的青少年一起吹响了奥运号角。随着主持人的介绍，引领员引领着行进表演的乐团一一出场。

十、"红星闪闪，永放光芒"大型合唱音乐会

由中共北京市委宣传部、北京市关心下一代工作委员会、首都精神文明建设委员会办公室、北京市社会工作委员会、北京市老干部局、北京市教委、北京市总工会、共青团北京市委员会、北京市妇联联合主办，北京电视台、北京市音乐家协会协办，北京市青年宫承办的"红星闪闪，永放光芒"大型合唱音乐会于 2011 年 6 月 18 日，在北京电视台大剧院举行。由老将军、老战士、老干部、老教师、老工人和青少年组成的 19 支群众合唱团同台演唱了 17 首近百年来不同历史时期的革命经典歌曲及脍炙人口的优秀作品。各主办单位的领导和近千名观众观看了演出。

青年宫活动部在 3 个多月的筹备工作中承担了各项工作方案制定、排练组织、后勤服务保障、摄影资料留存、印刷品设计制作等工作。

十一、"青春北京·青年盛汇"北京青年艺术节

由共青团北京市委员会、北京市文化局主办，北京市青年宫、北京青年文化交流协会、北京青年艺术团承办的"青春北京·青年盛汇"北京青年艺术节，自 2011 年至 2014 年，已经成功举办了四届。

2011 年第一届北京青年艺术节，于 11 月 24 日在北京大学百年讲堂开幕，于 12 月 4 日在武警驻丰台区部队营房落幕。2011 北京青年艺术节主要活动包括开幕式、公益专场演出、精品演出和闭幕式，共持续 12 天，先后举办 16 场演出，北京青年艺术团正式亮相并评选产生了首届"青春艺术奖"金奖 3 个、银奖 6 个、铜奖 9 个、组织奖 16 个、特殊贡献奖 5 个。

北京青年艺术节公益专场演出有 24 个艺术团体共 50 支队伍参加，表演了 59 个作品，涉及 2000 余名演员。参与艺术团体以大学为骨干，也有通达燕山艺术团、北京正院大宅门艺术团等民间艺术团体，还有来自汶川、玉树灾区的孤儿组成的艺术团。

2012 年第二届"青春北京·青年盛汇"北京青年艺术节于 12 月 20 日在北京师

范大学开幕，于 2013 年 1 月 12 日在北京理工大学体育馆落幕。2012 北京青年艺术节主要活动包括开幕式、第二届"青春艺术奖"评选、精品演出、网上青艺节和闭幕式，持续 20 余天，先后举办 10 余场演出，并评选产生了第二届"青春艺术奖"。

2013 年第三届北京青年艺术节于 11 月 1 日在北京市青年宫以"电影交响音乐会"的形式开幕，于 12 月 1 日以万人参加的"新青年艺术体验营"的形式落幕。2013 北京青年艺术节主要活动包括开幕式、第三届"青春艺术奖"评选、新青年艺术体验营、K 歌大赛、网上青艺节，艺术节持续 30 天，先后举办近 20 场演出，并评选产生了第三届"青春艺术奖"各大奖项，包括金奖 16 个、银奖 32 个、铜奖 45 个及多个最佳表演奖。

2013 北京青年艺术节首次开展了"青年汇·中国梦"2013 北京青年汇 K 歌大赛，覆盖全市十六区县的 300 余家社区青年汇，参与人数近 7000 人，选拔出 190 个"K 歌之星"，30 个铜奖，20 个银奖，10 个金奖。

2014 年第四届北京青年艺术节于 12 月 13 日在首都图书馆开幕。2014 年 12 月 13 日至 12 月 19 日期间，连续举办了西洋器乐、民族器乐、合唱、舞蹈和青年歌手大赛五个类别的六场比赛。2014 年 12 月 27 日，2014 北京青年艺术节在北京市青年宫圆满闭幕。本届艺术节活动参与人数近万人。

十二、北京青年艺术团赴韩交流演出

北京市青年宫成立的北京青年艺术团应韩国首尔市政府邀请，受北京市政府外事办公室和北京市人民对外友好协会委派，于 2013 年 5 月 2 日至 6 日期间赴韩参加了"2013 年首尔友谊节"，进行了艺术表演和文化交流活动。交流期间，艺术团分别在开幕式、小舞台及欢送晚宴上表演了舞蹈《舞侠》《大漠之花》《春江丽人》《月移水影》，民乐《希望》《神话》以及武术等节目，深受韩国青年的喜爱。

十三、手拉手艺术团

北京市关心下一代工作委员会于 2013 年开始组建手拉手艺术团，并充分发挥首都"五老"人才优势，以大手拉小手的形式，先后组织开展了数项适合青少年成长的活动，取得了良好的社会效果。北京市青年宫承办了手拉手艺术团的部分活动。

2013 年"关爱青少年，共筑中国梦"系列活动。首场活动于 2013 年 5 月 28 日在北礼士路第一小学举行，北京市关心下一代工作委员会有关领导，手拉手艺术团艺术总监阮兰玉，北京书法家协会、北京市青年宫领导同志出席活动，与孩子共庆"六一"儿童节。

5 月 29 日，"筑梦行动"第二场活动在北京市盲人学校举办，北京音乐家协会、北京市青年宫等单位领导同志、中国歌剧舞剧院二级演员、钢琴家陈钰，首都师范大学音乐学院讲师、青年男高音歌唱家苏大为及空政文工团青年男高音歌唱家张原铭等领导和艺术家看望和慰问这些特殊的孩子，与全校师生共同庆祝"六一"儿童节。

5 月 31 日，"筑梦行动"第三场活动在中国电影博物馆隆重举行，北京市关心下一代工作委员会、北京市青年宫领导同志，著名电影表演艺术家、中影公司国家一级演员谢芳，中国歌剧舞剧院歌剧团原团长、国家一级演员张目，著名电影导演冯小宁与同心实验学校的 700 名学生共同庆祝"六一"儿童节。

来自全国各地在京务工人员的孩子们，在中国电影博物馆参观了展厅，了解了电影制作的过程及中国影视发展的历程，并观看了 IMAX 巨幕影片《大峡谷漂流》。

"爱之颂歌"新年慰问演出。2014 年 12 月 28 日，北京市关心下一代工作委员会为外来务工人员随迁子女、孤儿、留守儿童、边远农村贫困儿童等特殊青少年群体举办了一场"爱之颂歌"新年慰问演出，来自太阳村、边远山区、外来务工青年聚集区的 600 余名青少年，齐聚北京市青年宫，一起欣赏了由部分老艺术家、知名演员和青少年艺术团体带来的精彩演出。

2015 年首届北京市青少年艺术体验营。由北京市关心下一代工作委员会主办，北京市青年宫、北京青年文化交流协会承办的首届北京市青少年艺术体验营活动于 2015 年 2 月 6 日至 10 日举办，各区县关工委共推荐优秀青少年 100 余人。经过初赛及复赛的层层选拔，最终来自全市 16 个区县的 35 名青少年开始了为期 5 天的体验营，学习朗诵及主持等课程。

2月10日，小营员们参观了北京人民艺术剧院，并在人民艺术剧院的实验剧场进行了汇报演出，向家长、老师们展示了在体验营期间的学习成果。

十四、"在阳光下成长——少年强 中国强"情景音乐会

由北京市关心下一代工作委员会主办，北京市关工委手拉手艺术团、北京市青年宫、北京青年文化交流协会承办的"纪念中国人民抗日战争暨世界反法西斯战争胜利70周年"在阳光下成长——少年强 中国强"情景音乐会"于2015年8月18日下午在中山公园音乐堂隆重顺利举行。

2015年6月开始，组委会邀请了知名艺术家组成专家选拔小组，在全市范围内进行演员和节目选拔。在第一轮基层初选阶段，共有来自全市13个区县的17支合唱团队、26名具有优秀表演才艺的青少年被推荐到组委会，参与人数达千余人。复审期间，专家选拔小组去了东城区、西城区、海淀区、朝阳区、房山区、门头沟区、怀柔区等区县的中小学校，进行复赛选拔和耐心指导，复赛参与人数达800余人。最终，确定了5支少年合唱团、4名儿童演员，并且特邀2支优秀成年合唱团及2位中老年艺术家。

本次情景音乐会，不仅注重演出的内容和形式力求新颖和独特，更是在组织准备过程中力争将活动的主旨落到实处。因此，市关工委充分发挥各区县关工委的作用，将经编歌曲在基层青少年中推广传唱；同时，组织专家、导演多次深入基层，选拔，指导，促进了基层合唱团队的建设，也为他们提供了重要的演出、展示机会。

第四节　青年摄影大赛

一、2002年北京市中青年摄影大赛举办

2002 年 6 月 15 日，由团市委、市委宣传部、市文化局、市体育局联合举办的北京青年文化节的最后一项赛事——北京市中青年摄影大赛圆满结束。

本次大赛共收集摄影作品近 200 幅，均是由北京市业余摄影爱好者拍摄的，这些作品从不同角度反映了首都北京自成功"申奥"以来所发生的巨大变化。组委会特邀中国摄影家协会领导同志及摄影界权威人士作为评委，参加了全部作品的评选。评委们在对作品给予高度评价的同时，对每一幅作品都进行了细致的评判，并提出了中肯的意见和建议。

经过评委们的认真评选，评选出一等奖 1 名、二等奖 2 名、三等奖 2 名，另有 24 幅作品荣获纪念奖。北京市青年宫还利用自有宣传途径在青年宫网站和位于地下一层的环形展廊对本次大赛的获奖作品进行了展示，以供喜爱摄影的朋友们参观浏览。

二、2003 年第一届"北京七日"摄影大赛举办

2003 年，主题为"古都新韵——北京七日"的首届"北京七日"摄影大赛举办，本届摄影大赛由北京市委宣传部、首都精神文明建设委员会办公室、北京市文化局、共青团北京市委员会共同主办，中国摄影家协会、北京摄影家协会、在京新闻媒体协办，北京市青年宫、北京青年文化交流协会承办。活动主题是"古都新韵——北京七日"，活动口号是"当七天摄影家，拍身边人和事"。活动号召摄影爱好者们在"十一"国庆节期间，拿起手中的相机，拍摄展示北京建都 850 年来所发生的变化和气息的作品，记录北京迎奥运的历史进程。活动共收到作品 1616 张，经过专家评委的评选，共产生获奖作品 61 张，其中特等奖 1 名，一等奖 5 名，二等奖 10 名，三等奖 15 名，纪念奖 30 名，入围作品 34 名。11 月 16 日，在北京市青年宫一层大厅举行了获奖作品展览暨颁奖仪式，组委会还将获奖作品编辑成画册，免费向影友们发放。

三、2004 年第二届"北京七日"摄影大赛举办

2004 年，主题为"共享辉煌——北京七日"的第二届"北京七日"摄影大赛举办，

本届摄影大赛的活动口号是"新北京 新奥运"。号召摄影爱好者们在"十一"国庆节期间，拿起手中的相机，记录北京在建国55周年和喜迎奥运方面的摄影作品。活动共收到作品近1400张，经过专家评选，产生获奖作品108张。其中特别奖1名（外籍），一等奖6名，二等奖12名，三等奖18名，纪念奖70名。11月16日在北京市青年宫一层大厅举行了获奖作品展览暨颁奖仪式，组委会还将获奖作品编辑成画册，免费向影友们发放。

四、2005年第三届"北京七日"摄影大赛举办

2005年，主题为"春华秋实——北京七日"的第三届"北京七日"摄影大赛举办，本届摄影大赛的活动口号是"新北京 新奥运"，号召摄影爱好者们在"五一"国际劳动节期间，拿起手中的相机，真实记录北京在喜迎奥运方面的摄影作品。组委会还邀请专家举办摄影培训讲座，活动共收到作品近1500张，经过专家评委的评选，产生获奖作品107张。其中特等奖1名，一等奖6名，二等奖12名，三等奖18名，纪念奖50名。11月22日在北京市青年宫一层大厅举行了获奖作品展览暨颁奖仪式。

五、2006年第四届"北京七日"摄影大赛举办

2006年，主题为"共创和谐——北京七日"的第四届"北京七日"摄影大赛举办，本次活动的口号是"创建和谐 同盼奥运"，在"五一"七天休假期间拍摄，活动之前请专家举办摄影培训活动。7月20日，由数名摄影专家及各主办方领导组成的评委会，在西城公证处人员的监督下对全部作品进行了评选，经过专家评委的评选，产生获奖作品91张，其中特等奖1名，一等奖5名，二等奖12名，三等奖18名，纪念奖50名，新人奖5名，7家单位获得优秀组织奖。9月9日在北京市青年宫一层大厅举行展览暨获奖作品发奖仪式。

六、2007 年第五届"北京七日"摄影大赛举办

2007 年,主题为"奥运北京——北京七日"的第五届"北京七日"摄影大赛举办,本次比赛邀请专家和影友一起到鸟巢、水立方等奥运场馆以及地坛、厂甸和朝阳公园等各具特色的文化庙会进行户外采风和作品创作。最终共收到作品 3079 幅,参与人数近 500 人,有 20 多个专业摄影协会和社会团体参与本次赛事。经过专家评委的评选,共有 91 幅作品分获各奖项。其中特等奖 1 名,一等奖 6 名,二等奖 12 名,三等奖 17 名,纪念奖 50 名,新人奖 5 名,10 家单位获得优秀组织奖。6 月 24 日下午在北京市青年宫一层大厅举行展览暨获奖作品颁奖仪式。

七、2008 年第六届"北京七日"摄影大赛举办

2008 年,主题为"微笑北京 聚焦奥运"的第六届"北京七日"摄影大赛于 6 月至 11 月启动,共收到摄影作品 2219 幅,14 家团体组织参与。10 月 9 日,由中国艺术摄影学会、中国摄影家协会、中国新闻摄影学会、北京摄影家协会等主办方领导同志组成的评委会,在公证人员的监督下在北京市青年宫进行了评选,评出特等奖 1 名,一等奖 8 名,二等奖 15 名,三等奖 23 名,纪念奖 57 名,10 家单位获优秀组织奖。11 月 15 日下午在北京市青年宫一层大厅举行颁奖仪式及获奖作品展览。

八、2009 年第七届"北京七日"摄影大赛举办

2009 年以"爱祖国、爱北京、爱家乡——2009 盛世欢腾"为主题的第七届"北京七日"摄影大赛于 2009 年 6 月至 11 月举办。6 月 30 日以"聚焦门头沟斋堂古村落"为主题的采风活动作为本次活动的启动仪式。本次大赛被列为"为伟大祖国骄傲"北京市庆祝新中国成立 60 周年重点文化活动以及 2009 年"爱祖国、爱北京、爱家乡"主题系列教育活动。本届比赛共收到 400 余名摄友拍摄的 5787 幅作品,评选出获奖

作品 81 幅，其中评出特等奖 1 名，一等奖 5 名，二等奖 10 名，三等奖 15 名，纪念奖 50 名，8 家单位获优秀组织奖，4 家单位获组织奖。11 月 28 日在北京市青年宫一层大厅举行颁奖仪式及获奖作品展览。

九、2010 年第八届"北京七日"摄影大赛举办

2010 年，以"韵味北京·中国节"为主题的第八届"北京七日"摄影大赛于 2010 年 9 月至 12 月举办。比赛共收到 12 个单位、300 余影友提交的参赛作品 2522 幅，经过专家评委的评选，产生特等奖 1 名，一等奖 5 名，二等奖 10 名，三等奖 15 名，优秀奖 50 名，9 家单位获得优秀组织奖。12 月 26 日在北京市青年宫一层大厅举行了颁奖仪式及获奖作品展览。

十、2011 年第九届"北京七日"摄影大赛举办

2011 年以"幸福生活——北京七日"为主题的第九届"北京七日"摄影大赛于 2011 年 4 月至 8 月举办。本届比赛举办了摄影讲座、摄影采风等活动，并与搜狐数码合作推出官方微博"北京七日摄影大赛"，使更多的年轻人参与到了比赛中。本届比赛共收到作品 2522 幅，经过专家评委的评选，评选出特等奖 1 名，一等奖 5 名，二等奖 10 名，三等奖 15 名，优秀奖 76 名，10 家摄影单位获得优秀组织奖。获奖作品在北京奥运大厦、北京金源燕莎购物中心、北海公园等地进行了巡展。7 月 30 日，在北京市青年宫一层大厅举行了颁奖仪式及获奖作品展览。

十一、2012 年第十届"北京七日"摄影大赛举办

2012 年，第十届"北京七日"摄影大赛于 5 月至 12 月举办，活动的主题是"微环保 绿生活"，举办了户外采风、摄影公开课、培训讲座及作品分享等活动 20 余次，有来自全市 16 个区县的 48 家摄影团体和 2 万余人次的摄影爱好者参与，共收到参赛

作品 20231 幅。经过专家评委的评议，133 幅作品获奖，评出特等奖 1 名，一等奖 6 名，二等奖 10 名，三等奖 16 名，纪念奖 94 名，优秀组织奖获奖单位 10 个。颁奖仪式暨获奖作品展在首都博物馆举办，展览期间将获奖作品与特聘的中外专家作品共同展示，并免费向摄影爱好者发放获奖作品集。获奖作品还在首都图书馆、北京市青年宫、回龙观社区进行了巡展。

十二、2013 年第十一届"北京七日"摄影大赛举办

2013 年，第十一届"北京七日"摄影大赛举办，本届摄影大赛于 9 月至 12 月举办，活动主题是"百姓镜头 中国梦想"，活动期间举办了户外采风、摄影讲座等活动。11 月 20 日，由中国艺术摄影学会、新华社中国图片期刊社、北京摄影家协会领导同志，盖蒂图片社总部签约摄影师初晓璐和主办方领导组成的评委会，对全部近万幅作品进行了评选，共选出获奖作品 133 幅，评选出特等奖 1 名，一等奖 6 名，二等奖 10 名，三等奖 16 名，纪念奖 100 名，9 家单位获得优秀组织奖。2014 年 1 月在北京市青年宫举行了颁奖仪式及获奖作品展览。

十三、2014 年第十二届"北京七日"摄影大赛举办

2014 年第十二届"北京七日"摄影大赛活动于 9 月至 12 月举办，活动主题是"百姓镜头 中国梦想"，活动期间举办了户外采风、摄影讲座等活动。11 月 20 日，由中国艺术摄影学会、新华社中国图片期刊社、北京摄影家协会领导同志，盖蒂图片社总部签约摄影师初晓璐和主办方领导组成的评委会，对全部近万幅作品进行了评选，共选出获奖作品 133 幅，其中特等奖 1 名，一等奖 6 名，二等奖 10 名，三等奖 16 名，纪念奖 100 名，9 家单位获得优秀组织奖。2015 年 1 月在北京市青年宫举行了颁奖仪式及获奖作品展览。

十四、2015年第十三届"北京七日"摄影大赛举办

2015年第十三届"北京七日"摄影大赛举办,本届摄影大赛由共青团北京市委员会、北京市文化局支持,北京市青年宫主办,北京青年文化交流协会承办,中国艺术摄影学会协办。活动于5月至12月举办,活动主题为"百姓镜头 中国梦想"。组委会在往年的基础上,对青年摄影群体进行了深度挖掘,除了开展形式多样的采风、培训等活动以外,还首次增设了青年组奖项。比赛共吸引了全市的11家青年及中老年摄影团体和近千名摄影爱好者积极参与,收到有效参赛作品5538幅。10月27日,由《中国日报》总编辑助理、中国摄影家协会副主席王文澜,中国摄影函授学院副院长、北京摄影家协会副主席李英杰,中华文明摄影家联盟秘书长、中国百姓摄影协会会长郭建设,中国艺术摄影学会理事、新华社中国图片期刊社主编、高级记者于志新,盖蒂图片社总部签约摄影师初晓璐组成的权威评委会,对全部作品进行了认真评选,评选出了中老年组及青年组的各奖项。组委会编纂了优秀作品集,向市民、摄友免费发放并举办优秀摄影作品展览供市民免费参观。

第四章 论坛讲堂活动

第一节 论 坛

一、组织大学生志愿服务发展论坛

2008 年 10 月 18 日，北京市青年宫减压中心举办主题为"志愿服务心理支持"的大学生志愿服务发展论坛。此次论坛由共青团北京市委员会、北京市学生联合会和北京志愿者协会联合主办，北京市青年宫减压中心承办，并由多家心理服务机构共同协办，论坛有来自北京的奥运会志愿者、残奥会志愿者、西部支教志愿者、震后心理援助志愿者以及其他社会志愿者代表近 200 人参加。共青团北京市委员会、北京志愿者协会、北京市青年宫等单位领导同志以及首都心理学界的知名心理学家樊富珉、蔺桂瑞、陆小娅、石林等出席了此次论坛。在论坛中，专家们与志愿者就"如何将为大学生提供心理支持的志愿服务长期化、规范化与常态化"这一新的课题展开了研讨。

二、举办大学生就业压力管理论坛

大学生就业压力调查报告简介。北京市青年宫减压中心针对大学生就业压力问题，举办了多期大学生就业压力管理论坛，在每次组织论坛之前，都要对大学生就业压力问题进行客观调查，并发布大学生"就业压力调查报告"。减压中心发布的大学生就业压力调查报告，受到社会各界和媒体的关注，逐渐成为大学生就业压力领域的权威调查之一，并被多家调查文献引用为原始数据。

大学生就业压力调查报告与就业压力管理论坛。2009 年 4 月 25 日，减压中心在北京师范大学举行了 2009 大学生就业压力管理论坛。在举办论坛之前，首先发布了 2009 中国大学生就业压力调查报告。本届论坛是减压中心联合新浪网教育频道，并邀请多位心理、就业指导、企业方面的专家共同举办，论坛对大学生就业问题展开了深入的探讨。新浪网教育频道首页对此次论坛进行了专题报道，此外网易、搜狐、MSN 中国、ChinaRen、京报网等多家网站也对本次论坛情况进行了报道和转载。

2010 年，大学生就业压力管理论坛，在内容设置上更加贴近学生就业实际。论坛分别邀请了知名企业人力资源负责人、心理专家、国家学生就业指导部门负责人等直接与大学生就业相关的专家学者一起，与大学生面对面探讨就业压力问题。此外，在就业压力调查筹划阶段，减压中心还结合 2009 年论坛中的热点议题，扩大了调查对象，并进行了专门跟踪调查，使 2010 大学生就业压力调查报告数据更详实，成为直接反映 2010 年度大学生就业压力问题的最具权威性的第一手材料。

2011 年，北京市青年宫减压中心承办了第三届大学生就业压力管理论坛，并发布了 2011 中国大学生就业压力调查报告。本届论坛发布的"2011 中国大学生就业压力调查报告"通过对 8800 多份问卷的分析，指出了当今大学生的就业压力呈现"压力常态化"、"期望月薪高"、"就业困难户多"、"考研不再热"、"重个人发展"等多个与往年不同的现象。这份调查报告引起了社会广泛讨论。此外本届调查报告还结合了 2009、2010 两年的数据进行了纵向对比，对近三年来的大学生就业压力状况进行了回顾，并对未来大学生就业压力问题的走势进行了预测。本次论坛还首次采用了现场微博提问，现场回答的方式，在论坛互动访谈环节中，专家与现场 200 名大学生交流了就业中的现实问题，并通过微博直播与网络上的上千名网友进行了即时交流。

2012 大学生就业压力管理论坛较 2011 年的大学生就业压力管理论坛更注重论坛形式的突破和变化。2012 年大学生就业压力论坛改变了前三期实体化论坛的方式，启用了当下最流行的网络微博直播的方式（以下简称微论坛）进行。微博论坛邀请了心理专家、就业指导中心负责人、职场专家等与千万网友一起针对 2012 年大学生就业压力问题进行了探讨。在 2 个多小时的时间里，网友们共提出关于 2012 年大学生就业压力问题 286 条，专家们共同答了网友提问 71 条，浏览量超过 10 万次。此外，专家们将"2012中国大学生就业压力调查报告"数据与2009—2011年的数据进行横向对比，得出了"2012年大学生就业压力放缓"、"各学历学生就业期望薪金普降"的结论，成为备受社会关注的热点现象。2012年大学生就压力调查报告先后被纸质媒体报道12次，转载333次；网络媒体报道6次，转载192次；视频媒体报道7次，转载93次。

2013大学生就业压力论坛延续了2012年的大学生就业压力论坛以现代化网络媒体为主要宣传阵地的形式，继续使用网络微博直播的方式进行。2013年度大学生就业压力管理论坛网络微访谈，邀请了三位心理专家，分别从"解读史上最难就业年"、"青年就业压力的心理需求"、"踢走就业压力，创造幸福职场生活"三个角度与大学生探讨了就业心理和压力问题。三场微访谈共收到网友提问300余条，专家共回答网友提问98条，其中的问题包括专业不对口、如何从基层做起、如何看待大学生创业、大学生对技术工作的需求、如何选择就业方向等问题。专家们给予的回答受到了广大青年朋友们的一致认同，本次论坛浏览量累计超过11万次，较上年的论坛有了一定的提升。

与往年相同，除了组织论坛之外，2013年的"中国大学生就业压力调查报告"也受到了各界媒体的热捧，特别是大学生期望薪金普降这一热点话题得到了社会普遍关注。

2014年5月26日，减压中心在开展就业论坛之前，联合新浪网教育频道共同推出了《2014中国大学生就业压力调查报告》。报告显示：2014年的就业压力并没有出现随就业人数的增加而水涨船高的现象，总体的就业压力低于被称为"史上最难就业季"的2013年，回落到了与2012年相当的水平。在就业压力总体回落的同时，调查报告还显示出了"期望月薪更趋平稳"、"二线城市依旧受宠"、"基层引力还需加强"、"实践意识已成常态"、"考研选择渐趋理性"、"创业热情只增不减"、"幸福指数有所提升"等特点。为此，减压中心心理专家认为，为有效缓解就业压力，一方面政府以及相关就业机构应该加强有利于大学生就业政策的制订和落实，尤其是在加强个人职业素质的提高、积极应对压力的同时，需要学会合理归因，并充分挖掘自身与外在的就业资源，提升就业能力与总体幸福感。

伴随 2014 大学生就业压力调查报告的公布，6 月 18 日、25 日北京市青年宫领导同志及减压中心负责人分别在论坛上作了"职场减压的心理偏方"、"就业压力从何而来？"两场微访谈，并在新浪网播出，得到了众多大学生的积极回应。

2015 年 5 月 29 日，针对年轻人更热衷于新媒体的特点，减压中心采用新媒体与传统媒体相结合的方式，首次联合腾讯教育网，共同发布《2015 中国大学生就业压力调查报告》。报告显示，2015 年的就业压力总体有回升趋势；同时，平均期望月薪相比 2014 年上涨了 1830 元，而幸福感略有下降；在选择工作地点时，二线城市的受欢迎程度连续五年稳居首位；在有意考研的人群比例显著下降的同时，有创业意向的人群比例在稳步上升。为此，减压中心的心理专家认为，这种就业压力的涨落现象其实很正常，只要大学生求职者应对得法，就业压力就不会成为求职者成功进入职场的障碍。报告还从学生层面和社会层面两个不同的角度提出了一系列缓解就业压力的应对之策。

第二节　心理公益课堂

一、组织高考减压家长课堂

北京市青年宫减压中心持续关注社会热点问题。2008 年 4 月 13 日、19 日，为了帮助高考考生更好地调整心态，正确面对考试，减压中心邀请召良心理、宇虹桥心理咨询中心、京师慧心心理咨询中心心理专家，同减压中心心理专家连续举办了两期"高考减压家长课堂"公益讲座。他们分别从高考应试技巧、中医保健与心理健康、考生情绪调节、情感调适等方面为 200 多名考生家长进行了心理疏导，帮助大家更好地面对高考压力。

二、"学点心理学"公益课堂

2009 年 6 月 6 日，北京市青年宫减压中心在坚持原有公益项目的基础上，针对青年人的需求，增加了"学点心理学"公益课堂。开设"学点心理学"公益课堂的目的是：通过开设心理讲座、组织青年人开展心理调节活动等方式，调整青年人的心理状态，减轻心理压力，积极地面对困难和挫折，快快乐乐地工作、学习和生活。"学点心理学"公益课堂的内容涵盖了解梦心理、培养积极心理、关注人际关系心理、音乐心理、职场心理、家庭心理、婚姻心理等不同系列。2009 年减压中心共开设 12 期公益课堂，课时达 80 多小时，涉及五门心理学课程，受益人数近 450 人次。

2010 年"学点心理学"公益课堂共举办 20 多次，内容涵盖了解梦心理学、人际心理学、音乐心理学、职场心理学、婚姻心理学等不同系列。

2011 年"学点心理学"公益课堂以音乐减压、积极心理调整、沟通训练等为主题，开设了系列讲座活动。在本年度的讲座中，减压中心尝试了将讲座系统化、丰富化，并依据对参与活动人群的调研情况，丰富受欢迎的主题，放弃失去时效性的主题。其中：音乐减压开设了 3 期讲座，分别以古琴和萧为主题，通过对古典音乐的欣赏，学习古典音乐的基本养生理念，学习放松方法与技巧；沟通训练开设 1 期讲座，讲座通过语言圈、自我表达等活动，让参与者学习沟通中的基本技能；积极心理调整开设 11 期讲座，开设了亲子教育、幸福生活、情绪调节、自我发现、压力缓解等主题的讲座，通过讲解积极心理治疗的基本理论，引导学员寻求生活的平衡。全年累计开展活动 15 次，受益人群 305 人次。

2012 年"学点心理学"公益课堂继续延续 2011 年的活动经验，同时将活动主题和时间固定下来，将活动进一步系列化、机制化。全年开展活动 9 次，受益人群 275 人次。

2013 年减压中心将"学点心理学"公益课堂定义为每期参与人数多，但涉及内容较为科普的讲座式活动。全年共举办"学点心理学"公益课堂 13 次，参与人数 299 人次，平均每月一场，每期 20 人左右。

2014年"学点心理学"公益课堂共开展9次,参与人数约270人次。

2015年"学点心理学"公益课堂共开展13次,参与人数约1530人次。

三、为高校学生进行心理咨询培训

2006年,北京市青年宫减压中心以北京师范大学心理学院的研究生为主,针对大学生中存在的心理压力问题,组织了5次不同主题的心理培训活动。这些培训活动的主题分别为:大学生压力管理、大学生人际关系、大学生目标管理、大学生时间管理。参与活动的大学生分别来自北京师范大学、北京大学、中国人民大学、北京航空航天大学、北京邮电大学、北京交通大学等多所北京地区的高等院校。

2007年,北京市青年宫减压中心与北京市30多所高校的心理咨询中心建立了联系;与中央财经大学保险学院、北京联合大学师范学院等高等院校签订了大学生实习基地协议;与清华大学、北京师范大学、首都师范大学等高校的学生会(或校团委)建立了密切的合作关系,并且为部分大学、中学的学生提供专业服务共6次。

2007年6月26日,北京联合大学师范学院应用心理学系组织大一、大二的学生60多人,来到减压中心进行社会实践课的学习。减压中心心理专家与北京联合大学学生针对学生关心的与心理学有关的职业前景、薪酬情况、专业技能、工作条件和职业资格等进行了探讨。

2007年8月17日,减压中心通过"相逢是缘"、"相识相知"、"自我探索"、"未来有约"四个阶段,为来自北京理工大学附中、北京171中学、中国矿业大学(北京)附属中学的30多名同学与老师进行了为期四天的"阳光之旅"人际沟通团队活动。

2007年8月22日,减压中心为30名来自南开大学的大学生举行了一次以"HAPPY绿色星期三"为主题的减压沙龙。BTV-8频道对活动全程进行了拍摄,并对减压中心工作人员和大学生进行了现场采访。

2007年9月22日,减压中心为20多名清华大学新生举行了主题为"心灵新升"的大学生人际沟通系列团体活动。

2009 年，减压中心为大学生举办了 6 场压力管理培训讲座。同年 2 月 16 日，减压中心还受北京志愿者协会邀请，为北京化工大学志愿者服务总队进行了主题为"快乐奉献 灵动志愿"的心理培训。在培训活动中，心理专家从心理支持的方式、方法，如何进行心理支持，以及志愿者需要哪些心理支持等多个角度，对同学们提出的心理问题进行了解析，共有 100 多名志愿者参与了此次培训。

2009 年 3 月 12 日，减压中心受中央民族大学邀请，为该校的研究生进行了主题为"笑对压力"的心理健康讲座。在讲座中，心理专家为同学们讲解了压力管理的意义和方法，同时还运用心理绘画和意向对话的方法，对同学们进行了心理健康分析。

2009 年 3 月 13 日，减压中心来到北京邮电大学世纪学院，为那里的学生辅导员带来了一场题为"体验性压力管理"的讲座。心理专家告诉大家："我们通常所说的减压，给人的感觉是压力都是不好的，其实这是一个误区。压力本身无所谓好坏，关键是你对压力的处理方式，我们可以选择放松、宣泄、转移等方法去减轻压力带来的负面影响，也可以提升自身的能力，去正视问题、解决问题，甚至有意给自己加压，这些都是压力管理。"

2009 年 6 月 17 日，30 多名来自北京联合大学师范学院的 2008 级心理系本科生，来到减压中心参观学习。减压中心自从与北京联合大学师范学院签订协议作为该校学生实践基地以来，累计有 100 多名学生来此参观学习，20 多名学生在减压中心参与了各种实践活动。

2009 年 11 月 18 日，减压中心受北京邮电大学世纪学院邀请，为该校学生辅导员进行了以"辅导员的压力管理"为主题的培训。减压中心的心理专家结合辅导员的工作特点，为他们讲解了如何在工作中调整心态、如何降低压力感受以及如何更好地管理自己的工作。高校辅导员主要面对的是大学本科的学生，这些学生大多处在十八九岁的青春期，精力充沛，热情好动，接受新生事物的能力强。同时，心理专家也提醒大家：作为学生辅导员，一方面要激发学生发挥自身能量，创造出精彩的大学生活；另一方面要纠正学生的不良行为，引导学生做出正确的人生规划。要从关心学生的内心需求出发，关注他们的心理健康和心理发展。

2009 年 12 月 21 日，减压中心受北京外国语大学邀请，为 30 多名学生进行一次以心理减压为主题的讲座。心理专家给在座的学生进行了心理绘画分析，帮助学生通过无意识的绘画来认识自身发展遇到的问题，通过对绘画的调整来促进心态的调整，激发自我潜能，积极面对人生。

2010 年，减压中心为北京中医药大学、中央财经大学、北京联合大学商务学院、北京城市学院、北京外国语大学、中国农业科学院六所高校的学生共做了 6 场培训，受益人数为 270 人。

2011 年，减压中心为首钢总公司党校、北京师范大学、中央财经大学、中央民族大学、北京联合大学五所单位和学校共做了 7 场培训，受益人数为 1120 人。

2013 年，减压中心承接了北京联合大学心理学系学生课外实践课堂项目，为其提供心理咨询专业的课外辅导，这是减压中心首次承接咨询专业类的整体培训，此次培训全年共开展各种实践活动以及心理咨询技术教育 11 次。

2014 年，减压中心为北京师范大学、中国农科院、北京联合大学师范学院等多所高校进行咨询培训 50 次，累计受益人数 244 人次。

2015 年，减压中心为高校学生的培训以"就业心伴侣"项目为主。

四、为企事业单位举办心理咨询培训

2006 年，北京市青年宫减压中心自成立以来，共为台湾联发科技公司、联想集团、北京城建设计研究院 3 家企业提供过 4 次心理培训。

2007 年，减压中心企业培训有所增加，如为兵器工业部研究所的所长、书记和中国银行总行中层管理者等进行的"心态调节"培训，为文化部故宫博物院的处级干部和中国工商银行总行高管及数据中心工作人员进行的"压力管理"培训等，累计培训 9 次，培训人数达到了 585 人次。

2008 年，减压中心一方面注重服务青年群体，与企业团组织建立长期客户关系，另一方面注重扩大服务群体类型。当年累计为企业进行培训 12 次，培训人数达 690

人次。

为青年群体人员举办培训。2008 年 1 月 19 日，减压中心受北京卡耐基学校兰州分校的邀请，为西北地区的职场朋友们举行了为期两天的"职场心理素质"培训。3 月 11 日，减压中心为北京市青年宫的全体员工进行了一场户外减压培训。4 月 16 日，减压中心为北京东城区邮局 30 多名优秀员工进行了一次压力管理培训。这些员工是即将为奥运会提供邮政服务的志愿者，心理专家通过压力测试、心理绘画、意象对话、人生曲线等心理学科活动方式，帮助志愿者们发现压力所在，寻求有效的排解方法。

建立长期客户关系。2008 年 2 月 22 日，减压中心与中国人寿保险公司建立长期客户关系，为中国人寿电话营销中心基础培训班的学员们进行了一场"提升情绪能力、迈向绩效目标"的职场培训。11 月 9 日，受中国人寿电话营销中心邀请，减压中心再次为该公司的新员工进行了情绪与绩效管理的培训。11 月 30 日，减压中心为中国人寿北京电话营销中心的中层管理者进行了第三次情绪管理培训。

2008 年 9 月 10 日，减压中心受故宫博物院工会的邀请，为该院的女工委员进行了一场"心灵之桥"的沟通技巧培训。9 月 13 日，减压中心又受故宫博物院邀请，在河南云台山为故宫员工进行了一次催眠放松户外减压培训活动。

扩大服务群体和服务类型。2008 年 6 月 27 日，减压中心为奔驰戴姆勒东北亚投资公司 HR 进行了一场压力管理培训。减压中心心理专家针对 HR 的工作特点，为他们讲解了压力管理知识，并通过心理游戏"心的翅膀"，帮助 HR 们学会整合内外资源，以更好的方式疏解压力。7 月 3 日，减压中心为北京市科协中层干部进行了一场题为"沟通与压力管理"讲座。心理专家为他们现场解析了沟通的技巧，帮助大家了解如何建立沟通渠道，并介绍了几种实用的减压方法。10 月 31 日，减压中心为 Clinique 倩碧公司新产品发布会进行了一场题为"皮肤，你的心理剧本"的心理讲座，来自全国各地近 70 家杂志、报纸、电视台的 120 多名媒体朋友对此次培训进行了专题报道。11 月 25 日，减压中心为北京纺织科学研究所的中层管理者进行了一期压力管理培训。培训全部采用游戏和体验方式，让参加者们在一种轻松愉快的氛围中感悟着心灵中的问题，同时心理专家还帮助大家分析了自身的健康状况，学习了实用的压力管理方法。

2009 年，减压中心不断扩展企业培训业务，共组织企业培训 26 期，培训课时达 233 小时，培训人数超过 1400 人次。培训企业涉及政府机关、事业单位、大型国企、外资企业等，其中包括中央办公厅、中直机关、广电总局、中国工商银行、北京农村商业银行、奔驰集团、松下电器、中国联通、中国人寿等知名企业。

在扩展企业培训业务时，减压中心注重与接受培训单位建立长期客户关系，分别与中国人寿、奔驰集团、北京农村商业银行等机构建立了良好的长期合作关系，为培训业务稳定发展提供了保障。2009 年减压中心收取企业培训业务经费接近 40 万元。另外，减压中心也引进了更多管理类课程，作为客户深层开发的后续内容。

2010 年，减压中心市场项目首次因企业需要开始走向了综合服务。以前，减压中心的市场项目都是单一的企业培训课程，2010 年下半年实现了由单一培训到综合性服务项目的转变。自 2010 年 4 月 15 日起，连续 3 次承接了中海油的 EAP（员工帮助计划）试点工作：包括问卷调查、员工访谈、员工测试、举办讲座、组织培训、开展咨询、建立热线等一系列的培训程序。全年累计为企业培训 14 次，受益人数达到了 1150 人次。

2011 年，减压中心改变单纯的讲座式、供应商式的运营模式，探讨了深度培训的内容和方法。在 2009—2010 两年中，减压中心逐渐以承接心理服务项目的形式，代替了原有的单纯培训业务，并与客户建立了长期的服务关系。2011 年减压中心加大了这种转变的进程，并推出了一系列短期心理综合服务，并且新开发了首都机场、中国恩菲集团、北京国税局、航天科技财务公司、探路者等新的企业客户。减压中心通过讲座、培训等不同方式，为首都机场、航天科技财务公司制定了短期企业 EAP 计划。同时保持与老客户的联系，继续为北京市邮政速递局、北京银行、中国银行、中国工商银行、浙商银行等单位开展了心理减压培训。2011 年全年共计培训 15 次，受益人数为 1080 人次。

2012 年，减压中心将主要工作重点转移至公益项目的承接与开展上，因此企业培训数额有所下降。全年共进行企业培训 5 次，受益人数为 210 人次。

2013 年，减压中心共承接各类企业培训业务 7 次，与上年基本持平。

2014 年，减压中心继续拓宽市场类型，收费类项目分别为：航天科技研究所员工心理指导服务、中国农业科学院心理咨询服务、北京联合大学心理培训课程、上地街道儿童心理训练营。市场收费项目已经基本摆脱以针对减压开展的企业培训为主的单一经营模式，开启了针对成年人、学生、专业从业者、儿童等多群体多方式的经营项目。

2015 年，减压中心共承接培训 6 次，受益人数 1375 人次。

五、为志愿者进行心理咨询培训

2009 年 6 月 19 日，北京市青年宫减压中心受北京市志愿服务联合会邀请，为志愿者们开展了一场"心理减压职业规划"讲座。在讲座中，心理专家从情绪心理方面入手，为志愿者讲解了如何学会科学应对倦怠情绪和心理疲劳等消极因素，实现志愿服务心理支持的最大化与有效化。11 月 3 日，减压中心受北京市志愿服务联合会邀请，为联合会的志愿者进行了一场题为"志愿者压力管理"的心理培训。培训中，心理专家现场对志愿者进行了压力状况调查，向志愿者介绍了压力管理的基本方法，并且用专业的测评软件为部分志愿者测查了现时的心理状况。在团体培训结束后，心理专家又为联合会的志愿者们进行了近 10 个小时的个体辅导，告诉志愿者们如何单独处理心理问题。

2010 年 4 月 13 日，减压中心为北京市首批参加上海世博会的志愿者做心理培训，既帮助志愿者减压，又为志愿者提供了专业化的心理支持。

2014 年，减压中心受北京市应急志愿者和志愿服务联合会 2014 年度西部志愿者组织者的委托，为他们共举办了 4 次培训，受益人数为 310 人。

2015 年，北京市青年宫减压中心牵头组织的北京市心理志愿者服务总队于 5 月 23 日正式成立。在成立大会上，共青团北京市委员会领导同志为新成立的北京市心理志愿者服务总队授旗。北京市志愿服务指导中心领导同志为北京市心理志愿者服务总队颁发了"北京市一级志愿服务组织"证书。北京市心理志愿者服务总队自成立至今，共举办培训 3 次，受益人数为 330 人。此外，为加强交流，北京市心理志愿者服务总队组织骨干志愿者开展"心理志愿者沙龙"，已连续开展四期，每期约 20 人左右参加。2015 年 7 月，减压中心为西部志愿者培训 1 次，受益人数 60 人。

第三节　创业就业培训

一、创业就业培训简介

自从 YBC 北京办公室成立以后，每年都举行创业就业培训活动。其目的是帮助青年学习创业基本知识和技能，提高创业就业能力，拓宽创业就业思路，引导流动青年更好地在首都城市建设发展中找准定位，树立正确的创业就业理念，做好个人职业发展规划。另外，也让青年人在创业培训和学习中清醒地认知自己，清醒地了解市场，迈出创业第一步。随着就业形势的发展，每年的创业就业培训都有不同特点，但都是紧跟当前的就业形势开展，都给要求就业和创业的青年很大的帮助和启发，对国家发展有一定程度的贡献。

北京市青年宫举办的创业培训分为系统小班及专题培训两大类。系统小班课程一般设置为 3 天（连续三个周末的全天），内容包括"创业准备"、"市场营销"、"资金申请流程"、"财务知识"、"法律风险"等 5 个方面；专题培训是根据青年需求随时开班。北京市青年宫青年创业就业培训自 2006 年 7 月开始后，一直遵循积极为青年人创业就业提供智力支持的原则，受到了广大青年人的欢迎。至 2015 年，北京市青年宫共举办青年创业就业培训班 60 期，参加培训的学员共计 1400 余名。

二、历年创业就业培训活动

2006 年 7 月 16 日，"创业北京"青年创业培训实验班开班，来自社会的 25 名青年参加了培训班。北京市青年宫领导出席开班仪式。

2007 年 1 月 9 日，创业培训班首进高校，在中央美术学院面向参加该校创业大赛的学生举办。培训内容包括创业准备、企业的注册与纳税、国家创业就业政策解读等课程。原定 20—30 人的小班培训，实际上都达到 60 多人。

12 月 24 日，创业培训班"京郊第一班"在密云开班，旨在帮助北京郊区乡镇农村青年创业就业。本期培训是根据乡镇农村环境特点而量身定做的。在创业构思、市场营销、财务知识、经营模拟、案例分析、座谈讨论等环节上，都是围绕养殖、农作物、服务等方面为主要内容而展开的，20 多名当地青年报名参加此次培训。

2008 年 5 月 5 日，首期"疯果设计师"专项创业培训班在北京市青年宫举办，除常规授课外，还特别邀请创业导师为学员们讲授"创意为谁赢"主题课程，其中，创意人员应具备的"八个能力"及创业者要有的"四个要素"给学员们很大启发，使学员们认识到不仅要有好产品，还要有运作能力和准确的市场定位。

2010 年 11 月 20 日，首期"创业北京"青年创业提高班在北京市青年宫举办。本期培训班专门为"北京青年创业之星"的获奖者设置，培训内容包括品牌、团队、谈判、融资及财务管理等课程。

2011 年 11 月 18 日，"YBC 华财服务站活动日"及创业培训在华财会计股份有限公司举办。此次活动旨在通过培训交流，帮助创业青年开拓思路，学习经营，树立正确的财务管理意识和理念。创业导师就日常财务管理问题为创业青年答疑。

2012 年 3 月 14 日和 15 日，YBC 北京办公室组织导师为在京的 30 所民办高校的近 70 名教师举办了两期创业师资培训。创业导师就"创业形势及创业规范"、"创业比赛的组织与评比"等课程为大家授课，案例分享、互动答疑等授课形式，让参加学习的教师们掌握了在校开展创业活动的流程和方法。

2013 年 10 月 24 日，"低成本营销"培训在北京市青年宫举办。18 位创业青年参加了此次培训。培训中，创业导师一改传统的教学模式，首先让每位创业青年介绍自己的项目、规模、运营模式和急需解决的问题，随后让大家从中选择一个项目作为案例，把创业青年分成三组针对这个项目如何进行低成本营销进行讨论，最后三个组分别得出增值服务、制定企业文化和会员制管理三套方案。

2014 年 5 月至 12 月，由共青团北京市委员会（以下简称团市委）主办，北京市青年宫承办的"助创业促就业亮青春"主题系列培训活动相继开展。5 月 15 日至 9 月 15 日，"流动青年创业就业技能试点培训班"从北京市昌平区北七家镇首期开讲至劲松职业高中的最后一场，全年在海淀、东城、朝阳、平谷、通州等区县团委、"青年汇"开展 8 期创业就业技能培训。旨在帮助流动青年提高创业就业能力，拓宽创业就业思路，引导流动青年更好地在首都城市建设发展中找准定位，树立正确的创业就业理念，做好个人职业发展规划。

8 月 14 日，北京市青年宫到北京惟帆通讯设备有限公司，为该公司的客服员工做"管理技能与工作情绪管理"培训。此次培训是针对客服人员的岗位性质及环境特点量身定制的。40 余名客服组长与储备干部参加了培训。培训中，减压讲师通过对现实生活与实际工作中的实际案例分析，让大家认识什么是压力，压力是如何产生的，并采用互动方式，向大家传授了 4 种自我情绪管理和合理释放压力的技巧。

8 月 27 日，"就业服务日"活动在北京市青年宫举办，活动内容包括：针对企业的"企业劳动争议预防前置实操知识培训"及案例分析、针对求职个人的"面试技巧培训"，以及企业面试会。共有 30 多家企业，20 余位求职者参加活动。

2015 年 6 月 13 日，以"'互联网+'时代的创业营销怎么做"为主题的创业培训在北京市青年宫举办，本次培训是北京市青年宫推出的 2015 创业"身边小课堂"系列创业培训的首场，来自社会的 30 多名青年参加了培训。

9 月 19 日，以"商业模式与投融资"为主题的第四期创业"身边小课堂"活动在北京市青年宫举行。近 30 名青年通过报纸宣传、专业机构推荐、微信发布以及青年宫海报张贴等渠道报名参加。

第四节　创业就业大讲堂

一、青年创业就业大讲堂简介

"青年创业就业大讲堂"是YBC北京办公室首推的青年创业就业公益服务项目，旨在宣传新的创业就业理念，培养创业就业新意识，提升青年创业就业能力，激励青年自主创业，以创业带动就业。YBC北京办公室自2006年开办创业就业大讲堂开始至2015年，已相继举办包括创业就业讲堂、创业就业论坛、创业就业服务日、青年创业项目展示等多种形式的创业就业活动129次，对北京青年的自主创业和成功就业起到了促进作用。

二、历年青年创业就业大讲堂活动

2006年8月28日，由共青团北京市委员会主办，YBC北京办公室和北京城市学院联合承办的第三期"青年创业大讲堂"在北京城市学院举行，这是"青年创业大讲堂"首次进入校园，该校100多名学生参加。

2007年9月9日，由共青团北京市委员会、北京市西城区劳动局主办，YBC北京办公室与西城职业介绍中心承办的"大学生就业讲堂"在北京市青年宫举办。近100位高校毕业生、社会青年参加了本期讲堂。北京市青年宫领导在讲话中鼓励大学生，要保持良好的就业心态，合理调整就业定位，通过自己努力，早日实现成功就业或创业。

2008年1月18日，"青年创业大讲堂"首次走进京郊，在北京市大兴区瀛海镇开讲。大兴区14个乡镇、3个街道的基层团干部及青年代表80余人参加了大讲堂。在本届大讲堂上，创业导师为参加讲堂的青年们讲授了如何选择项目、如何辨别政策法规、如何进行风险规避、如何制定商业计划等有关创业知识，并与青年们共同探讨了大兴区的特色项目。

2010年5月19日，"青年创业大讲堂"首次出京，在位于河北燕郊的北京社会管理职业学院举办。创业导师以问答互动、销售演练的灵活方式与学生进行了现场交流。创业青年与学生们分享了自己初试创业的经历，让学生感觉到创业榜样其实就在自己身边，创业并不是高不可攀。校方领导表示，希望能与YBC北京办公室长期合作，多为在校学生开设这样的创业讲堂、举办创业培训，提升学生的创业意识、营造创业氛围，帮助学生认知创业，做好创业和就业的心理准备，为毕业后创业就业奠定基础。

2011年12月3日，YBC北京办公室举办成立六周年庆典活动，来自共青团北京市委员会、北京各区县团委的领导同志与创业导师和创业青年、各基层服务站及高校代表，以及社会青年200余人参加庆典仪式。在庆典仪式上20多位创业青年得到了YBC资金或导师的扶助。

2012年4月21日，以"扶助青年创业 促进青年成长"为主题的青年创业论坛在北京市青年宫举办。本次活动由共青团北京市委员会主办，YBC北京办公室承办。来自北京高校及社会的200余名青年参加了活动。本次论坛是针对有创业意愿和正在创业的青年、大学生举办的。

2013年4月22日、26日，YBC北京办公室举办的青年创业大讲堂两进北京市怀柔区，为怀柔区大学生村干部举办创业培训，共有200余名村干部参加培训。举办本次活动的目的，是为上任已满一年、且有一定工作经验、并有创业想法的大学生村干部创业提供支持。

2014年12月6日，YBC北京办公室举办了主题为"讲创业故事 秀青春风采"的"青年创业故事汇"宣讲活动，同时对"2014青年创业故事汇"征集赛的获奖青年及获奖单位进行了表彰。来自北京部分高校、社区及社会的青年近200人参加了活动。本次宣讲活动是在共青团北京市委员会主办、北京市青年宫承办的"2014青年创业故事汇"征集赛的基础上举办的，6名参加宣讲的选手都是在"2014青年创业故事汇"征集赛中获奖的选手。

2015年1月25日上午，北京市青年宫创业就业办公室应北京市大兴区瑞海南区社区青年汇邀请，在义利面包食品有限公司举办"青年创业大讲堂"活动。此次活动旨在激发青年创业热情，引导更多青年自主创业。来自大兴区的100余名有创业意愿的青年参加了活动。

2015 年 7 月 25 日，由北京市青年宫主办，北京市大兴区社会组织联合会承办的主题为"'互联网 +'电商 & 传统行业"的青年创业论坛在北京市大兴中科电商谷举办。8 位企业家分别就"互联网 +"电商、"互联网 +"传统行业两个话题做了分享。来自社会的近百名青年参加活动并与企业家对话交流。

第五节　其他培训活动

一、国粹艺术设计制作比赛

1996 年 7 月，北京市青年宫与北京工艺美术协会合作，在青年宫手工艺品实习场举办了青少年国粹艺术制作比赛。本次比赛旨在通过国粹艺术品制作，弘扬我国悠久灿烂的历史文化，提高青少年的爱国热情。

本次国粹艺术设计制作比赛的设计者们，打破了工艺品展卖的传统模式，突出了游人亲自动手参与创作的新思路。手工艺品实习场布置得古朴典雅，民间艺术气息浓郁，不仅有著名手工艺人的作品，还有著名艺人的坐堂讲解指导。参赛人员可以根据自己的兴趣选择项目，并亲自动手尝试，制作出自己中意的参赛作品。比赛结束后，比赛组织者为优秀作品颁发了奖品和奖状。

手工艺品实习场开设期间，吸引了来自香港、埃及、美国、德国等国家和地区的友好人士前来参观，他们被大师们一件件精湛的手工艺品深深吸引，对中国的国粹艺术赞叹不已，表示要把中国的文化传播到世界各地。

二、英语角

1996 年 11 月 2 日，北京市青年宫英语角在啤酒花园正式开始活动，为学习英语的青年朋友提供了口语环境，参加人数 200 余人。12 月 28 日，北京市青年宫的英语角与北京广播电台的英语时段、《北京青年报》的英语绿地版面，共同举办"走向世界，走向未来"新年联谊会。

1997 年 5 月 3 日，英语角在歌舞总汇举办了庆"五四"中外青年联欢会，200 多名英语爱好者参加活动，包括北京国际学校的学生，北京美国语言学院的领导、师生，美国大使馆工作人员，瑞典奥波达公司领导及新闻界的一些朋友。这些中外青年用英语演出了精彩的节目。节目包括小品《学中文》，《魂断蓝桥》英语配音，用英语演唱的歌曲《扬帆》《草帽歌》《雨中节奏》《我的太阳》等。一阵阵热烈掌声和欢声笑语，把庆"五四"英语角活动推向高潮。

三、计算机与未来社会发展

1996 年，共青团北京市委员会、北京市教育委员会、北京市青年宫等单位联合举办了一期主题为"电脑时空——计算机的过去、现在与未来"大型系列展览与培训活动。活动内容主要包括计算机科普知识图片展。该图片展展出了计算机发展历程、计算机的结构与工作原理、计算机的应用与社会发展的关系等。展览图文并茂，内容丰富，使参观人员对计算机与社会发展、经济发展、社会进步的关系有了一个全新的认识。在参观的基础上，北京市青年宫还举办了多期电脑知识讲座，讲座的内容包括：计算机的应用、互联网引起的社会变革、电脑软件程序的简单编制原理等。北京市青年宫领导决定，今后还将举办财会电算化，CRE 电脑培训，电脑初级、中级、高级培训班等，推动计算机在我国青少年中的普及和应用工作。

四、音乐培训活动

中老年钢琴培训班。1997 年 4 月，北京市青年宫与海兹曼钢琴有限公司合作，聘请著名钢琴教育家、演奏家周广仁先生担任艺术顾问的中老年钢琴培训活动在北京市青年宫举办。本届中老年钢琴培训面向社会招生，第一期报名人数为 400 人，其中有离退休老干部、老工人、老教师、老医务工作者、老军人等，年龄在 45—65 岁之间，

80% 为女性。5 月 10 日参加培训的第一期学员开课。此后，中老年钢琴培训活动连续举办，至 2015 年共计开办 18 年，培训学员 10000 余名。

青年系列音乐培训。1999 年北京市青年宫培训部推出"让陪读成为音乐课堂的主角"青年系列音乐培训活动。开始进行培训时，由于缺乏宣传，市场反应平淡。随着培训效果的不断显现，以后的培训逐渐被社会所关注和认可，培训内容也由原来只单纯进行钢琴、古筝、长笛、声乐培训，逐渐形成包括钢琴、古筝、声乐、箫、葫芦丝、竹笛、扬琴、琵琶、中阮、柳琴、二胡、小提琴、长笛、萨克斯、手风琴、爵士鼓、吉他、电子琴等音乐系列培训活动。1999 年正值国庆 50 周年，北京市青年宫培训部抓住庆祝建国 50 周年契机，开展了主题为"用音乐陶冶青年人情操"的主题宣传工作，又一次提高了培训班的声誉。《北京日报》《北京青年报》《精品购物指南》等平面媒体，相继刊发了《成人音乐兴趣培训渐成佳境》《8 小时以外》《北京青年学音乐成时尚》等文章，对北京市青年宫的音乐培训活动进行了大力宣传。

自 2001 年 1 月北京市青年宫游艺机厅改成音乐廊以后，北京市青年宫音乐培训教室软硬件得到了进一步改善，促进了青年音乐培训事业的发展。到 2015 年"让青年成为音乐课堂主角"青年系列音乐培训已举办了 17 个年头，先后有 20000 余人参加了培训。

"钢琴联谊会"、"筝乐团"成立。"让青年成为音乐课堂主角"成人音乐培训，已经成为青年宫的品牌项目。1999 年以来以钢琴、古筝为代表的多种中西乐器系列培训，为社会培养了一批具有较高演奏水平的中西乐器演奏人员。为了提高学员舞台演奏技巧和艺术表现力，2011 年 3 月，北京市青年宫培训部在做好"中老年钢琴联谊会"培训和演奏的基础上，成立了"北京青年钢琴联谊会"和"北京市青年宫古筝乐团"。乐团活动时间分别规定在每月第二个周五的晚上 6 点至 8 点和每月最后一周的周五晚上 6 点至 8 点举行。为了给学员提供交流、联谊、排练、演出、参赛的平台，北京市青年宫培训部坚持聘请优秀钢琴和古筝教师为学员施教，并不失时机地为参加培训的人员创造登台演出锻炼实践的机会。青年钢琴联谊会自 2011 年成立至 2015 年一直坚持活动，筝乐团也坚持开展了两年活动。

"音乐培训上门"服务。2009年，为进一步服务青年、服务社会，努力为文化大发展大繁荣做贡献，北京市青年宫培训部特别推出了"音乐上门"服务项目，积极为机关、企事业单位提供音乐培训、节目排练、活动设计，以及化妆、服装搭配等配套项目的服务。这项服务活动自2009年推出以来，到2015年已经走过了7年的发展历程。7年来，北京市青年宫培训部先后派出声乐、器乐、舞蹈、京剧等专业教师，分别到中直、市属机关、金融、电信、石油、铁路、交通、旅游、宾馆，以及驻京部队等近百家国家机关、大型企事业单位，根据各单位实际情况，为它们量身定制培训方案，有的放矢地开展辅导培训，使参加培训活动的演员演唱、演奏、表演水平明显提高。经过"音乐上门"培训，很多学员在单位、系统或行业比赛中都取得很好的成绩。

考生才艺班。2009年暑期，由北京市青年宫培训部举办的考生才艺班正式开课。举办本届考生才艺培训班，旨在为参加完中考、高考的普通考生提供一个良好的艺术学习环境，让参加完考试的考生放松不放纵，在良好的艺术氛围里，安全轻松快乐地度过假期。本届考生才艺班开设的学习内容音乐方面包括：爵士鼓、吉他、电子琴、声乐、古筝、箫、葫芦丝；美术方面有：素描、色彩、书法、漫画；以及节目主持人等培训项目。此培训项目已经成为北京市青年宫每年后高考时期，犒赏考生的品牌培训，备受北京考生的青睐，每年都会吸引大批考生热情参与。《北京日报》、《北京晚报》、《北京青年报》，以及北京音乐台、北京电视台等多家新闻媒体都曾相继对此项培训进行过追踪报道。从2009年到2015年7年中，先后共有3000余名考生参加了此项培训活动。

高分考生云集，非考生提前加入；很多学生有音乐基础，为演出学习第二门乐器；打击乐渐成新宠；学习娱乐两相宜。

五、兵器知识讲座

1997年7月，北京市青年宫举办了"国防教育兵器系列"讲座。讲座由共青团北京市委员会、北京市委宣传部、北京市教委、《中学生时事报》、北京市青年宫联合推出。本次讲座聘请国防大学军事专家小组成员授课，他们从第一艘潜艇在实战中的作用谈起，一直讲到航天技术的发展；从各类型手枪的口径、弹容，讲到太空大战的天战武器；从刀、剑等冷兵器时代的战史，讲到电子技术、信息技术等高科技战例等，给同学们带来了耳目一新的感觉。讲座还通过观看图片、制作模型、观看资料、观看录像和组织外出观摩、讨论、组织有奖问答等形式，多方位、多角度地展示了缤纷神秘的兵器世界，使广大中小学生及军事爱好者，充分认识了我国兵器的发展，激发了青少年探索兵器科学技术的兴趣，奠定了他们为发展祖国的国防事业做贡献的决心和信心。

六、儿童感觉统合素质培训

1997 年 3 月，北京市青年宫咨询部针对儿童感觉统合失调现象的逐年增加，为满足社会需求，开设了学龄前儿童的统合训练。训练内容主要有：摇船训练、投沙包掷准训练、跳床蹦高训练、平衡木训练等。训练依据儿童特点，采取了最为适合幼儿的训练方法，将训练和娱乐合为一体，寓教于乐，使参加训练的儿童都取得了不同程度的收获。

自开办这项幼儿统合训练活动以来，已训练50余名儿童，家长普遍反映效果良好，特别是一名因感觉系统失调而辍学的一年级学生，经过一段时间的训练，又重新回到了课堂。

1999 年，为配合家长对孩子的教育，解决孩子学习成绩不理想、做事马虎、注意力无法集中等问题，北京市青年宫咨询部开展了主题为"儿童教育新思路——儿童感觉统合素质训练"。训练的主要目的是，通过与儿童共同开发智力游戏、组织开展有针对性的趣味活动，逐渐改变孩子的不良特征，帮助这些经常被责备的孩子逐步建立自信心，消除他们与家长和老师之间的对立情绪，以及他们身上存在的消极性格特征。培训班的老师们精心设计了多种孩子们喜欢的游戏，有亲子游戏、做蛋糕游戏、拼图、七巧板、魔方、配颜色、机器人制作、航模制作等。与此同时，为营造家长与孩子之间和谐、亲密的亲子氛围，北京市青年宫联合各相关业务部门，于每周六上午推出"和爸爸妈妈在一起"系列活动。通过家长与孩子一起听育儿讲座、一起看儿童影片、一起写心得体会、一起做手工、一起玩游戏，孩子与父母之间产生更多的共同话题，增进父母与孩子间的理解与交流，加深孩子与家长的亲情，还开发孩子的智力，锻炼孩子们的动脑和动手能力，为孩子建立了自信心。

七、史兆元先生古筝捐赠

北京市青年宫艺术顾问史兆元先生，著有《广东客家古筝曲集》《汉乐筝曲》，是我国著名的古筝专家教授，他一生从事古筝演奏与教学工作。晚年更是矢志不渝地继续于自己的古筝普及事业。1999 年史教授在《北京日报》、《北京晚报》和《北京青年报》上先后看到"成人学习音乐渐成时尚"等内容的报道，得知北京市青年宫正在开设古筝培训班，因为人多古筝少，出现了排队等琴上课的现象，于 2000 年 4 月，两次共向北京市青年宫捐赠了 33 台古筝和配套的支架和琴柜。2005 年，史兆元先生将价值数十万元，做工精细、音色优美崭新的 55 台古筝和琴架无偿捐赠给了北京市青年宫。

史兆元先生不仅多次捐赠古筝给北京市青年宫，并且制作了图文并茂的古筝专栏，为参加古筝培训的学员讲解古筝的起源、历史沿革、发展流派，以及古筝的挑选、保养等知识。为了感谢史先生慷慨相助的义举，北京市青年宫建立了以古筝专家史兆元先生名字命名的古筝教室。

2005 年，北京市青年宫要扩大宫外阵地，建立社区培训分部。史兆元先生得知消息后，又将 30 余台古筝无偿捐赠给青年宫，以推动社区文化生活的开展，促进民族音乐走进社区，走进家庭。为了表彰史兆元先生的义举，2005 年中央宣传部、中央文明办、共青团中央、教育部、文化部、国家广播电影电视总局等部委，为史兆元先生颁发了中国青少年社会教育特别荣誉奖——"银杏奖"及证书。

八、中小学生素质教育培训班

1997 年 5 月下旬，北京市青年宫配合市委宣传部、团市委、市教委等部门联合开展了"做现代文明北京人"——双休日八项主题培训活动，组织全市中小学生开展双休日系列素质教育培训活动。

活动地点主要集中在北京市青年宫，活动内容包括：展廊全年免费向广大中小学生开放，有组织地安排美术展览、小制作展览及其他展览和展示；全年开放在中央环厅设置的未来明星舞台，有计划地组织中小学校的乐队或社团在此演出，为他们提供一个展示艺术才华的天地；将青年宫英语角分成人专场和中学生专场，于每周日上、下午分别举办英语培训；此外还有少儿感觉统合训练；开设少男、少女课堂；开展国防教育、兵器讲座；举办双休日军旅两日游和暑期军事夏令营等。

九、"星光青春"自护培训

面对未成年人可能遭遇到的人身侵害，北京市青年宫咨询部与市未成年人保护委员会，结合未成年人应该如何保护自己的问题，于 1999 年 1 月 30 日至 2 月 11 日，在青年宫共同举办了首期"星光青春自护营"培训活动。本次培训邀请著名专家，从未成年人如何保护自己入手，介绍了有关保护未成年人的法律、法规，青春期生理、心理健康知识；介绍了实施犯罪行为的特点及预防对策，受害后自救的措施等，并聘请武术教练现场传授了一些抵御侵犯的常规方法和技能。来自全市各个学校的 300 余名 12—18 岁未成年人，积极参加了为期三天的培训，并一致反映受益匪浅。

本次培训活动在社会上引起强烈反响，中央电视台、北京电视台等多家新闻媒体，相继派记者进行现场采访；《北京青年报》连续四期追踪报道了这期培训活动。团中央书记周强亲自到培训营地视察，对活动的组织策划及培训内容表示肯定，并希望越来越多的教育者关注对未成年人的教育和保护，做未成年人心智的启蒙者和安全的守护神。

第六节　夏令营活动

一、军事夏令营

1996 年暑期，北京市青年宫组织的北京青少年军事夏令营活动于 6 月下旬开营。活动旨在加强对青少年的革命传统教育，提高广大青少年国防意识，增强学生们的集体观念，锻炼学生的独立生活能力，丰富青少年的暑期文化生活。

此次夏令营活动所参观的地方有：辽西葫芦岛海军试验基地、河北望都 38 集团军教导大队营地、辽西避暑胜地笔架山、古城兴城、河北满城汉墓、冉庄地道战遗址、锦州辽沈战役纪念馆、白求恩纪念馆、塔山阻击战纪念碑，另外还安排了军事操练和实弹射击。

在与战士们一起举行的军事夏令营联欢会和篝火晚会上，战士们严格的纪律、旺盛的精力、坚定的意志都给学生们留下了深刻的印象，使学生们更加理解了军人的伟大，更加热爱我们的军队。

本次夏令营活动历时近两个月，共接待了来自十八个区县的近 4000 名青少年参加。其中葫芦岛海军基地共接待了 15 批 2500 余名师生，望都 38 军营地接待了 9 批 1200 余名师生。

活动结束后，许多学校的师生和学生家长一致称赞此次活动搞得好，并希望此项活动能够长期坚持下去，形成青年宫自身的特色。

1997 年 6 月 26 日，北京青少年暑期军旅夏令营活动正式开营。此次军事之旅夏令营由团市委中学部、少年部，北京市青年宫共同主办，此次暑期夏令营开设了辽西葫芦岛基地和秦皇岛基地两个营地，参加夏令营的营员达 2000 余人，共分 20 期，每期 100 人。

初到营地，许多营员对部队的纪律要求、伙食标准、整理内务都不习惯，出现浪费饭菜、内务零乱的现象，经过教官们的细心教导和参观战士营房及到厨房帮厨等训练，营员们在遵守纪律和自理能力方面都有很大进步。

夏令营结束时，同学们身上已经没有了初来时的涣散和娇气，而是增长了知识和将来为祖国国防事业献身的决心和勇气。截止到 8 月 30 日，历时两个多月的 1997 年军旅夏令营活动正式落下帷幕。

1998 年 7 月，由团市委中宣部、北京市青年宫共同主办的暑期中学生社会实践军事夏令营开营。本期中学生社会实践军事夏令营，历时一个半月，于 8 月 15 日圆满结束。来自全市九个区县的 2700 余名师生分别在保定 38 军教导大队、大连海军 38614 部队和辽西葫芦岛军港三个营地参加了夏令营活动。

营员们对组织者为他们精心创造的学习、锻炼机会表示了深深的感激。赴大连参加夏令营的北京物资学院的营员在赠给青年宫的一面锦旗上深情地写道，"自己找得千般苦，只为师生多点甜"，道出了北京市青年宫人的心声。

1999 年 7 月 6 日，第四届北京市青少年军事之旅夏令营开营。第一批参加军事夏令营的 60 余名中小学生，乘船从塘沽港出发驶向大连，从而拉开了 1999 年北京市青少年军事之旅夏令营的序幕。这次军事之旅夏令营最初选定的两个营地是大连和葫芦岛，在整个夏令营期间，这两个营地相继接待了 8 期 600 余名营员。

与往年不同的是，今年报名参加夏令营的个人营员大大多于往届，年龄跨度也比往届大，其中年龄最大的 23 岁，最小的年仅 8 岁。尽管紧张的迎国庆五十周年的排练任务，对今年夏令营的招生产生了直接影响，但仍有不少学校和青少年利用练队的间隙积极报名参加。

2000 年的军事之旅夏令营营地分别设在威海的刘公岛、山东泰安和河北定兴坦克部队。在这里，营员和战士们同在嘹亮的号角声中起床晨练，同在军队食堂用餐，与战士们一起军训、对歌、打篮球赛，在战士们身上，营员们理解了作为军人的光荣和使命。

由于本届军事夏令营活动的成功举办，团市委将青年宫设在河北定兴的营地，命名为"北京青少年国防教育培训基地"，为全市青少年开辟了第一所国防教育营地。

北京市青年宫举办"军事夏令营"活动已经成为青少年夏令营活动中的传统项目，

一共举办了五届。五年来军事夏令营一直受到学校和家长的关注，参加过军事夏令营的学生已达到万人。

二、双休日一日游夏令营

1996 年，为使首都青年和各界朋友度过一个丰富多彩的节假日，北京市青年宫深入贯彻市委宣传部发起的"做现代文明北京人——双休日活动计划"，推出了双休日文化一日游活动。活动集文化、娱乐、休闲旅游于一体，不仅为学生提供了一个休闲的机会，也为学生提供了一个学习知识的好机会。本次双休日文化一日游，组织学生参观游览了颐和园、北海、景山公园、故宫、八达岭长城等名胜，品味了这些历史名胜古迹所包含的文化内涵，体会了中华文化的博大精深、中华民族的智慧与勤劳，使参加活动的人都获得了不同的收获。

三、英语口语夏令营

1999 年 7 月，北京市青年宫培训部与首都师范大学外国语学院联合举办青少年英语口语夏令营，夏令营 10 天一期共举办两期。在本次夏令营活动中，每天都安排了外教口语培训和语言实践活动，同时还组织篮球、网球、羽毛球、形体操、健美操训练及比赛。此项活动自 1999 年至 2001 年连续举办三年，每年举办夏令营两期，冬令营一期，每年参加营员有 400 余人，3 年共有 1200 余人。

在与首师大外国语学院在校园内举办英语夏令营基础上，2001 年暑期和 2002 年寒假培训部与广告部联合举办"英国行"剑桥英语夏令营和澳大利亚英语冬令营活动。"英国行"剑桥夏令营共有 25 人参加，年龄最大的 18 岁，最小的 11 岁。与来自世界各地的不同国家、不同语言的青少年朋友会聚英国剑桥学习地道英语，寄宿当地家庭，感受英国文化，游览异国风光，走出国门，大开眼界。2002 年 1 月 28 日至 2 月 8 日，组织赴澳大利亚英语冬令营活动，一行共有 16 名青少年朋友参加。

四、快乐假期——争当社区"奥运文明小使者"夏令营

由首都精神文明建设委员会主办，北京市青年宫承办的"快乐假期——争当社区'奥运文明小使者'夏令营"于 2007 年 8 月 8 日至 11 日在北京市青少年户外体育活动营地举行，来自全市 16 个区县的文明礼仪小使者、带队教师及拓展师等 200 余人参加了为期四天的夏令营。

在整个活动中，青年宫活动部组织文明礼仪小使者们参加了奥运竞赛知识培训、赛场文明礼仪培训；与奥运冠军王丽萍面对面，分享她的成长历程和夺冠感想并与冠军合影留念；在顺义奥林匹克水上公园观看"好运北京"系列赛事——2007 世界赛艇青年锦标赛；并参加了篝火晚会及奥运相关项目的模拟比赛和拓展游戏活动。

五、"小海归"寻根文化夏令营

"小海归"寻根文化夏令营创办于 2002 年，当年吸引了来自美国、英国、加拿大、日本、瑞典、法国、意大利、墨西哥等国的 40 多位海外华裔青少年参加。他们都是生在海外、长在海外，英文比中文说得流利的"小海归"。他们相聚在北京市青年宫，在这里学汉语、读古诗、画脸谱、唱京剧、弹古筝、打乒乓、练武术、下围棋、扎中国结，游胡同、品京味小吃，感受着中国文化的魅力。系列活动受到社会各界和媒体的关注，中央、北京市等多家主流媒体记者分别以《为小海归补补传统文化课》《香蕉仔急需补给中国文化》《青年宫为小海归补中国课》《小海归寻根学中文》《小海归传统文化班火爆》等为题，从祖国文化与西方文化所存在的差异的角度，争相对他们进行了现场采访和追踪报道。据不完全统计，2002 年《北京日报》报道 3 次，《北京晚报》报道 3 次，《北京青年报》报道 3 次，北京电视台报道 4 次，《广播电视报》报道 1 次，北京电台报道 3 次，中央电视台报道 2 次；另外，日本 NHK 电视台也专程前来对此次活动进行报道，北京电视台的《百姓故事》还拍摄并播放了活动专题片。2003 年 6 月荣获团中央第七届共青团精神文明建设"五个一工程"优秀文化活动奖。该培训活动自 2002 年至 2008 年共举办 6 期，其中 2003 年因"非典"暂停一年。

第五章　体育活动

第一节　体育公益活动

一、京城百姓大众体育擂台赛

1998 年，为了配合"做现代文明北京人"活动的开展，提高全民族身体素质，北京市青年宫积极贯彻《全民健身计划纲要》，在共青团北京市委员会、北京市体委、《北京青年报》社、中国太平洋保险公司的大力支持下，于 1998 年 3 月 7 日推出了"京城百姓大众体育擂台赛"活动。本次比赛每周六上午在北京市青年宫中央环厅举行。

在比赛项目设置上，考虑到要为百姓所接受，比赛项目均为贴近百姓生活的运动项目，如仰卧起坐、俯卧撑、引体向上、飞镖、定点投篮等，报名参赛选手按照攻擂设奖的方式参加比赛。

大众体育擂台赛，迎合了广大群众健身的需求，参加比赛的选手共有 4000 余人，其中年龄最小选手只有 3 岁，年龄最大的 74 岁，经过几天的激烈角逐，比赛圆满结束。

大众体育擂台赛也吸引了众多的新闻媒体记者的眼球，他们对比赛情况进行了重点报道。由于该项赛事深受广大百姓的喜爱，连续举办了四届。

二、家庭春节文体健身擂台赛

为了给春节增添一份喜庆，北京市青年宫在 1999 年农历大年初二至初五，推出了以家庭为单位的"家庭春节文体健身擂台赛"。本次家庭擂台赛由北京市青年宫组织发起，旨在弘扬中华民族传统文化，给首都市民过传统节日增加喜庆气氛。在本次擂台赛中，组织者依据不同人群的不同爱好，设置了家庭乒乓球比赛、家庭围棋赛和家庭台球赛以及家庭踢键、跳棋比赛等项目。为期四天的活动始终在浓郁的家庭亲情氛围中进行。

为了使本次擂台赛达到弘扬中华传统文化、为传统节日增加喜庆气氛的效果，北京市青年宫的党、团员们放弃了节日与家人团聚的机会，自行安排班次，义务为本次家庭体育擂台赛当裁判。活动中，他们热情周到的服务得到了参赛家庭的一致好评。来此参加活动的人高兴地表示，能在假期里参加这样有意义的活动，特别感谢青年宫的领导和职工。青年宫领导也表示，今后还要组织这样的活动，为百姓节日增加喜庆气氛，为百姓提供一个传递亲情、构建和谐的娱乐场所。

三、北京青年"大石杯"台球公开赛

2002 年 12 月 22 日 13 点，由共青团北京市委员会、北京市体育局主办，北京市青年宫、北京市台球协会承办，北京大石体育用品有限公司协办的首届北京青年"大石杯"台球公开赛决赛暨颁奖活动，在青年宫首层大厅举行。最终来自北京工业大学的刘威获得高校组冠军，社会组冠军被徐猛夺得。北京市台球协会、北京大石体育用品有限公司、北京市体育局社体中心竞赛活动部、北京市青年宫领导同志为获得前八名的选手颁奖。北京电视台进行了现场录制。

本届比赛首先在北京城区四个分赛场进行了初赛和复赛，总计有 130 多人报名参加了高校组和社会组的比赛。本次比赛既为台球爱好者提供了一个展示台球技艺的平台，也提高了北京市青年宫台球厅的知名度，为将来再次举办类似的大型比赛活动奠定了基础。

四、青年台球推广赛

为迎接北京奥运会，推动全民掀起健身热潮，由北京市体育局主办，北京市台球协会和北京市青年宫协办的"迎奥运、舞青春、展现自我"全市青年台球推广赛总决赛暨颁奖活动，于 2008 年 1 月 27 日在青年宫首层大厅举行。

本次比赛共分八个分赛区，460 名选手参加了预赛和复赛，最终刘巍和尤斌声分别摘取了男、女组桂冠。赛后，北京市体育局、台球协会及北京市青年宫的领导同志分别为进入前八名的选手颁发了获奖证书及奖品。北京市青年宫领导表示，这样的比赛作为一项大型台球赛事，以后每年都会举行，并希望更多台球爱好者参加，截止到 2013 年，此赛事成功举办了三届。

五、中外青年共同放飞风筝

2006 年 11 月 11 日，由共青团北京市委员会、北京奥运会志愿者协调工作小组办公室和北京志愿者协会共同主办，北京市青年宫活动部承办的"放飞梦想，喜迎奥运——中外青年共同放飞风筝"活动，在海淀公园大草坪上举行。100 多名留学生代表、56 个民族的大学生代表和奥运志愿者代表 300 余人参加了活动。北京市青年宫领导主持，北京奥运会志愿者协调工作小组办公室、北京奥组委志愿者部有关领导为活动致辞。

六、首届北京市空竹表演赛

2004 年 10 月 24 日，由共青团北京市委员会主办，北京市青年宫承办，北京首铭青少年体育俱乐部协办的"活力北京'法拉普'杯首届北京市空竹表演赛"在北京丰台区莲花池公园成功举行。

这是北京首次举办的大规模正规性空竹大赛，分团体、个人、双人 3 种形式进行，有 400 余人参加。最终新发地小学等三所学校获得团体比赛最佳表演奖，清华大学获得最佳鼓励奖。团市委宣传部有关领导同志观看了比赛并为获奖选手颁奖。

七、网络自行车赛

2010 年 6 月 29 日，由西城区体育局、北京市青年宫主办，体之杰体育用品有限公司协办的"西城区首届网络自行车竞赛"，在北京市青年宫健身中心成功举办。参加本次比赛的共有 10 余个单位近百名运动员。西城区体育局、北京市青年宫、体之杰体育用品有限公司领导同志为获奖单位和个人颁奖。

八、生活化社区趣味运动会

2011 年 9 月 24 日，由北京市第八届全民健身体育节组委会主办，北京市青年宫、北京市社区体育协会承办，北京市西城区体育总会协办的北京市体育生活化社区趣味运动会，在月坛体育馆举行。北京市体育局、共青团北京市委员会、北京市西城区的领导同志出席了此次活动。来自全市 16 个区县共计 129 个体育生活化社区的 16 支代表队，参加了包括定点投篮、单人跳绳、单人踢毽、双人跳绳、十人八字跳绳、五人踢毽、十人拔河以及两人三足跑等项目的比赛。

西城区政府、北京市体育局、共青团北京市委员会、北京市社区体育协会、北京市西城区体育总会等单位的领导为本届北京市体育生活化社区趣味运动会获奖单位和个人颁奖。

九、青年街舞大赛

2006 年 10 月 29 日，由北京青年文化交流协会主办，北京市文化局支持，北京市青年宫承办，中国人民大学团委协办的"激情奥运·舞动北京"——第一届首都青年街舞大赛在中国人民大学八百人大礼堂举行。来自北京邮电大学、北京现代音乐学院和北京体育大学等高校的 20 多支街舞代表队参加了比赛。最终，北京林业大学的夏宇达夫男队获得了 hip-hop 组别的冠军，吉川天尚街舞俱乐部街舞队获得了 breaking 组别的冠军。北京市文化局、北京市青年宫和中国人民大学的有关领导同志为获奖选手颁奖。

2008 年 9 月，由北京市文化局、共青团北京市委员会支持，北京市青年宫主办，北京青年文化交流协会承办的"微笑北京 舞动奥运"——第二届首都青年街舞邀请赛成功举行。该赛事是第六届"北京 2008"奥林匹克文化节的重点活动之一。9 月 20 日，近三十支来自首都各大高校、社会俱乐部的街舞高手，以及来自北京四面八方的中老年街舞爱好者聚集在北京市青年宫大剧场，参加街舞邀请赛的选拔赛。决赛于 9 月 23 日晚在中国人民大学如论讲堂内举行。进入决赛的队伍分组进行角逐，最终，dance soul 组合获得了 hip-hop 齐舞组别的冠军，team work 获得了 breaking 齐舞和斗舞两个组别的冠军，特邀参加表演赛的 4 支中老年街舞队也分获乐龄单项奖。北京市文化局、共青团北京市委员会、北京市青年宫有关领导同志应邀出席并为获奖队伍颁奖。为了扩大活动的社会影响力，北京电视台对整场晚会进行了录制，并于 10 月 18 日和 20 日播出，收到很好的社会效果。

十、桌游百队精英赛

由北京市青年宫主办，北京青年文化交流协会承办，北京游卡桌游文化发展有限公司支持的"2010 年北京青年桌游百队精英赛"于 2010 年 4 月至 5 月成功举办。经过初赛，来自全市高校、桌游吧的 96 支队伍、近 500 余名桌游爱好者进入了复赛。通过 5 月 15 日、5 月 22 日的三轮复赛，英雄冢队和 showtime 队进入了决赛。5 月 29 日，决赛暨颁奖典礼在北京市青年宫举行，最终品香咖啡选送的英雄冢队获得了冠军。团市委、北京市青年宫、北京游卡桌游文化发展有限公司等单位领导同志及嘉宾出席了颁奖典礼。

十一、传统体育赛事

"乒超杯"迎奥运环保公益赛。2006 年 7 月 23 日，由中国乒协、中国环境文化促进会、中国青少年宫协会联合主办，北京中广赛博文化发展有限公司、北京市青年宫协办的"乒超传真情 绿色迎奥运——中国乒乓球俱乐部超级联赛'手拉手'环保公益活动"在北京市青年宫举行。

此次环保公益活动主要是通过举办"手拉手"联赛活动，面向全国中小学生发放环保宣传手册《青少年一小时书简》。作为活动的核心，7月23日在北京市青年宫现场举行的赠书仪式，正式拉开了此次全国性环保公益活动的序幕。

在当日的赠书仪式上，活动主办单位不仅邀请到了张怡宁、郭焱、孙晋、刘伟、周树森等乒超联赛运动员及教练员的积极参与，还邀请到王君靖等环境大使现场助阵，更为重要的是国家环保总局副局长潘岳、国家体育总局局长助理蔡振华及中国青少年宫协会、中国环境文化促进会、中国文联演艺中心、中国环境文化促进会等单位领导同志也亲自莅临，他们的到来使活动更具吸引力和号召力。

在公益活动启动仪式上，领导同志及运动员代表张怡宁相继发言，祝贺这次环保公益活动如期举行。同时，与会嘉宾还现场将环保宣传手册《青少年一小时书简》赠送给了全体到会的青少年。北京市青年宫领导同志向参加本次联赛的运动员们赠送了书画。随后，运动员们与乒乓球小球迷们进行了一场别开生面的乒乓球友谊赛，整场活动在欢快的气氛中落下帷幕。

"六一健康杯"儿童乒乓球公益赛。为了让更多的孩子参与到"我运动我快乐"的活动中来，自2011年开始，健身中心每年的6月1日，在乒乓球馆举办"六一健康杯"儿童乒乓球赛公益活动。到2015年，共举办了5届比赛。

助残体育公益活动。2012年初，北京市青年宫健身中心与西城区残疾人联合会联手推动残疾人社会实践活动，以中心台球厅为基地，开展残疾人社会实践活动，至2015年共培训残疾人15人。

2012年5月4日，由北京市青年宫健身中心和西城区残疾人联合会共同举办的"五四青年健身活动日"残疾人体育健身活动在北京市青年宫健身中心举行。"五四青年健身活动日"包括：游泳、乒乓球和台球擂台赛，残疾人手工艺品展示，残疾人书画展，残疾人健康知识宣传展等趣味性和公益性项目。

2012年8月15日，西城区残疾人乒乓球比赛公益活动在北京市青年宫健身中心乒乓球馆举行。西城区各街道社区共派出230名残疾人运动员，分别参加肢体站姿组、肢体坐姿组、听力组、特奥组（智力残疾人）和精残组等5个组别的比赛。赛后优秀选手将有机会进入西城区残疾人代表队，参加9月初举行的北京市残疾青年乒乓球比赛和 11 月初举行的北京市残疾人"和谐杯"乒乓球总决赛。

2013 年北京市青年宫健身中心与西城区残疾人联合会共同主办的"帮扶同健体，携手共游春"公益健身活动，在陶然亭公园举行，100 余名残疾人和青年志愿者参加了此项活动。

"和谐杯"赛事。2014 年 6 月 18 日，北京市青年宫台球代表队，参加了西城区"和谐杯"台球赛，取得了男子个人第一名、第三名、第四名的好成绩，并荣获团体总分第二名。这也是北京市青年宫台球代表队，连续四届参加此次活动。在这四届比赛中，北京市青年宫代表队男女组共获得 4 个冠军、3 个亚军、2 个第三名、2 个第四名、2 个团体冠军、1 个团体亚军。

2014 年 6 月 7 日，西城区第八届"和谐杯"乒乓球赛在广安体育馆举行，全区 15 个街道 29 支代表队、200 余名运动员参加本次公益性比赛。经过紧张激烈的竞技，北京市青年宫代表队获得本届比赛的二等奖。"和谐杯"乒乓球赛是北京市的一个传统性、公益性、群众性乒乓球品牌赛事。北京市青年宫代表队至今已参加了四次西城区"和谐杯"乒乓球比赛。

十二、攀岩挑战赛

康体中心致力于青年康体训练极限运动，2012—2015 年，每年都举办北京青年攀岩挑战赛，以此丰富青年体育锻炼内容，提高身体素质，激发他们拼搏向上的精神勇气，并展示青年人的青春与活力。

2012 年 10 月 13 日，由北京市社会体育管理中心、北京市青年宫主办，中国地质大学体育部、北京市青年宫康体中心承办的北京青年攀岩挑战赛开幕。比赛共分为男、女体验组，男、女精英组速度赛和难度赛 6 个组别，参赛选手有 126 人，年龄 18 至 35 岁不等。本次攀岩赛是北京市内首届面向社会青年团体和高校的攀岩比赛。此后，北京青年攀岩挑战赛活动延续下来，至 2015 年共举办 4 届。

2013 年 9 月 21 日，第二届北京青年攀岩挑战赛在中国地质大学攀岩场开幕。比赛由北京市社会体育管理中心、北京市青年宫主办，中国地质大学体育部、北京市青年宫康体中心承办。此届比赛仅设置速度赛和难度赛，并将比赛难度系数进行了升级。主办方特别邀请到海淀区"青年汇"的成员参与。最终来自高校的选手包揽了全部冠军。

2014年10月18日，第三届北京青年攀岩挑战赛由北京市社会体育管理中心、北京市青年宫共同主办。10月12日为"体验日"，为非参赛选手提供攀岩体验的机会。10月18日为正式挑战赛。两日活动有近500人报名，其中包括来自10个社区"青年汇"的200余人。活动现场特设户外活动知识展区，并特邀国家级专业运动员进行"难度抱石"攀登表演和讲解。

2015年10月18日，在中国地质大学攀岩场举办了第四届北京青年攀岩挑战赛。本届赛事由北京市社会体育管理中心、北京市青年宫共同主办。10月17日为"体验日"，10月18日为正式挑战赛。此届比赛分为男、女体验组，男、女精英组速度赛和难度赛6个组别，并将部分重点放在赛前赛后的宣传工作上，由BTV体育频道的记者进行现场拍摄和采访工作，稳固赛事的影响力。选手包括来自11所高校和27个社区青年汇的青年人参加，并为上牛坊、上地嘉年华大厦和工商大学3个社区青年汇颁发了"最佳组织奖"。

第二节　体育节

一、第四届北京市青年体育节中国象棋强手赛

1997年9月30日至10月3日，为普及并推动我市棋类运动，为广大青少年提供一个以棋会友的竞技场所，作为第四届北京青年体育节竞赛项目之一的"北京青年中国象棋强手赛"，在北京市青年宫举行。此次比赛由共青团北京市委员会主办，北京市青年宫承办，比赛采用积分循环方法进行，取个人前8名予以奖励。

二、第五届北京青年体育节

为配合市体委健康工程开展的"珍爱生命，拥抱健康"活动，创建一套适合青少年健康的系列体育项目，并建立和完善青少年体质测试系统，由共青团北京市委员会、北京市体育局共同主办，北京市青年宫承办的第五届青年体育节，于1998年10月17日在北京市青年宫拉开帷幕。

本届体育节的主题是"科学健身，增强体魄"。通过举办丰富多彩、小型多样、各具特色的系列体育活动，吸引更多的青少年加入健身行列，使青少年的健身活动在科学的指导下，不断得到丰富与提高。本次体育节举办的项目有：全民健身体育擂台赛、围棋赛、桥牌赛、独轮车比赛等。

本届体育节开幕的当天，在青年宫大厅进行了大众体育擂台赛预赛。参赛选手们积极报名参赛，力争创造最佳战绩。擂台赛预赛连续举办了四周，预赛获胜者可以获得决赛权。擂台赛总决赛于11月14日举行。

同时还开展了体质健康测试，主办方聘请了专家为参加测试人员提供了免费健康咨询服务。仅半天时间就有150多人参加了体育健康测试。测试后，大家就自己的身体健康状况，向专家进行了咨询。专家对大家提出的问题——进行了详细的解答，并针对每个人的身体状况，为他们开出了适合他们的"处方"。

独轮车赛作为第五届北京青年体育节赛事之一，于11月4日在青年宫北广场举行，来自六所学校的100余名小选手参加了比赛。来自昌平的小选手王成景一人夺得男子100米、200米两项第一名；怀柔选手谢燕萍一人夺得女子200米和障碍赛两项第一名。

桥牌作为一项深受社会各界人士喜爱的运动项目，近年来在北京有了长足的发展。为进一步丰富北京青年的业余生活，推动桥牌运动的发展，促进桥牌运动水平的提高，作为本届体育节重头戏之一的桥牌赛，于11月7日在北京市青年宫一层情缘屋举行。参加桥牌比赛的社会各界参赛选手达400余人，分为64支代表队。经过三天激烈角逐，最后，北京油泵厂队、外企服务总公司队、基力达一队分获前三名。

业余围棋赛也于 11 月 7 日在北京市青年宫围棋室开局，有近 200 名小选手参赛。经过两天八轮近 400 盘的激烈角逐，决出各奖项。

三、第六届北京青年体育节

由共青团北京市委员会、北京市体育局主办的第六届北京青年体育节，于 1999 年 10 月 31 日上午 9 时在捷豹之星康体娱乐城拉开序幕。本届体育节以"自立自强、奋发图强、同心同德、团结拼搏"为宗旨，开展了一系列群众性、广泛性、健身性为一体的体育活动，在全市青少年中形成了崇尚健身、参与健身的良好社会风气和社会环境，为全民健身活动在青少年中广泛持久地开展下去奠定了基础。

本届体育节由北京市青年宫承办的赛事包括桥牌赛、体能测试、体育舞蹈及射箭等。作为体育节传统赛事的桥牌赛，于 11 月 6 日在青年宫棋牌室开赛，有 60 支代表队参加比赛，经过激烈角逐有 16 支代表队在比赛中脱颖而出进入决赛。决赛于 11 月 14 日举行，经过几个小时的激战，建扶队以绝对优势摘取了本届桥牌赛的桂冠。

由北京市青年宫与北京体育师范学院（2000 年 5 月更名为首都体育学院）共同承办的体育舞蹈比赛，于 11 月 5 日在北京体育师范学院艺术馆举行，共有 60 余对选手参加了三个不同组别的比赛，比赛气氛热烈，选手们竞争激烈。随着体育舞蹈赛事结果的产生，此届体育节也圆满地落下了帷幕。

四、第七届北京青年体育节

由共青团北京市委员会、北京市体育局、北京市体育总会、石景山人民政府共同主办，北京市青年宫承办的第七届北京青年体育节，于 2000 年 9 月 23 日在北京市青年宫隆重开幕。

本届体育节以"积极参与、挑战自我、为奥运加油"为主题，以"丰富多彩的体育活动"为主线，使广大青少年更好地理解"更高、更快、更强"的奥运精神，为申奥营造良好的社会氛围。

在本届体育节开幕的当天，北京市青年宫还在中央环厅举办了大众体育擂台赛及免费体质健康测试活动，百余人参加了擂台赛及测试活动，许多历届各个项目纪录保持者也兴致勃勃地来到现场，接受参赛选手们的挑战。

本届体育节大众体育擂台赛，经过8周的预赛，获得各项比赛前三名的选手于11月8日进行了决赛。

本次擂台赛推出了定点投篮、俯卧撑、立定跳远、跳绳、飞镖、仰卧起坐等六个项目。擂台赛深受全市各界群众的欢迎，全市各企事业单位、大专院校、基层团委近1000人次参与，其中参加活动年龄最大的73岁，最小的5岁。

在参赛的选手中，有特意从平谷、密云等远郊区县赶来的选手，他们都是听朋友介绍慕名而来的。有几位选手自擂台开赛以来，天天必到，项项参与。

随着比赛时间的推移，比赛成绩不断被刷新。一些基层团委由于经费少、工作忙、开展活动比较困难，大众体育擂台赛组委会积极为这些基层团组织提供休息场所和免费餐饮。本届体育节还特为百姓安排免费体质测试活动，聘请北京人体健康发育测试中心的专家，为市民测试结果进行详细的分析和解释。

本届体育节暨擂台赛也引起了部分省市体育工作者的关注，中南大学派出两名工作人员在决赛的前一天就从湖南长沙市赶来取经，并在决赛现场上观看了比赛。

在体育节期间，还设立了集体趣味登山赛、个人负重登山赛、山地自行车赛、青少年业余围棋赛、体育舞蹈赛、五子棋公开赛等项目。

五、第八届北京青年体育节

由共青团北京市委员会和北京市体育总局等单位联合主办，北京市青年宫承办的第八届北京青年体育节暨北京青年体育舞蹈大赛于2001年12月1日在首都体育学院艺体馆举行。

本届体育节以"新世纪、新北京、新奥运、新青年"为主题，以丰富多彩的体育活动为主线，目的是在青少年中树立起全新的健康理念。体育舞蹈大赛作为本届体育节中的一项重要赛事，得到了社会各界朋友的广泛支持。全市部分高校和社会单位的60 多个代表队参与了此次体育舞蹈大赛。

团市委、北京市大学生体育协会的领导同志到场为获奖者颁发奖杯和证书。

第三节　围　棋

一、第一届"国门杯"青少年围棋赛

1998 年 4 月 11 日、12 日，北京市青年宫与国门大厦共同举办了第一届"国门杯"青少年围棋赛，此次比赛为北京青年体育节比赛项目之一。有业余 1 段至 4 段棋手 42 人参加段位组比赛；5 岁至 12 岁的棋手 54 人参加级位组对弈。13 岁的胡帅和 5 岁的蔡问天分别获得段位组、级位组冠军。

二、吴肇毅围棋工作室

1998 年 2 月 14 日，由围棋国手吴肇毅九段任总教练的北京市青年宫吴肇毅围棋工作室在北京市青年宫棋苑挂牌。中国棋院、团市委的领导同志出席了揭牌仪式。百余名青少年围棋爱好者及家长参加了活动，总教练吴肇毅及国手常昊、周鹤洋、邵炜刚、郑弘、丰云等与业余棋手进行了授子对局。

第四节　桥牌赛

一、1997 年北京青年桥牌赛

为了丰富首都青年业余文化生活，促进首都精神文明建设，作为第十三届北京青年文化节的一项重要活动内容——北京青年桥牌赛于 1997 年 5 月 24 日在北京市青年

宫圆满结束。参加此次北京青年桥牌比赛的共有 59 支队 340 名选手，比赛采用瑞士移位法。首先于 5 月 17 日、18 日进行了分组预赛，预赛获胜的前 16 名进入 5 月 24 日的决赛。经过激烈的角逐，北京交通大学队、白鹭公司队、北方工业大学队分别获得团体前三名。活动得到了中国桥牌协会的大力支持，团市委领导同志为获奖队颁发了奖状及奖品。

二、1998 春季青年桥牌赛

作为第十四届北京青年文化节体育活动内容之一的 1998 北京青年春季桥牌友谊赛，于 1998 年 4 月 25 日在北京市青年宫拉开帷幕。北京市青年宫举办这次比赛旨在给青年人创造一个良好的沟通环境，以便在更大范围内掀起全民健身热潮。此次桥牌友谊赛得到了广大青年朋友的欢迎和社会各界的关注，共有 60 支代表队近 300 人报名参加比赛，就连一些外国友人也闻讯赶来参加了比赛。本次桥牌比赛还吸引了众多新闻媒体进行了专题跟踪报道，桥牌赛于 5 月 10 日落下帷幕。

三、2002 年北京青年春季桥牌赛

由团市委、市委宣传部、市文化局和市体育局共同主办，北京市青年宫承办的第十八届北京青年文化节暨北京青年桥牌友谊赛，于 2002 年 3 月 27 日正式拉开序幕。作为本届文化节的第一场重头戏的北京青年春季桥牌赛，在经过十余天的激烈角逐后，于 4 月 14 日圆满结束。

此次比赛为团体赛，每队报名 4 至 6 人，比赛采用瑞士移位法。经过两天紧张的预赛，共产生出 16 支代表队进入决赛。4 月 14 日，进入决赛的各队又选出精兵强将进行决赛。在比赛现场，大家争夺非常激烈，比分交替上升，并不时出现白热化程度。尽管比分咬得很紧，但赛场秩序始终井然，处处体现了选手们良好的精神风貌。

第六章　俱乐部活动

第一节　北京青年影视俱乐部

北京青年影视俱乐部（以下简称俱乐部）是全国首家专业性青年影视社团组织。俱乐部于1997年2月22日在青年宫正式开始首次活动，先后举办了影视作品观摩、会员与主创人员研讨交流、参观影视拍摄基地、参与影视作品拍摄等众多会员活动。

1997年2月22日，俱乐部举办首次活动，放映影片《宋氏三姐妹》。

1997年3月8日俱乐部放映了导演夏钢的新作《伴你到黎明》，映后，导演夏钢、主演濮存昕等演职人员到场与会员进行了交流座谈，同时应广大会员要求，俱乐部从3月14日至16日，举办夏钢影片回顾展，展映导演夏钢的《一半是火焰，一半是海水》、《大撒把》《无人喝彩》《与往事干杯》等影片。

1997年8月9日，俱乐部举办《长大成人》影片观摩，总策划田壮壮、导演路学长与影迷进行现场座谈及交流活动。

1997年9月20日，俱乐部首映影片《生命如歌》，会员与剧组主创人员见面座谈。

1997年10月18日，俱乐部举办北影新片《浪漫街头》观摩及主创人员与会员交流活动。

1998年9月20日，俱乐部超前放映沈悦导演的新作《舞女》。

1999年9月3日，电影《国歌》的导演吴子牛及其他演职人员做客影视俱乐部。

1999年11月26日，导演陈国星、主演李雪健携影片《横空出世》来青年宫和俱乐部成员见面。

2001年2月14日，俱乐部在青年宫举办"烛光电影晚会"，上映《霹雳天使》

《第六感女神》《真假姻缘》《伊丽莎白》等影片，并安排了抽奖互动。

2001年4月6日，俱乐部放映《庭院里的女人》，主演罗燕到场与会员见面座谈。

2001年4月13—21日，俱乐部举办艺术影片展映。

2001年5月5日，俱乐部组织会员参加"星期朗诵演唱会"五四专场活动。

2001年8月24日，俱乐部组织会员观摩影片《葵花劫》。

2001年11月20日，俱乐部会员在小剧场观摩影片《昨天》，映后主演贾宏生及父母到场与观众座谈。

2001年11月30日，俱乐部组织会员在小剧场观摩影片《龙腾虎跃》。

2001年12月15日，北京青年影视俱乐部成立五周年庆典在青年宫举办，贺岁大片《大腕》首映，导演冯小刚、演员李成儒参加庆典，并与会员热烈交流。

2001年12月28日，俱乐部成员观摩国产影片《绝对情感》。

2002年1月12日，俱乐部在青年宫小剧场首次观摩影片《致命的一击》，并在映后举行有导演滕文骥、主演袁泉参加的小型见面交流会。

2002年1月26日，俱乐部在青年宫小剧场观摩影片《爱情万岁》，俱乐部特邀北京师范大学艺术系教授、博士生导师张同道先生结合影片做有关影视语言的现场分析讲解。

2002年3月9日，会员观摩影片《烟雨红颜》。

2002年3月30日，会员在中国电影资料馆首次观看"瑞典电影周"展映影片。

2002年5月24日，会员观摩影片《嘎达梅林》，导演冯小宁，主演鄂布斯、刘小薇、胡小光、李鸣等到场听取会员意见。

2002年7月26日，俱乐部在青年宫小剧场举办影片《小城之春》观摩座谈会。导演田壮壮、制片人李小婉及两位男主演辛柏青、吴军到场与俱乐部会员座谈交流。

2002年9月6日，《开往春天的地铁》试映，导演张一白到场与会员交流。

2002年11月2日，电影《我爱你》小型见面会在青年宫举办，导演张元与会回答俱乐部会员提问。

2002年12月15日，俱乐部举办年末座谈会，庆祝俱乐部成立六周年，导演路学长、陆川、北师大教授张同道及部分演员与会员座谈联欢。

2003 年 1 月 30 日，俱乐部在青年宫举办《周渔的火车》试映会，"非常男女说非常故事"——会员评片活动。

2003 年 2 月 24 日，《惊涛骇浪》首映，导演翟俊杰，主演李幼斌、巫刚等到场与会员及观众见面。

2003 年 3 月 1 日，《卡拉是条狗》试映会，导演路学长到场与会员交流。

2003 年 4 月 12 日，导演阿甘携《非常浪漫》参加俱乐部活动，并与会员座谈。

2003 年 9 月 4 日，《38 度》在青年宫首映，导演刘新，主演陶红与会员见面交流。

2003 年 11 月 21—25 日，青年宫举办"2003 北京奥运城市青年电影周"，会员参与活动。

2004 年 1 月 19 日，庆祝影视俱乐部成立 7 周年，导演霍建起携新片《暖》为俱乐部庆生，主演郭晓冬、关晓彤及有关专家、影业人士参加庆典并座谈联谊。

2004 年 3 月 1 日，影片《美人草》在青年宫举办试映会，影片主创人员到场听取会员意见。

2004 年 4 月 9 日，数字影片《致命报酬》会员体验场。

2004 年 5 月 6 日，会员观摩影片《忘不了》。

2004 年 6 月 9 日，《特洛伊》超前点映场，会员观摩。

2004 年 7 月 13 日，《十面埋伏》零点首映，会员参加首映活动。

2004 年 9 月 5 日，纪念毛主席题词"为人民服务"发表六十周年，俱乐部举办《张思德》观摩场并座谈。

2004 年 10 月 5 日，《2046》会员观摩场。

2004 年 12 月 8 日，贺岁片《天下无贼》零点启动场，会员参与活动。

2005 年 1 月 15 日，田壮壮导演的影片《德拉姆》特别放映，会员参与观摩。

2005 年 1 月 28 日，《心急吃不了热豆腐》慰问专场，冯巩到场与青年会员、大学生交流。

2005 年 2 月 24 日，顾长卫夫妇及《孔雀》的三位主演应邀参加俱乐部活动，并带来了从柏林电影节获得的"银熊"，与会员共同分享获奖喜悦。

2005年4月10日，艺术家于蓝、田华、翟俊杰参加"电影与我们"主题联谊座谈，与会员共交流。

2005年5月19日，《星球大战》零点首映，会员抢先观摩。

2005年11月28日—12月29日，"追寻百年足迹，纪念电影百年"主题活动在青年宫举办，北京电影学院教授陈山、北师大艺术系副教授张同道、北京电影学院教授郑洞天分别于12月3日、10日、17日以电影百年发展的时间顺序，按发展的不同阶段，分三讲为会员及观众讲解中国电影文化知识。

2006年2月14日，影片《芳香之旅》首映，范伟、张静初与会员及观众见面。

2006年4月1日，为纪念张国荣，青年宫展映张国荣电影代表作《霸王别姬》《纵横四海》《满汉全席》《锦绣前程》，会员参与观摩并举办纪念活动。

2007年6月29日—7月19日，庆祝香港回归十年香港影片展映，会员参与观摩。

2007年8月10日，《哈利·波特与凤凰社》超前点映，会员参与观摩。

2008年2月14日，影片《婚礼2008》首映，俱乐部举办"看《婚礼2008》，说2008婚礼"主题活动。

2008年3月7日，影片《江山美人》首映，会员参与观摩。

2008年6月1日，会员参与青年宫"一张票、一份情"主题赈灾义卖活动。

2008年6月28日，体育电影周开幕，会员观摩《筑梦2008》。

2008年10月22日，"谢晋导演电影作品展映"在青年宫举办，《红色娘子军》《女篮五号》等影片重回银幕，会员参与观摩并举办纪念活动。

2008年11月14日，《味道男女》牵手餐饮，试行跨行合作，会员参与观摩并讨论。

2008年12月17日，贺岁片《非诚勿扰》零点首映，会员先睹为快。

2009年2月23日，复映《叶问》，免费放映《西藏今昔》，会员参与观摩。

2009年4月15日，青年宫举办"春聚青年宫"主题活动，会员分组观摩。

2009年6月24日，《变形金刚》全球同步上映，俱乐部会员零点集结，参加首映活动。

2009 年 8 月 16 日，北京青少年公益电影节开幕，《天安门》首映，俱乐部会员参加开幕式及相关活动。

2009 年 12 月 24 日，青年宫"连续 72 小时不打烊"，会员参与贺岁狂欢。

2010 年 1 月 23 日，《孔子》观摩场，会员参与观摩。

2010 年 3 月 20 日—4 月 20 日，青年宫举办春季展映活动，《越光宝盒》《大侦探福尔摩斯》《天地逃生》《未来警察》《火龙对决》《美丽密令》《杜拉拉升职记》等多部影片参展，会员参与部分影片观摩。

2010 年 7 月 22 日，会员观摩《唐山大地震》。

2010 年 10 月 31 日，青年宫设置了"万圣节"主题影厅，专厅放映悬疑惊悚影片《密室之不可告人》，并且安排了"密室之门"对观众进行"勇敢考验"，会员参加体验。

2010 年 12 月 31 日，会员参加"元旦电影晚会"。

第二节　减压俱乐部

减压俱乐部是自减压中心成立以来开设的以为青年群体提供心理减压、心灵成长为目的的公益活动项目。减压俱乐部成立于 2006 年 8 月 8 日，自成立以后，针对青年人中普遍存在的心理压力，开展了多项减压活动，具体开展情况如下：

2006 年，减压俱乐部累计举办 22 次以公益性为主的不同主题的心理减压活动，共有近 600 人次参加，直接社会效益达 108640 元。活动包括：减压 party、社会剧与减压、在情景剧中减压、自生训练与减压、国际心理学专家 Frank 博士系列培训活动等。

2007 年，减压俱乐部举办活动 26 次，参加活动达 600 多人次。减压俱乐部在开展减压活动时，打破了 2006 年单纯讲座的形式，增加了电影赏析、催眠减压、音乐减压、情商管理等系列专题活动。

2008 年，减压俱乐部活动形式不仅延续了 2007 年的经典活动，而且突破了原有心理内容的局限，增加了适应社会群体特点的新内容，如健康养生、高考心理减压、美食鉴赏等内容。

2009 年，减压俱乐部在原有活动内容的基础上，更加关注青年人身心健康，增加了社会关注的健康、睡眠等心理健康热点问题。

2010 年，减压俱乐部共举办活动 30 次，内容涵盖了白领减压、家长减压、亲子减压、人际减压、高考减压、音乐减压、意象减压、本体减压等多个领域，直接受益人数 10625 人次。此外，通过开展卓有成效的减压活动，减压俱乐部已经逐渐吸引了一批热衷于心理事业的"心理迷"，他们不仅仅热衷于心理学，更热衷于传播心理学。如今"心理迷"们已成为促进减压中心发展的一支重要力量，部分人员已经成为减压中心的兼职咨询师、系列课程讲师、志愿者。通过活动促进自身发展，通过发展带动活动水平提高的良性循环，已经成为减压中心项目运作的基本模式。

2011 年，减压俱乐部以团体分享为主要形式，开展了 12 期以探讨"如何减轻心理压力"为主题的团体减压活动。在团体活动中，针对日常生活中存在的职业成长、个人规划、人际交往、婚恋情感、学业压力、家庭关系等问题，通过心理绘画、意象对话、心理剧、积极心理治疗等方法帮助参加活动的成员寻求心理上的放松与成长。2011 年参加这些活动人数累计有 150 余人次。截至 2011 年底，减压俱乐部已经有固定会员 6000 余人。

2012 年，减压中心将往年、往期活动内容进行筛检，整合出更受青年人欢迎的系列活动。同时，减压俱乐部在活动时间和活动机制上也有所改进。2012 年，全年基本做到了活动提前两个月进行公示，提前一个月进行宣传，每月每周有活动。在参加活动人员的心中，"每周与您相约"的减压俱乐部形象已经初步形成。2012 年，减压俱乐部共开展活动 30 次，平均每月三次，参加人数达 225 人次。

2013 年，经过问卷调查与参与者意见反馈，减压中心为了使活动效果更加明显，将参加减压俱乐部活动人数和活动次数进行了适当控制，每月举办一期。2013 年全年共开展活动 12 期，参与人数由上一年的 225 人次减少到 72 人次，平均每月一场，每期 6 人。虽然活动次数和参与人数减少了，但是活动内容和质量却提高了，受到了参与人员的普遍好评。

2014 年，减压俱乐部共开展心理学公益讲座 7 次，每期 20 人左右参加。

2015 年，减压俱乐部心理学公益讲座从 4 月份开始，将时间固定为每月第二个星期六下午举办，共举办了 9 期，平均每期 20 人参加。

第三节　创业青年俱乐部、创业导师俱乐部

一、创业青年俱乐部、创业导师俱乐部简介

北京创业青年俱乐部 2008 年 12 月 21 日成立，通过举办创业项目现场访问、经验交流、讲座、项目推广等活动，达到沟通信息、互助互利、增进友谊、促进成长、发展事业的目的，互动的同时，放松心情，广交朋友。

北京创业导师俱乐部成立于 2011 年 12 月 3 日。旨在为创业导师提供知识共享、增进友谊、提升自我、共同进步的服务平台，促进创业导师之间的沟通交流，共同探讨青年创业服务工作的新思路、新模式，传承青年创业扶助事业的公益精神。这些创业导师都是北京市青年宫聘请、来自全市各个行业、富有创业经验的专家、企业家和学者。创业导师们积极和创业青年建立联系，为创业青年进行长期的创业指导，以保证创业青年的创业项目取得成功。

创业导师俱乐部、创业青年俱乐部活动一般由北京市青年宫牵头，根据活动主题，或分别组织导师及青年参与，或导师青年共同参与，截至 2015 年已举办 158 期。

二、历年创业青年俱乐部、创业导师俱乐部活动

2009 年 8 月 26 日，北京创业青年俱乐部交流活动在北京市青年宫进行。二十名创业青年及两位创业导师参加了交流活动。两位导师分别就团队建设与管理、投融资流程与技巧等问题为与会青年进行了指导，导师讲授的创业经历、创业经验及对问题的分析处理方式，给与会青年许多启示。青年们也就自己项目运行过程中遇到的实际

问题与导师们进行了交流与探讨。

2010 年 5 月 7 日，YBC 北京办公室组织创业青年俱乐部活动在北京市平谷团区委的协助下，组织导师、青年 30 余人前往平谷企业参观学习。创业导师、华东乐器厂领导带领创业导师及青年，参观了华东乐器厂，并向大家介绍了各式提琴成品以及小提琴的制作流程。

2011 年 12 月 9 日，"平谷创业青年俱乐部成立暨首期创业青年研讨交流活动"在北京市平谷团区委会议室举行。平谷区创业导师和创业青年 30 余人参加了活动。

2012 年 7 月 26 日，北京创业导师俱乐部和创业青年俱乐部组织 60 多名创业导师和创业青年参加了主题为"我和你心手相连共创美好明天"的创业沙龙活动。在沙龙活动中，来自北京华财会计股份有限公司、博瑞艾科品牌营销机构、北京中建宝源工程顾问有限公司的三位创业导师分别就财务管理、市场营销，以及企业文化与团队建设三个方面的问题与大家进行了交流；创业青年们也结合自己企业或项目在实际运营中遇到的问题与相关导师进行了探讨。

12 月 22 日，以"创业青年与导师携手 2012 创业新纪元"为主题的北京创业青年俱乐部成立四周年年会在北京工体举行，13 位创业导师以及 50 多位创业青年参加了此次年会。

2013 年 3 月 22 日，YBC 北京办公室组织部分创业导师及创业青年 50 余人，在北京中控山庄举办了主题为"同种一棵树、共绿一片天"的植树活动，并将亲手栽种的树林命名为"创业林"。

5 月 24 日，以"三三一"为主题的北京创业导师俱乐部沙龙在红太阳美食生态园成功举行。20 余名新老创业导师参加。"三三一"即每个导师要提出三个资源，解决青年人创业的三个需求，并为创业青年提供一个建议。"三三一"活动得到创业导师的积极响应。

2014 年 1 月 16 日及 1 月 20 日，YBC 北京办公室分别召集创业导师俱乐部、创业青年俱乐部的骨干成员召开创业工作研讨会。会上总结了 2013 年创业工作及两个俱乐部活动开展情况，研讨了 2014 年工作规划。研讨会上，大家不讲成绩，只说不足，并提出了相应的改进措施。同时，围绕 2014 年北京市青年宫两个创业俱乐部如何开展活动进行了讨论。本次工作研讨会制定了两个俱乐部的活动计划，并由导师们自己认领活动。导师们表示，要以更加积极的姿态投身于扶助青年创业的工作中去，创新活动载体，多开展一些适合导师、青年特点的互助交流和培训活动，在求得创业导师自身发展的同时，帮助青年成长，推动青年创业服务工作取得新发展。创业青年们也表示，要以 YBC 北京办公室为核心，充分利用创业青年俱乐部这个平台，主动与导师进行沟通，在实践中磨炼意志、增强本领、取得成功、回馈社会。

9 月 19 日 YBC 北京办公室举办以"如何有效帮扶创业青年"为主题的创业导师俱乐部活动，20 余名创业导师参加活动。在活动中，导师们分享了各自在创业帮扶过程中的实际案例和收获体会，并就如何更好地为创业青年提供帮助进行了深入探讨，主要内容集中在以下几个方面：一是资源方面，可根据自身优势，放量青年创业资源帮扶的力度，打破"一对一"的单一帮扶模式，可多位导师同时对一位创业青年提供创业咨询；二是资金方面，尤其是对三年扶持期满的创业青年面临的二次融资问题，提出了有效的延伸资金扶持的建议；三是沟通方面，针对新时期创业青年思维活跃、不拘一格的特点，提出了与他们进行有效沟通的方法。讨论后大家认为，创业导师俱乐部要注重凝聚更多的导师和社会资源，发挥各自优势，取长补短，在推动服务青年创业实践和培养青年创业意识上，发挥积极作用。

10 月 30 日，北京市青年宫创业青年俱乐部举办了"香山觅红叶 创业话转型"秋季联谊活动，创业青年一边赏红叶一边畅谈各自创业项目的近况。在交流中大家取得了如下共识，即在创业过程中"变"是必然的，而如何紧跟时代步伐、如何根据市场需求转型改变自己的创业模式，是每位创业青年都面临的课题。此外，怎样利用好身边资源借力发力，也是对青年项目运作能力的考验。

2015 年 1 月 15 日，北京市青年宫创业青年俱乐部和创业导师俱乐部一同在北京国际茶城的"满堂香"会所举办了"惜别 2014·情暖 2015 导师青年话创业"主题活动，有近 50 位创业导师和创业青年及广安门外服务站人员参加活动。活动中，来自尚公律师事务所、北京华财会计股份有限公司的两位创业导师分别就"中国法制日益完善环境下创业企业的机遇和挑战”及“小微企业的发展环境”两个专业话题做了分析解读，在“2014青年创业故事汇”征集赛中获奖的3位创业青年代表也和大家分享了各自的创业经历和创业体会。

第七章　表彰嘉奖

第一节　"五四"先进集体奖

1995年10月26日，在北京市青年宫举办竣工庆典上，为表彰北京市青年宫集体在北京市青年宫建设中的突出业绩，经团市委研究决定，授予北京市青年宫集体"五四奖状"。北京市委副书记陈广文、团市委书记姚望等领导同志为北京市青年宫颁发了"五四奖状"。同时授予苏芮祥、赵东鸣、郭钟麟、冯松青、铁国杰、高世英、丁峰等同志"北京市青年宫建设功勋奖"荣誉称号，授予孙明路等同志"北京市青年宫建设奖"荣誉称号，以表彰他们在北京市青年宫建设中所做出的贡献。

团市委号召全市各级团组织要广泛宣传北京市青年宫集体的先进事迹，以北京市青年宫集体为榜样，在广大青年中进一步弘扬和倡导艰苦奋斗、锐意进取、争创一流的工作精神和争挑重担、勇于实践、诚实劳动、科学管理的工作态度，在建设中国特色社会主义的伟大实践中经受锻炼，增长才干，为首都两个文明建设做出应有的贡献。

第二节　中国青少年社会教育银杏奖

由中宣部、中央文明办、共青团中央、教育部、文化部、国家广电总局、新闻出版总署、国家体育总局、全国妇联、中国科协等10部委主办，中央电视台、中国青少年宫协会承办的第二届中国青少年社会教育"银杏奖"颁奖典礼，于2007年12月

8 日晚在北京展览馆剧场隆重举行。北京市青年宫主任冯松青荣获"突出奉献奖"并受到了王兆国等中央领导的亲切接见。

历年荣获省级以上单位先进集体、先进个人名录：详见附录（六）

第三编　大事记

1996 年大事记

1 月 1 日　北京市青年宫举行"送你音乐的方舟——新年广场音乐会"。

1 月 27 日　"我和爸爸妈妈一起看"系列活动正式开始。

1 月 28 日至 2 月 12 日　"96 十人中国画展"在北京市青年宫展厅举行，接待观众 6000 余人次。

2 月 2 日　"公达杯"首都金融界名人桥牌赛，原国家体委主任中国桥牌协会主席荣高棠致开幕词。

4 月 28 日　京城首家手工艺品实习场在青年宫落成。

5 月 3 日　第一届北京青年人才招聘洽谈会在青年宫开幕，42 家单位到会，共接待 2000 人次。

5 月 4 日　北京青年"五四"游园会活动再掀高潮，总计接待 54000 人次，有 180 个基层组织到青年宫开展活动。

6 月 21 日　来自六个城市的近四千名师生参加了"96 北京青少年军事夏令营"。

9 月 6 日　96 青年宫夏日广场活动落下帷幕，并被评为全市两个最佳夏日广场之一。

11 月 16 日　全国首创独家推出北京市青年宫电影欣赏年卡，每年绝版发行 999 张。

12 月 7 日至 8 日　青年宫主办的"七星杯卡拉 OK 大赛"圆满结束，谭晶等人获奖。

1997 年大事记

1 月 11 日　北京市青年宫棋苑正式成立，并举办北京市青年宫"金元宝杯"业余棋手大赛。

2 月 1 日至 14 日　"97"北京青少年与家庭文化博览会在青年宫举行。

2 月 22 日　北京市青年宫影视俱乐部正式成立，并开展第一次活动观看《宋氏三姐妹》。

5 月 10 日　中老年钢琴班举行开课仪式。

5月21日　做现代文明北京人——中小学生素质教育双休日系列活动启动仪式在北京市青年宫举行。

6月20日　首届中青年京昆大赛在青年宫颁奖，常务副市长张百发等领导到场并颁奖。

7月24日至26日　"郎酒杯"全国攀岩比赛在青年宫举行，20余支攀岩队参加了角逐。

9月2日　"北京市未成年人保护法展览"在青年宫举办。

10月2日　青年宫举办由殷之光、周正、曹灿等艺术家参加的《祖国颂》诗歌朗颂会。

11月21日　北京市第三届青少年科技节在青年宫开幕。

1998年大事记

1月24日　由团市委和青年宫主办的老团干部联谊会在宫召开，100多位老团干部到会。

3月7日　"京城百姓大众体育擂台赛"活动在青年宫启动。

3月17日　青年宫举办北京交响乐团首场免费音乐会。

3月21日　由青年宫组织的"净化生态环境、营造绿色家园"北京青年志愿者绿色行动成功举办。

5月4日　北京青年"五四"人力资源交流洽谈会及"五四"游园会在青年宫举办。

5月6日　北京青年乒乓健身活动基地正式在青年宫挂牌。

5月10日　"维格尔杯"夕阳红中老年合唱节在青年宫落下帷幕，副市长刘敬民等领导为获奖单位颁发了奖品及奖牌。

7月13日至14日　北京市青年宫主办的军事夏令营分别在葫芦岛、望都、大连开营，2700余名师生参加了此次活动。

10月25日　北京市首届"新伴杯"中老年钢琴大赛在青年宫中央环厅开幕。

12月31日　"拥抱春天"新年室内广场音乐会举行。来自北京的优秀团干部和受灾地区的大学生代表近400人观看了音乐会。

1999 年大事记

2 月 13 日　我市近千名体育健儿来青年宫欢度春节，市体委主任孙康林和大家一起联欢。

2 月 17 日至 22 日　青年宫推出"家庭春节文体健身大擂台"活动。

3 月 9 日　青年宫成立康柏网络教室。美国康柏电脑公司总裁埃克·菲弗尔先生、团中央书记处书记赵勇等领导出席了挂牌揭幕仪式。

3 月 9 日至 11 日　青年宫台球沙龙举办"首届斯诺克台球大赛"，30 余名台球高手参加了比赛。

3 月 20 日　"保护母亲河、创造首都优美环境"科龙绿色家园志愿者植树活动在青年宫招募志愿者。

4 月 17 日至 18 日　青年宫主办的北京青少年业余围棋赛在青年宫棋苑举行，120 余名选手参加了比赛。

5 月 29 日　首都青少年志愿者清除白色污染行动如期举办，逾 800 人参加此次活动。

8 月 28 日　北京青年人才服务中心在中央环厅举行开业仪式暨招聘洽谈会。

10 月 15 日　由青年宫投资兴办的中国文联北京舞蹈培训学校举行开学典礼。

10 月 15 日　青年宫承办的"让生命更辉煌——为癌症病人献爱心"系列宣传活动圆满结束。

11 月 4 日　北京青年综合楼正式开工。

11 月 30 日　中国舞蹈家协会第一副主席贾作光带领 10 余名专家视察舞蹈学校，并观看汇报表演。

12 月 31 日　由团市委主办，青年宫承办的"世纪之光新年音乐会"在北京市青年宫举办。

2000 年大事记

1 月 29 日　青年宫影剧院被授予三星级影院。市委常委、宣传部部长龙新民等领导同志到会。

4 月 12 日　古筝专家史兆元先生向青年宫捐献 16 台古筝。

5 月 18 日　"慈善大使"施瓦辛格在青年宫与观众见面。

5 月 28 日　青年宫承办的"北京电信杯"首都青年野外生存技能大赛圆满结束。

7 月 15 日　在舞蹈培训学校第一学年总结表彰会上，优秀学员领到了第一批奖学金。

10 月 6 日　青年宫与造纸七厂联合举办了"让废纸再生——市民环境活动"。

11 月 3 日　大运会组委会决定，由青年宫参与承办第 21 届世界大学生运动会全国火炬传递活动。

11 月 8 日　第七届北京青年体育节大众体育擂台总决赛在青年宫举行。

11 月 30 日　经重新绿化，青年宫参与投资 100 余万元建成的官园公园"科普园区"正式落成。

12 月 17 日　北京市青年宫和北京市青年宫主任冯松青分别被团中央和文化部授予"全国先进青少年宫"、"全国优秀青少年宫工作者"称号。

12 月 31 日　青年宫影剧院举办"迎世纪曙光"元旦电影晚会。

2001 年大事记

1 月 18 日至 22　由青年宫主办的中韩青少年文化交流团赴韩，151 名营员参加了活动。

2 月 6 日至 3 月 10 日　"反对邪教、维护稳定、崇尚科学、传播文明"图片展在青年宫举行。

3 月 16 日　北京市青年宫与北京青年实业集团公司剥离。青年宫成为团市委的直属事业单位。

3 月 18 日　北京市青年宫主办的"迎大运、助申奥"绿化京城千人植树活动在通州区减河畔举行。

5 月 4 日　第 21 届世界大学生运动会全国火炬传递出发仪式在中华世纪坛举行。国务院副总理李岚清点燃了主火炬。

5 月 5 日　大剧场举办星期朗诵演唱会活动，著名艺术家殷之光、周正等人参加演出。

6 月 2 日至 11 日　培训部组织的"中国老年文化艺术团"对欧洲六国进行了访问。

7月21日　由青年宫承办的首届青少年英语歌曲业余歌手大赛在青年宫举办。

8月18日　青年宫培训中心广华轩分部开始试营业。

8月20日　全国火炬传递代表团胜利返京。

10月16日　首届京津中老年钢琴音乐会在天津举行。

2002年大事记

1月26日　台球九球世界冠军赵丰邦和大陆九球冠军徐猛在台球厅与球迷切磋技艺。

1月30日　团中央、团市委在宫举行城乡少年手拉手助学活动捐赠仪式。

2月8日　青年宫网站正式开通。

4月6日　青年宫承办的"保护生命水，保护母亲河"植树造林活动在密云展开，有千余人参加。

5月4日　团中央书记胡伟和2000余名青少年参加了北京市青年宫举办的"五四"文化游园会。

5月5日至8日　青年宫主任冯松青主持了在长城脚下举办的韩国大学生百人植树仪式。

5月28日　由青年宫组织策划的影片《二十五个孩子一个爹》文艺汇演义捐晚会在大剧场举行。

6月1日至2日　青年宫举办"六一"儿童文化游园会，丰富的活动内容吸引了千余个家庭。

7月8日　"小海归"寻根系列培训启动仪式在音乐廊举行，冯松青主任参加仪式并接受新闻媒体的采访。

8月2日　青年宫综合楼正式实施交接。青年宫全面接管其建设与管理工作。

10月5日　北京市"家庭才艺大赛"决赛在青年宫举行。

12月13日　北京市青年阳光健身有限公司正式注册。

12月22日　北京青年首届"大石杯"公开赛经过八天激烈角逐后落下帷幕。

2003 年大事记

1 月 15 日　团市委副书记刘剑、李先忠到青年宫，宣布《关于冯松青任中共北京青少年服务中心党委书记（副局级）兼北京市青年宫主任的任职通知》。

1 月 15 日　团市委和青年宫联合举办"慰问来京创业青年电影招待会"。

3 月 17 日　青年宫参与的"万名大学生平面媒体招聘会"在《北京青年报·人才周刊》刊出。

7 月 9 日　市社团管理办公室批准北京青年文化交流协会成立北京青年艺术团。

10 月 30 日　青年宫全体党员大会选举并产生了由冯松青、高世英、丁峰、解青、苑建立组成的第一届党委委员会，并推荐产生了十名参加团市委党代会的代表。

11 月 16 日　"古都新韵——北京七日"摄影大赛颁奖仪式在青年宫大厅举行。

11 月 17 日　青年宫配电改造工程正式启动。

11 月 21 日　"2003 奥运城市青年电影展映周"活动在青年宫拉开了帷幕。

12 月 15 日至 16 日　北京市青年宫主任冯松青在"中国青少年社会教育暨青少年宫改革与发展高层论坛"上，作了题为"以双轨制推动青少年宫运行机制的变革"的主题演讲。

2004 年大事记

1 月 17 日　北京市公安局西城分局、西城区教委、北京市青年宫共同举办了西城青少年法制庙会。

4 月 6 日　由北京市青年宫等单位共同承办的"送片入校"活动在北京市宏志中学正式启动。

5 月 28 日　青年宫被北京市文化体制改革领导小组列为市文化体制改革试点单位。

5 月 29 日　中共中央政治局委员、书记处书记、全国人大常委会副委员长王兆国来到北京市青年宫就未成年人思想道德建设落实工作进行视察，并观看团中央在青年宫举办的"手拉手"汇报交流活动。

6 月 30 日　"小海归寻根文化系列活动"荣获第七届团中央精神文化建设"五个一"工

程优秀文化活动奖。

7 月 16 日至 20 日　2004 北京青少年科技博览会北京市青年宫分会场活动圆满结束。

10 月 24 日　青年宫承办的"活力北京——首届北京市空竹表演赛"在莲花池公园举办。

10 月 24 日　周末公益大讲堂在青年宫正式启动。

10 月 27 日　北京市青年宫健身中心举行开业庆典。

11 月 21 日　青年宫承办的"共享辉煌——北京七日"摄影大赛颁奖。

11 月 30 日　由北京市青年宫承办的"首都留学生体验京味文化专场演出"在天桥乐茶园举行。

2005 年大事记

1 月 8 日　由著名古筝专家史兆元先生捐赠的 55 台古筝在青年宫史兆元古筝教室启用。

1 月 28 日　青年宫电影城开业庆典隆重举行。

5 月 11 日　"阳光杯"第三届幼儿围棋普及交流赛在青年宫举行。

6 月 1 日至 5 日　青年宫承办"文明、健康、快乐 ——欢乐'六一'在少图"主题活动如期举行。

7 月 13 日　青年宫承办了"共同奏响奥运主题曲——王府井大街千名中外青少年管乐行进表演"。

7 月 30 日　青年宫承办的奥运项目体验营开营仪式举行。

9 月 9 日　"中国青少年社会教育论坛——2005 娱乐与青少年成长论坛"在天下第一城举行，青年宫承办的三个分论坛和北京青年娱乐项目创意大赛取得圆满成功。

9 月 10 日至 11 日　北京市青年宫主任冯松青参加了北京市青少年宫协会第四次会员会。北京市青年宫获得了"银杏奖"优秀团队奖，并特聘专家史兆元先生获得了"银杏奖"特别荣誉奖。

9 月 17 日　由青年宫承办的"中法文化年"闭幕式"法兰西之夜——昆明湖水幕表演"游船观赏活动在颐和园举行，中央政治局常委李长春等领导同志参加了活动。

9月24日　北京奥运会"绿色奥运标志"在青年宫举行发布会，北京市副市长、北京奥组委执行副主席刘敬民、国家环保总局局长解振华、北京市政协副主席张和平、北京奥组委执行副主席杨树安，以及各届代表和数十名少年儿童参加了发布会。

11月12日　为庆祝奥运会倒计时1000天，青年宫主办、文化局支持的迎奥运中外青年放飞风筝活动在海淀公园举行。

12月8日　北京市青年宫举办庆祝开业十周年庆典活动，团市委老领导及各级领导同志参加了庆典活动，宫庆展览、专题片和庆典演出受到了社会各界来宾的好评。

2006年大事记

1月10日　在青年宫二层演奏厅内隆重举行了"中老年钢琴联谊会第九届大会"，近百名老人身穿节日盛装参加了大会。

1月14日　"青年创业服务日"公益性活动在青年宫举行，团市委副书记方力参加了活动。

1月19日　青年宫召开2006年工作会。

1月20日　韩国前驻中国大使权柄弦先生拜会青年宫主任冯松青，商议两国大学生交流事宜。

1月24日　在小剧场隆重举行了北京市青年宫2005年度总结表彰大会。团市委副书记刘剑参加了大会。

1月28日　团市委书记关成华除夕到青年宫慰问在岗员工。

2月4日　历任团市委老领导40余人在青年宫参加新春联谊会。

2月13日至24日　北京市青年宫主任冯松青随北京市青年代表团赴台考察访问。

2月18日　2006年青年宫学员音乐会在青年宫环厅举行，近百名学员参加了30多个节目的演出，吸引了众多音乐爱好者前来观摩。

3月9日　青年宫召开了"2006年度全员聘用动员培训大会"，由获得青年宫"经营之星"、"管理之星"及提名的5名员工作了先进事迹报告。

3月16日　经团市委书记会议研究决定，北京市青年宫副主任丁峰、刘岩为正处级。

3月22日　青年创业国际计划项目主管安德鲁先生在中国青年创业国际计划全国办公室同志的陪同下，来到北京市青年宫 YBC 北京办公室参观考察，并与创业青年亲切座谈。

3月25日　中国青年创业国际计划（简称 YBC）——惠普培训教室捐赠仪式在北京市青年宫举行。

3月25日　泰国青年代表团一行15人来到北京市青年宫参观访问。

3月28日　在北京新影联成立十周年庆典上，青年宫影城获观众最多人次奖。

4月3日至9日　青年宫承办的以"绿色奥运·携手未来"为主题的第五届中韩大学生志愿者交流营活动圆满结束。历时七天的活动分别在北京和内蒙古进行，包括举办专题研讨会、参观交流、体验内蒙沙漠生态环境等内容，近百名韩国大学生参加了此次活动。

4月4日　"2006北京青少年公益电影节"新闻发布会在北京市青年宫举行，团市委副书记方力、北京市青年宫主任冯松青，青基会、北青报领导同志出席了发布会。

4月7日　北京团市委老同志联谊会在青年宫举行，荣高棠、李昌、金鉴等200多名老团干部欢聚一堂，共叙友情。团市委书记关成华到场祝贺。

4月8日、10日　著名演员陈佩斯、濮存昕分别做客"影视名人大讲堂"，与喜爱他们的观众和热心公益的朋友们现场交流。

4月9日　由北京市青年宫作为主要承办方的"2006北京青少年公益电影节开幕式暨李春平公益电影快车出发仪式"在中国电影博物馆举行。

4月13日　北京市青年宫召开四届七次职工代表大会，团市委机关党委领导、青年宫主任冯松青及27名职工代表参加了会议。

4月13日　经团市委书记会议研究决定，孙明路同志任北京市青年宫工会主席（副处级，试用期一年）。

4月19日　青年宫党委、工会特邀请乒坛奇人庄则栋，以其顽强拼搏、为国争光，传奇、独特的经历及人生感悟，为青年宫员工作关于社会主义荣辱观的教育报告。

4月20日　百场电影进工地启动仪式在建工集团四建公司工地举行。

4月23日　由青年宫承办的2006"共创和谐——北京七日"摄影大赛活动正式启动。

4月25日　由第29届奥运会组委会环境活动部、中国青少年宫协会主办，北京市青年宫、北京环境保护基金会承办的 2006 年全国中小学生"绿色梦想 彩绘奥运"绘画比赛，在高碑店污水处理厂拉开了帷幕。

4 月 29 日 北京市副市长孙安民在市文化局副局长王珠、西城区委、宣传部领导同志的陪同下，率领文化、公安、消防、工商、质检等职能部门到我单位进行检查。

5 月 13 日 由青年宫参与组织的"2006 年来京建设者与首都文明同行——百星慈母游京城"活动正式拉开序幕，70 余位母亲参加了此次活动。

5 月 17 日 北京青年人才服务中心和北京青年政治学院举办的对单位和学生双免费直接招聘的"校园特色双选会"在北京青年政治学院召开，共有 26 家单位进校园，提供了 300 多个就业岗位。

5 月 27 日 庆"六一"青年宫学员音乐会在欢快的乐曲声中圆满结束。

5 月 31 日至 6 月 4 日 青年宫电影城举办"六一"儿童电影周，优惠放映了电影《浅蓝深蓝》。

6 月 21 日 青年宫党委组织全体党员及入党积极分子，参观了顺义焦庄户地道战遗址和中国电影博物馆，期间，举行了庄严的党员宣誓仪式。

6 月 23 日 "创业北京"青年创业座谈会在青年宫举行，近 20 名来自"青年创业培训班"的学员、YBC 北京办公室聘请的青年创业导师及北京光华慈善基金 NFTE 认证创业导师参加了座谈会。

6 月 27 日 北京青年压力管理服务中心正式成立，中心各项活动将陆续展开。

6 月 29 日 团市委在北京市青年宫召开了"2005—2006 年度团市委系统'七一'表彰大会暨党员大课堂活动"。会上对团市委系统的 13 个先进基层党组织、66 名优秀共产党员、27 名优秀党务工作者进行了表彰。

6 月 30 日 为期 10 天的纪念中国共产党建党八十五周年"七一"优秀国产影片展映在青年宫电影城拉开帷幕。

7 月 10 日至 8 月 4 日 青年宫举办的两期 2006"小海归"寻根文化夏令营圆满结束，来自美国、法国等国家的 50 余名小营员学习了中文、绘画、围棋、手编福娃等课程，并游览了天安门广场。

7 月 13 日 青年宫承办的"2006 北京国际青少年共同奏响奥运主题曲"活动在王府井大

街隆重举行。

7月18日 青年宫召开了2006年上半年工作总结会。

7月19日 巴基斯坦青年代表团一行近百人，到北京市青年宫参观访问。

7月23日 由中国乒协、中国环境文化促进会、中国青少年宫协会联合主办，北京中广赛博文化发展有限公司、北京市青年宫协办的"乒超传真情 绿色迎奥运——中国乒乓球俱乐部超级联赛'手拉手'环保公益活动"在青年宫举行。

8月8日 北京青年压力管理服务中心正式开业，并举办了第一期减压活动。

8月11日 北京市青年宫召开第五届职工代表大会第一次会议。

8月15日至17日 北京青年压力管理服务中心举办首次培训活动——2006国际社会剧"行动表达技术"专业培训，30余人参加了此次培训。

8月15日至20日 青年宫参与的第11届国际田联世界青年田径锦标赛圆满结束，青年宫承担了开闭幕式的工作任务，并出色完成任务。

9月9日 "共创和谐——北京七日"摄影大赛颁奖暨展览开幕仪式在北京市青年宫大厅隆重举行。

9月23日 2006全国中小学生"绿色梦想 彩绘奥运"绘画大赛颁奖仪式在奥运村工地举行。

10月9日 印度青年代表团一行16人到青年宫参观访问。

10月15日 由《北京青年报》社、团市委、青联、青年企业家协会和北京市青年宫联合举办的老工业企业转岗职工专场招聘会在青年宫大厅举行。

10月20日 青年宫2006年百场电影进工地活动在国家公务员宿舍工地上举行了闭幕式。

10月29日 青年宫主办的"激情奥运·舞动北京"——首都青年街舞大赛决赛在中国人民大学落下帷幕。

11月11日 "放飞奥运梦想 创造微笑生活——第二届中外青年共同放飞风筝喜迎奥运活动"在北京海淀公园隆重举行。

11月16日 由青年宫党委、工会联合开展的"送温暖、献爱心"捐赠活动结束，共捐赠衣物300余件，党员和积极分子还捐款2000余元。

12月5日　北京市全面招募禁毒志愿者启动仪式在北京市青年宫举行。

12月8日　北京青年阳光健身中心台球俱乐部分部在青年宫地下一层正式开业。

12月14日　北京市青年宫荣获由全国青少年校外教育工作联席会、中国青少年宫协会颁发的2006年度最佳活动组织奖、创意奖等5个奖项。

12月23日　剧场部放映《满城尽带黄金甲》以17.9万元的票房创开业以来单片单日票房最高。

2007 年大事记

1月10日　青年宫中老年钢琴联谊会第十届会员大会暨2007新年音乐会在青年宫举行。

2月2日　北京青年压力管理服务中心开办的国际催眠培训班开课，近60位学员亲自体验了催眠的全过程。

2月9日至16日　青年宫"公益电影快车"开进清华大学、北京科技大学等高校，为不能回家过年的大学生送去祝福。

2月17日　团市委书记刘剑等领导同志到青年宫视察，并慰问了落户在青年宫的北京城市志愿者服务站的志愿者们。

3月7日　马来西亚华人公会青年团来青年宫就创业工作进行参观访问。

4月13日　2007年国际中小学生"绿色梦想 彩绘奥运"绘画比赛在北京莲花池公园正式启动。

4月21日　由共青团北京市委员会和YBC北京办公室共同举办的"追求梦想、青春无限"主题日公益活动在北京市青年宫举行。团市委副书记李先忠等领导参加了活动。

4月21日　青年宫主任冯松青参加在上海举办的"构建和谐社会与青少年社会教育"研讨会，并在会上发表了"构建和谐社会须强化青少年宫的服务职能"的演讲。

4月29日　由青年宫主办的第三届百场公益电影进工地启动仪式在建工集团裘马都工地举行，冯巩率剧组参加了仪式。

5月1日至15日　青年宫承办的"2007北京青少年公益电影节"隆重举行，丰富多彩的活动内容受到主办方的高度评价。

5 月 1 日至 25 日 由团市委、奥组委志愿者工作部、北京志愿者协会共同主办，北京市青年宫承办的"志愿者风采"图片展"五四"期间在青年宫一层大厅举办。

6 月 8 日 YBC 北京办公室与中央美院协作，共同策划的首届校园"创业大赛"颁奖典礼在中央美术学院多功能厅举行。

6 月 9 日 在中华全国青年联合会工作人员的陪同下，美国考察团一行 6 人来到青年宫青年人才服务中心进行友好交流访问。

6 月 18 日 由北京青年压力管理服务中心和北京师范大学心理学院联合组织的"东方诗疗"研发小组正式成立，并举行了第一次研讨会议。

6 月 24 日 由市委宣传部、市文化局、首都精神文明办公室、团市委、市政府外事办公室主办，北京市青年宫承办的 2007"奥运北京——北京七日"摄影大赛颁奖暨展览开幕仪式在青年宫大厅成功举行，团市委副书记沈千帆等领导出席了仪式。

6 月 30 日 日本代表团一行 16 人到青年宫参观，青年宫主任冯松青向客人介绍了青年宫概况。

7 月 2 日 团市委系统党建工作会暨"弘扬奥运精神，普及奥运知识"主题报告会在北京市青年宫召开，近 300 名党员参加了此次活动。

7 月 10 日 北京市青年宫承办的"微笑北京，创意青春"——唱响奥运、唱响志愿校园行暨首都青年文化艺术创意精品展演活动在中国人民大学举行。

7 月 13 日 北京市青年宫承办的 2007 北京·王府井·国际青少年"共同奏响奥运主题曲"活动隆重开幕。北京市副市长丁向阳、北京奥组委执行副主席杨树安、国家旅游局旅游促进与国际联络司副司长薛亚平、北京市旅游局局长杜江、东城区的主要领导以及对外友协等有关部门、国际友人和部分驻华使节出席了开幕式。

7 月 27 日 由北京市青年宫与北京高校毕业生就业指导中心及创业网联合举办的"大学生创业项目展"，在北京大学生就业之家圆满落幕。

7 月 29 日至 31 日 青年宫承办的《SK 状元榜》特别节目"童心系奥运——六城市红领巾奥运知识大赛"活动如期在京举行。

8月6日　2007国际萨克斯大师演奏会的演奏家们，到青年宫与培训部萨克斯班学员见面，并为学员当场指导。

8月7日　喀麦隆青年代表团一行8人到青年宫参观，并就青年就业创业工作进行了友好交流。

9月15日　由北京市青年宫主办的"送人玫瑰，手有余香"爱心传递捐书活动捐书仪式在青年宫中央环厅举行。来自行知新公民学校的30多名师生和爱心捐赠家庭百余人参加了此次活动。

9月22日　2007年国际中小学生"绿色梦想 彩绘奥运"绘画比赛在北京市青年宫圆满闭幕，200余名获奖学生代表及指导老师参加了此次颁奖仪式。

10月12日　庆祝中老年钢琴联谊会成立十周年音乐会在北京市青年宫大剧场举行。著名钢琴教育家、演奏家周广仁先生等一行十余人亲自到场祝贺。

10月16日　德国代表团一行20余人来宫参观访问。

10月21日　青年宫承办的 "欢乐家庭 情系奥运"第三届首都家庭文化艺术节颁奖晚会隆重举行，14个家庭的选手捧得了奖杯。市委宣传部、文化局、文明办、市妇联等单位主要领导出席了晚会。

10月28日　在"和谐社区、快乐奥运——奔向2008北京市社区文化群英会"的颁奖典礼上，副市长孙安民向青年宫颁发了最佳组织奖。

10月30日　市委常委梁伟在团市委书记刘剑、副书记李先忠的陪同下，专门听取了北京市青年宫主任冯松青关于青年宫改扩建项目的工作汇报并作重要指示。

10月31日　青年宫党委召开了由各党支部书记和全体中层以上干部参加的"学习贯彻十七大精神"座谈会。

12月8日　由中宣部、中央文明办、共青团中央、教育部、文化部、国家广电总局、新闻出版总署、国家体育总局、全国妇联、中国科协等10部委主办，中央电视台、中国青少年宫协会承办的第二届中国青少年社会教育"银杏奖"颁奖典礼隆重举行。

2008 年大事记

1 月 28 日　由北京团市委主办，北京市青年宫承办的"竭诚服务青少年 共建共享促和谐——北京共青团 2008 年'服务青少年月'慰问演出活动"在青年宫大剧场隆重举办。

2 月 12 日　百余名历届团市委老领导、老同志在北京市青年宫举行了新春团拜会。

2 月 22 日　《永远的歌声 永远的童年》出版发行联谊活动在青年宫举行，团市委副书记王粤以及团市委老领导汪家镠等百余名原少年宫老合唱团员参加了活动。

4 月 10 日　由北京奥运会志愿者工作协调小组办公室、北京奥组委志愿者部、北京奥组委残奥会部、共青团北京市委员会、北京市总工会、北京志愿者协会共同主办的"'两个奥运同样精彩'——北京奥运会、残奥会文明观众啦啦队志愿者在行动"主题活动在北京市青年宫举行。北京市政协副主席、北京残奥会筹委会指挥部副总指挥赵文芝及奥组委、市委教工委、市委宣传部、市教委、团市委、市总工会、北京市青年宫等单位的领导同志出席了活动。

4 月 19 日　由共青团北京市委员会、联合国开发计划署等单位联合主办，北京市青年宫承办的以"微笑北京，志愿奥运，保护雨燕，共创和谐"为主题的"08 奥运年，'妮妮'回家来"迎奥运放飞风筝环保宣传活动在北京海淀公园举行。

4 月 22 日　哥斯达黎加青年代表团一行 11 人来青年宫参观交流。

4 月 25 日　由北京建工集团和北京市青年宫主办的第四届"百场电影进工地"活动在北京建工集团宋家庄保障性住房工地拉开帷幕。

4 月 27 日　由中国青少年宫协会、中共武汉市汉南区委、武汉市汉南区人民政府、共青团武汉市委员会举办，北京市青年宫、共青团武汉市汉南区委员会承办的"绿色奥运 绿色艺术——武汉晓秋叶画艺术作品展"揭幕仪式在青年宫举行。

5 月 1 日　北京青少年公益电影节影人奥运志愿服务活动在王府井新华书店前启动。

5 月 10 日　"微笑北京 奥运先锋"2008 北京青少年公益电影节开幕式在北京电视台演播大厅隆重举行。

5 月 29 日　青年宫举办了"我们在一起"抗震救灾专题图片展，展览吸引了众多参观者。

6月11日　北京青年压力管理服务中心"太阳花成长计划"四川什邡市孤儿心理援助小组一行4人到达云南丽江民族孤儿学校，对42名孤儿进行心理援助。

6月19日　"绿色梦想　彩绘奥运"绘画比赛作品中的第一批千余张成品送达奥运村，摆进了运动员房间。

7月5日至12日　由北京市青年宫主任冯松青任领队，青年宫"公益电影快车"及心理咨询专家组成的北京志愿者支援灾区接力计划服务队，奔赴四川什邡重灾区开展支援抗震救灾工作。

7月9日至8月24日　青年宫出色完成了奥运期间为来京的非注册记者放映电影的服务任务，放映了22部优秀中国影片。

7月10日　北京市青年宫正式向奥组委奥运村部移交儿童画装饰奥运村新闻发布会在北京市青年宫举行。奥运开幕前夕，3万幅儿童画运抵奥运村。

7月14日　青年宫培训部首期动漫基地创意班开课，共招收学员近30名，良好的教学受到学生的欢迎。

8月4日至17日　北京市青年宫参与组织的北京2008奥林匹克青年营营外活动圆满结束，来自204个国家和地区的479名营员参观游览了故宫、长城等名胜。

8月9日至24日　青年宫电影城在奥运会期间开通"电影奥运专线"，实行特惠票价。

8月15日　北京青年压力管理服务中心联合北京青年文化交流协会国际交流委员会共同主办的"国际主持人协会青少年领袖训练营"圆满结束。

9月19日　中国青少年宫协会新一任领导班子在书记张良驯的带领下来青年宫参观考察。

9月21日　由团市委主办、北京青年人才服务中心承办的"创业搏击　青春无悔"主题活动在青年宫举行，YBC北京办公室为5名创业青年颁发了创业启动资金。

9月22日　由北京市青年宫主办的中美青少年艺术交流暨援助四川孤贫儿童活动在青年宫大剧场隆重举行，青年宫主任冯松青出席了活动并讲话。

10月27日至29日　青年宫承办的首届全国业余成人钢琴演奏交流活动在青年宫举行，来自十余个城市的200多名钢琴爱好者参加了活动。

10月31日　奥运七城市"我眼中的奥运"2008青少年绘画比赛在北京市青年宫圆满落幕，

主办方领导、部分获奖中小学生代表及优秀组织奖获奖单位代表参加了颁奖活动。

11月6日　青年宫召开了全体党员参加的"北京市青年宫深入学习实践科学发展观活动学习推进会"。团市委副书记方力参加了会议。

11月15日　2008"微笑北京 聚焦奥运"北京七日摄影大赛颁奖暨展览开幕式在北京市青年宫隆重举行。主办方领导、部分获奖摄友及优秀组织奖获奖单位代表参加了此次活动。

11月16日　北京市青年宫主办的"盛世和谐"北京青年公益音乐会在青年宫大剧场隆重举行，青年宫主任冯松青到会并讲话。来自全市的百余名音乐爱好者登上了实现梦想的舞台。

11月26日　青年宫主任冯松青被聘为长江三角洲青少年社会教育联盟观察员，应邀出席联盟成立仪式并在论坛上发言。

12月3日　北京青年压力管理服务中心的"太阳花成长计划——什邡市丧亲儿童青少年心理援助"项目，荣获了首都慈善公益组织联合会颁发的2008年度"慈善优秀项目"称号。

12月8日　由北京市青年宫主办、星海钢琴集团有限公司和育鹏乐器有限公司协办的"桑榆情深"周广仁教学作品音乐会在青年宫小剧场如期举行，青年宫主任冯松青到场祝贺，著名钢琴教育家、演奏家周广仁先生及刘硕永先生、黄佩莹教授、温钰泽先生参加了音乐会。

2009 年大事记

1月11日　"台湾青年领袖大陆参访团"一行26人参访北京市青年宫。

1月19日　青年宫首期电子音乐制作班开班，开放式、互动式的小班教学深受学员青睐。

1月31日　百余名历届团市委老领导、老同志在北京市青年宫举行了新春团拜会，团市委书记会成员向老领导拜年祝贺新春。

2月6日　北京市政协副主席赵文芝等20多名政协委员在"太阳花成长计划"的旗帜上签名，为四川什邡地震灾区的孩子送上牛年的殷切祝福。

2月22日　北京青年压力管理中心作为正式获批的团体会员之一，参加了"北京志愿者协会团体会员集体入会仪式"。

3月10日 北京市青年宫、北京建工集团等单位共同主办的第五届"百场电影进工地"启动仪式在北京建工集团弘善家园工地举行，为农民工们放映了影片《农民工》。

3月13日 著名钢琴家刘诗昆到北京市青年宫与老年钢琴爱好者进行交流。

3月30日 青年宫组织策划的"电影文化进校园"活动在西城外国语学校正式启动。

3月31日 由北京市学生联合会、北京市青年宫、北京共青团创业青年夜校主办，中国青年创业国际计划北京办公室、北京青年人才服务中心承办的"创业北京·创意北京"大学生创意创业邀请赛启动工作会在北京市青年宫召开。

4月11日 青年宫的老琴童一行16人赴天津参加"首届全国业余成人钢琴交流活动京津部分获奖选手演奏会"。

4月14日 由北京市教委、首都文明办、市卫生局、团市委、市体育局联合主办，北京市青年宫、北京同仁验光配镜中心承办，上海依视路光学有限公司、北京尼康眼镜有限公司、豪雅（上海）光学有限公司支持的"2009年'科学爱眼 健康成长'青少年用眼卫生系列公益活动"启动仪式在北京市青年宫隆重举行。

4月25日 由共青团北京市委员会、北京市学生联合会联合主办，北京青年压力管理服务中心、中国青年创业国际计划北京办公室承办的"2009大学生就业压力管理论坛"在北京师范大学英东会堂举办。

6月10日、22日 团市委书记王少峰、副书记邓亚萍分别来青年宫考察调研，青年宫主任会成员参加了考察工作会。

6月27日 青年宫举办了"桃李芬芳·古筝专家史兆元学生专场音乐会"，青年宫主任冯松青到会并向史先生颁发了奖牌。

6月28日 "创业北京·创意北京"大学生创意创业邀请赛颁奖仪式在青年宫举行。团市委副书记沈千帆参加了活动，并为获得第一名的选手颁奖。

6月30日 由首都文明办、共青团北京市委员会、中科院心理研究所、中国教育技术协会电影教育专业委员会主办，北京市青年宫承办的"电影伴我快乐成长"系列活动在青年宫影城正式启动，同时举行了儿童纪录片《小人国》的首映式。

7月31日　"百场电影进工地"慰问活动暨海外工程数字电影放映机捐赠仪式举行，青年宫主任冯松青出席了捐赠仪式，公益电影快车为工人们放映了最新影片《沂蒙六姐妹》。

8月16日　由共青团北京市委员会、北京市委宣传部、首都精神文明建设委员会办公室、北京市广播电影电视局等单位主办，北京市青年宫承办的2009北京青少年公益电影节在青年宫正式开幕，共青团北京市委员会副书记姜泽廷参加了开幕式。

8月19日　公益电影节"百场电影大放送"活动启动，到朝阳体育中心为来自全国各省市的花车组装队近二百余名技术人员、武警保安队伍放映国产影片《叶问》。

11月28日　"爱祖国、爱北京、爱家乡"——2009"盛世欢腾"北京七日摄影大赛颁奖暨展览开幕式在北京市青年宫隆重举行。

12月8日　"拍说唱画　演绎首都"——2009年"我与祖国共成长"全国部分城市青少年绘画比赛颁奖暨展览启动仪式在青年大厅举行。

12月18日至23日　青年宫主任冯松青作为北京青年代表团成员陪同王少峰书记对越南河内、胡志明市进行了友好访问。

2010 年大事记

1月26日、2月10日　青年宫邀请了来自四川地震灾区的孤儿及贫困家庭的青少年到青年宫做客，为他们放映了最新上映的影片。青年宫主任冯松青向孩子们赠送了节日礼物。

2月13日　除夕之夜，北京团市委书记王少峰来到北京市青年宫，慰问节日期间坚守岗位的值班员工。

2月19日　团市委百余名历届老领导、老同志新春团拜会在北京市青年宫举办。

2月23日　团市委副书记刘震到青年宫宣布任命解青同志为北京市青年宫主任助理（副处级），试用期一年。

3月27日　应广大成人京剧爱好者的需求，青年宫第一期成人京剧班顺利开班。

3月27日　第二届"北京青年创业之星"评选活动启动仪式暨青年创业大讲堂在北京市青年宫举办。

4月2日　骑车看宝岛——首届台湾自行车之旅摄影图片展开幕仪式在北京市青年宫隆重举行。

4月13日　北京青年压力管理服务中心为参与上海世博会的首批志愿者进行了以"快乐减压"为主题的心理培训。

4月23日　青年宫党委、工会组织员工向青海玉树地震灾区捐款，共募集到善款15430元。

4月24日　由北京市直机关工委、北京市妇联举办，北京市青年宫承办的"播种希望·分享春天"交友联谊活动在怀柔区桥梓镇植树基地举办。

4月27日　2010年"科学爱眼 健康成长"青少年用眼卫生系列公益活动启动仪式在北京市石景山台京学校举行。

4月28日　由北京市青年宫、北京建工集团和华夏电影发行公司共同举办的第六届"百场电影进工地"启动仪式，在首钢科教大厦工地隆重举行。

5月4日　由团市委主办、青年宫承办的"心手相牵 我们快乐同成长"共青团志愿服务暨影片《额吉》见面活动在北京市青年宫举行。团中央书记处书记汪鸿雁、团市委副书记沈千帆出席了活动。

5月11日　"校园青春电影行动"启动仪式暨影片《生死时刻》见面会在华北电力大学举行，近千名师生参加了活动。

5月13日　"慰问支援什邡建设者暨百场电影进外埠"活动在四川什邡人民医院工地举行。

5月20日　"2010年团市委老同志联谊会"在青年宫举行，200余名老领导、老同志欢聚一堂。

5月22日　北京市青年宫举办的"梦圆五月，情定北京"青年集体婚礼在北京市朝阳公园隆重举办。

5月23日　"2010大学生就业压力管理论坛"在北京举行。

5月25日　全国青年宫主任联席会第一次会议在北京召开。

5月29日　2010年北京青年桌游百队精英赛决赛暨颁奖仪式在青年宫举行。

6月29日　"西城区首届网络自行车竞赛"在北京市青年宫阳光健身中心举办。

7月10日　"相约军营，牵手情缘"军地青年交友联谊活动在中国人民解放军三军仪仗队举办。

8 月 18 日　2010 北京青少年公益电影节在北京市青年宫隆重开幕。

8 月 19 日　北京青少年公益电影节国际论坛在怀柔影视基地举行。

9 月 11 日　"和爸爸妈妈一起看"公益电影活动在青年宫正式启动。百余位小朋友和他们的爸爸妈妈一起参加了活动。

9 月 18 日　北京市交友联谊项目启动仪式暨首届"相知中秋，梦圆九月"交友联谊活动在北京市劳动人民文化宫成功举办。

9 月 19 日　2010 北京青少年公益电影节在北京电视台盛大闭幕。杨立新、李思澄荣获"青少年最喜爱的男演员奖"、苗苗荣获"青少年最喜爱的女演员奖"。

10 月 20 日至 22 日　第二届全国业余成人钢琴演奏交流活动在北京市青年宫成功举办。

10 月 23 日　由北京市青年宫主办的"青春、魅力、风采"北京青年公益音乐会在国图音乐厅与观众见面。

10 月 24 日　第二届"北京青年创业之星"表彰仪式暨青年创业大讲堂在北京市青年宫隆重举行。

10 月 29 日　第六届"百场电影进工地"活动在北京王四营保障房工地落幕。

11 月 21 日　第四届首都家庭文化艺术节决赛暨颁奖典礼在北京市青年宫剧场举行。

11 月至 12 月　"天下京剧"摄影展在北京市青年宫首层大厅进行了为期一个月的展览。

12 月 12 日　2010 北京青年台球个人挑战赛在北京市青年宫落下帷幕。

12 月 26 日　"韵味北京·中国节"——2010 年北京七日摄影大赛颁奖仪式在青年宫举行。

12 月 29 日　北京共青团促进青年创业就业工作表彰暨中国青年创业国际计划北京办公室五周年庆典在青年宫隆重举行。

2011 年大事记

1 月 3 日　青年宫公益电影快车开进西藏中学，为 800 名师生放映了影片《唐卡迷踪》。

1 月 23 日　青年宫举办了"2011 北京市青年宫新春鼓乐音乐会"，40 余名不同年龄的学员参加了演出。

2月5日 青年宫公益电影快车带着经典影片《闪闪红星》来到少管所,为1400名青少年送去精神食粮。

2月8日 百余名历届团市委老领导、老同志在北京市青年宫欢聚一堂,举行新春团拜会。

2月27日 青年宫第三届学员国画作品展在青年宫大厅展出,40余幅作品展示了学员的成绩。

3月2日 "三八"国际劳动妇女节电影周暨"红色记忆传承"——女性题材电影展映活动在北京市青年宫启动,200余名一线优秀女工和基层妇女代表参加了活动。

3月18日 北京市青年宫筝乐团正式成立,部分团员进行了古筝表演。

3月26日 第二届"北京大学生创意创业邀请赛"启动仪式暨青年创业大讲堂在青年宫举行,相关单位的领导、创业导师,以及高校创业团队、媒体代表近300人参加了活动。

3月30日 北京青年艺术团第一次理事会在青年宫召开。团市委副书记于庆丰、青年宫主任冯松青等领导出席了会议。

4月1日 首届乒乓球会员邀请赛决赛在青年阳光健身中心乒乓球馆落下帷幕,比赛深受乒乓球爱好者的欢迎。

4月7日 第七届"百场电影进工地"活动在北京建工集团承建的长安汽车北京基地举行了开幕仪式,当晚为工人们放映了国产军事大片《歼十出击》。

4月10日 2011"幸福生活——北京七日"摄影大赛讲座在青年宫举办,就此拉开了大赛的序幕。

4月20日 第七届北京青少年公益电影节在北京市青年宫拉开帷幕。

4月20日 大学生压力管理公选课程在北京师范大学成功开设,50余名同学聆听了课程。

4月28日 "激荡青春·五四青年创业成果展"在北京大兴区举办。

5月10日 青年宫公益电影快车开进北京市公安局强制隔离戒毒所,为几百名特殊观众送去关爱。

5月13日至15日 来自全国各省市的近50名喜爱绘画的青少年齐聚北京,共同参加"美丽北京"——全国青少年绘画比赛颁奖系列活动。

5月20日 建团初期的团市委机关老团干部200余人到青年宫聚会。金鉴、汪家镠、王大明等老领导出席。

5月24日 "2011大学生就业压力管理论坛"在中国地质大学举行。团市委副书记刘震、青年宫主任冯松青出席了论坛。

5月27日 北京市青年宫主任冯松青前往密云县不老屯镇陈家峪村考察帮扶活动。

6月18日 青年宫承办的"红星闪闪 永放光芒"首都老年合唱团携手青少年合唱团纪念中国共产党建党90周年大型合唱音乐会在北京电视台大剧院隆重举行。

6月26日 第二届"北京大学生创意创业邀请赛"颁奖仪式在青年宫隆重举行。

7月6日至10日 全国青年宫主任第二次联席会议在哈尔滨召开,来自北京、天津、上海、广州等市青年宫主任代表参加会议。

7月7日 北京市青年宫赴韩国参加了"首尔国际青少年电影节"。

7月30日 2011"幸福生活——北京七日"摄影大赛颁奖暨展览开幕仪式在青年宫隆重举办,各主办单位领导及200余名摄影爱好者参加了仪式。

8月7日 2011(第七届)北京青少年公益电影节"演电影、拍电影"夏令营在怀柔中影基地开营,51名来自全国各地的孩子参加了夏令营。

9月4日 由青年宫培训部学员演出的"爵士之夜"暑期鼓乐音乐会举办。

9月15日 北京青年压力管理服务中心减压俱乐部成功举办"音乐减压,绿色氧吧"活动。

9月17日、18日 北京市青年宫承办的"青春有约,幸福绽放"大型单身青年交友联谊活动在地坛公园成功举办,1500余名单身青年参加了活动。

9月20日 2011年"关爱眼部健康 减缓近视发展"青少年用眼卫生系列公益活动启动仪式在北京市启喑实验学校举行,"爱眼宣传进校园"、"爱眼知识考考你"、"爱眼护眼小征文"、"爱眼使者送爱心"等活动也陆续拉开帷幕。

9月22日至24日 北京市青年宫主任冯松青赴广州参加中国青少年宫协会常务理事会议及广州市青年文化宫"希望在青年——论社会转型时期青少年事务与青少年宫发展"座谈会,并作了主旨发言。

10月23日 北京市青年宫主办的第四届北京青年公益音乐会在青年宫大剧场举办。

10 月 27 日　2011 第七届"慰问首都建设者 百场电影进工地"在北京建工集团某重点工程工地圆满落幕。

11 月 3 日　由中国青少年宫协会、共青团北京市委员会指导，北京市青年宫主办的"文化引领青年——在社会转型期北京青年文化建设与北京青年宫发展"研讨会隆重召开。

11 月 17 日至 12 月 24 日　北京青年压力管理服务中心成功举办了 5 场"让爱在冬季绽放"——婚恋心理系列讲座。

11 月 24 日至 12 月 4 日　由共青团北京市委员会和北京市委宣传部、首都文明办、北京市教委、北京市文化局、北京市外办共同主办，北京市青年宫、北京市青年联合会和北京青年艺术团联合承办的"青春北京·2011 北京青年艺术节"成功举办。

11 月　第四届青年宫学员国画展在青年宫大厅成功举办。

12 月 3 日　"青年创业大讲堂暨 YBC 北京办公室六周年庆典"活动在北京市青年宫举办。

12 月 4 日　北京青年艺术团走基层活动开展，分别走进部队、学校、社区进行慰问演出。

12 月 10 日　由团市委、北京市青年宫举办的"北京共青团服务进京务工青年周末剧场"启动仪式在北京市青年宫举行，团市委刘震副书记参加活动。

12 月 16 日　2011 年"关爱眼部健康 减缓近视发展"青少年用眼卫生系列公益活动颁奖仪式在北京市青年宫举行。

12 月 27 日　青年宫举办庆祝"中老年钢琴联谊会"成立十五周年迎新年联欢会，青年宫主任冯松青参加了活动。

12 月 28 日　"西城区社会心理健康服务体系建设"系列项目在北京市青年宫正式启动。

2012 年大事记

1 月 3 日　"我的北京我的家"——第五届北京家庭才艺大赛决赛暨颁奖晚会在北京市青年宫举行。

1 月 27 日　青年宫"老琴童"参加在国家大剧院举行的"我爱北京——市民新春联欢会"演出活动。

1月28日 百余名历届团市委老领导和已退休的老同志在北京市青年宫欢聚一堂，举行龙年新春团拜会。

1月31日 为期一个月的"周末剧场"、"公益电影快车"两节送温暖活动圆满结束，共进行了10场公益电影放映活动，受众群体3000人。

2月21日 北京青年压力管理服务中心被北京市民政局评定为4A级社会组织。

3月13日 YBC北京办公室首期创业青年俱乐部活动成功举办。

3月26日 北京青年压力管理服务中心"心灵阳光——流动人口子女心理引导及助学帮教活动"项目走进打工子弟小学，为打工子弟送去心理上的支持与帮助。

3月28日 北京青年压力管理服务中心"青春加油站"项目走进北京化工大学，为120余名研究生进行"大学生的压力管理"讲座。

4月7日 公益电影快车开进甘肃某来京务工青年驻地，为工作在那里的务工青年进行了"驻京十八省市百场公益电影放映"首场放映活动。

4月16日 由青年宫66名员工组成的志愿者队伍来到昌平区百善镇，参加以"凝聚青春力量 共建绿色北京"为主题的"青年林"义务植树活动。

4月21日 以"扶助青年创业 促进青年成长"为主题的青年创业论坛成功举办，二百余名创业青年和大学生参加论坛活动。

4月22日 第八届北京青少年公益电影节在奥林匹克公园核心区隆重开幕。北京团市委副书记常宇、杨立宪等领导出席。

4月24日 第八届北京青少年公益电影节"讲电影"主题活动走进北京市盲人学校，为盲童"送电影、讲电影"。

5月4日 青年宫推出"庆五四"公益服务月系列活动，面向青少年的文化服务活动和公益项目受到青年们的欢迎。

5月5日 2012"我的北京我的家——北京七日"摄影大赛启动仪式暨"发现丰台之美"首场采风活动在卢沟桥文化旅游区成功举办。

5月9日 2012年"关爱眼部健康，减缓近视发展"青少年用眼卫生系列公益活动启动。

5月16日 青年宫书画社成立。

5月21日　青年宫受邀参加"艺境情怀"——李岚清篆刻书法素描艺术展开幕式，并接受李岚清同志赠送的书籍。

5月24日　北京青年压力管理服务中心联合新浪网教育频道、新浪微博共同发布了《2012中国大学生就业压力调查报告》。

5月26日　2012"青春有约，幸福绽放"大型单身青年交友联谊活动在地坛公园成功举办，来自全市党政机关的2000余名单身青年参加了活动。

6月1日　第四届"关爱眼部健康，减缓近视发展"青少年用眼卫生系列公益活动颁奖仪式在北京市劳动人民文化宫成功举行。

6月1日　青少年公益电影节举办"儿童的节日 电影的盛宴"六一电影游园会活动。

6月10日　减压中心举办的"青春心家"心理健康活动拉开序幕。

7月6日　"心心向荣"大栅栏街道心理文化月启动仪式暨大栅栏地区心灵驿站揭牌仪式在铁树斜街社区举行。

7月10日　公益电影快车"践行北京精神，优秀电影进社区大型公益活动"启动。

7月11日　发布《2012北京青少年用眼卫生情况调查报告》，引起媒体广泛关注。

7月26日　YBC北京办公室"我和你心手相连共创美好明天"主题沙龙活动在鸟巢举办，来自YBC北京办公室的创业导师及创业青年近60人参加活动。

8月4日　由团市委、广电局、怀柔区和华夏电影公司等单位共同举办的第二届怀柔国际青少年"演电影、拍电影"夏令营在怀柔开营，来自大陆、澳门、比利时、西班牙、德国等国家和地区的60名国内外青少年参加。

8月12日　第八届北京青少年公益电影节闭幕。

9月29日　"百姓镜头十年北京"摄影作品展览揭幕暨2012"我的北京我的家——北京七日"摄影大赛颁奖仪式在首都博物馆隆重举办。展览于9月29日至10月7日在首都博物馆连展九天。

9月29日　北京青年宫官方微博正式开通。

10月11日　第三届全国中老年钢琴演奏交流活动在青年宫圆满闭幕。

10月13日　首届北京青年攀岩挑战赛在中国地质大学举行。

10月18日　"践行北京精神——争当'学雷锋社区文明小使者'少年儿童绘画比赛"获奖作品展示活动成功举办。

10月22日至23日　由北京市青年宫发起倡导的全国青年宫主任第三次联席会议在江苏省南通市顺利召开。

10月24日　以"喜迎党的十八大 慰问首都建设者"为主题的"第八届百场电影进工地"活动闭幕。

10月27日　第五届北京青年公益音乐会在青年宫大剧场成功举办。

10月30日　由北京团市委主办，北京市青年宫、陕西驻京团工委等共同承办的"2012务工青年百场电影放映暨'周末剧场'活动"闭幕仪式在丰台区靛厂路广场隆重举行。

11月21日　"我的北京我的家——第六届北京家庭才艺大赛"颁奖晚会在二十一世纪剧场举行。

12月20日　"青春北京·青年盛汇"2012北京青年艺术节在北京师范大学隆重开幕。

12月20日　由共青团北京市委员会指导，北京青年创业就业基金会、北京市青年宫主办，中国青年创业国际计划北京办公室承办的2012年度"创业北京"青年创业项目征集大赛圆满结束，表彰仪式在北京市青年宫举行。

12月21日　市委常委陈刚、市委副秘书长王翔一行到北京市青年宫调研，团市委书记常宇、副书记杨立宪等领导同志陪同调研。

12月24日　中国青少年宫协会第五次会员代表大会在京召开，大会选举产生了中国青少年宫协会五届理事会和新一届协会领导机构，青年宫主任冯松青当选为中国青少年宫协会副会长。

12月24日　北京市青年宫举办"中青年书画作品展"，展览共收集中青年书画名家和书画爱好者的精品百余幅。

2013 年大事记

1月12日　"青春北京·青年盛汇"2012北京青年艺术节闭幕，第二届"青春艺术奖"

各奖项揭晓。

2月15日　近百名历届团市委老领导和已退休的老同志在北京市青年宫欢聚，共享新春茶话会。

2月22日　第二届"社区之声"文化节文艺汇演在青年宫大剧场成功举办，市民政局、市社区服务中心及各区县社区服务中心的领导出席活动。

2月下旬　团市委多次召开青年宫改扩建工作论证会。

3月22日　北京市青年宫创业办公室组织部分企业家导师及一对一创业青年开展"同种一棵树、共绿一片天"植树活动。

3月23日　北京市单身青年交友联谊公益讲堂首期活动"独特的你我"顺利举行。

3月29日　YBC北京办公室创业门诊首次开诊。创业导师们分别坐诊市场营销、品牌定位和法律咨询等"诊室"。

4月15日至24日　青年宫电影城举办第三届北京国际电影节"北京展映"活动，共展映了来自中国、法国、美国和德国等国家的十八部影片。

4月26日　第五届"关爱眼部健康，减缓近视发展"青少年用眼卫生系列公益活动启动。

4月26日　第九届"百场电影进工地"活动在望京绿地中心工地举行了开幕仪式。

5月2日至6日　青年艺术团赴韩参加"2013年首尔友谊节"。

5月4日　2013年度"我创业我圆梦"青年创业项目大赛全面启动。

5月5日　第20届北京大学生电影节第14届大学生原创影片大赛颁奖典礼在北京市青年宫大剧场圆满举行。

5月14日　由北京市青年宫、西城区残联主办的"帮扶同健体，携手共游春"公益健身活动在陶然亭公园举行。

5月15日　"我的北京我的家——第七届北京家庭才艺大赛"启动。

5月21日　第九届北京青少年公益电影节参评影片专家评审会在青年宫举行。

5月28日至31日　北京市关心下一代工作委员会主办，北京市青年宫承办的"筑梦行动"先后在北礼士路第一小学、北京市盲人学校、中国电影博物馆隆重举行。

5月30日　北京青年压力管理服务中心联合新浪网教育频道共同推出《2013中国大学生

就业压力调查报告》。

6月5日　第十一届"北京七日"摄影大赛启动仪式暨第九届中国北京（国际）园林博览会摄影采风活动在园博园主展馆新闻发布厅成功举办。

6月7日　中国农业科学院心理咨询中心挂牌仪式在农科院举行。

6月24日　第五届"关爱眼部健康，减缓近视发展"青少年用眼卫生系列公益活动闭幕式暨"爱眼使者送爱心"活动在东城区特殊教育学校举行。

6月26日　北京青年压力管理服务中心当选为北京市社会心理工作联合会理事单位。

6月27日　公益电影快车走进社区青年汇，为社区青年放映电影，由此，"走进青年汇百场公益流动放映"活动正式拉开帷幕。

7月17日　来自德国勃兰登堡州的体育青年代表团来到青年宫，参加由团市委主办的"公益星期六"活动。

8月10日　"我的北京我的家——第七届北京家庭才艺大赛"决赛在青年宫大剧场成功举办。

8月12日　由团市委、市广电局、市关工委和怀柔区委共同主办，北京市青年宫承办的第九届北京青少年公益电影节在中国（怀柔）影视基地圆满闭幕。

8月23日　西城区首届残疾人运动会乒乓球赛在青年宫健身中心乒乓球馆成功举办。

9月16日　青年宫公益电影快车开进大兴区采育乡"育新花园"青年汇，至此，为期三个多月的"流动青年宫 服务青年汇"公益电影放映活动圆满完成第100场电影放映任务。

9月20日　第七届北京家庭才艺大赛颁奖汇报演出在二十一世纪剧院成功举行。

9月21日　第二届北京青年攀岩挑战赛圆满落幕。

10月19日　"爱在北京城，情定园博园"绿色公益集体婚礼在园博园成功举办。

10月22日　YBC北京办公室"青年创业大讲堂"走进平谷开讲。

10月27日　由北京市青年宫和北京市台球协会共同举办的2013年第三届北京青年台球个人挑战赛圆满结束。

12月10日　"北京七日"摄影大赛展览暨颁奖仪式在首都博物馆举办。

2014 年大事记

1 月 16 日　由北京市青年宫和北京网络广播电视台共同承办的面向青少年的生态文明科普教育活动——"青少年生态环境大学堂"正式启动。

1 月 19 日　"青年汇·中国梦"2013 北京青年汇 K 歌大赛决赛成功举办。

2 月 5 日　四十多位团市委老领导和已退休的老同志欢聚青年宫，召开新春茶话会。

2 月下旬　北京青年文化交流协会、北京青年艺术团分别被民政局评为 4A、3A 级社会组织。

4 月 11 日　北京市青年宫创业就业办公室组织创业导师及青年在中控山庄服务站"创业林"举办第二届"同种一棵树、共绿一片天"植树活动。

4 月 12 日　由北京市青年宫主办，青檬音乐台支持联手承办的"北京青年梦想舞台"系列公益活动之一的"暖心全家福"为外来务工家庭拍照活动拉开帷幕。

4 月 16 日　第六届青少年用眼卫生系列公益活动启动。

4 月 24 日　由北京市青年宫健身中心与西城区残联合作开展的"新天新地'心'接触"活动在北京顺义鲜花港举行。

5 月 4 日至 11 日　由北京市青年宫主办，北京青年人才服务中心承办的"'五四'青年创业就业服务周"活动在北京市青年宫举行。

5 月 6 日　纪念北京团市委成立 65 周年座谈会在青年宫举行，五十多位北京市共青团成立时期的团市委老同志参加活动。

5 月 7 日　"百场电影进工地十周年纪念活动"在北京六里桥北京政务中心建设工地举行。

5 月 9 日　团市委副书记杨立宪、熊卓到青年宫宣布任命张楠同志兼任北京市青年宫副主任、党委副书记。

5 月 28 日　由北京青年压力管理服务中心联合新浪网教育频道共同推出的《2014 中国大学生就业压力调查报告》在京发布。

5 月 31 日　第十届北京青少年公益电影节在北京市青年宫隆重开幕。

6 月 2 日　健身中心举办第四届"六一健康杯乒乓球赛"。

6 月 6 日　国际爱眼日当天，第六届"关爱眼部健康，减缓近视发展"青少年用眼卫生系列公益活动闭幕。

6月30日　团市委副书记杨立宪到青年宫宣布任命张轶同志为北京市青年宫副主任（试用期一年）。

7月31日至8月1日　西城区第八届"和谐杯"乒乓球赛暨区残疾人乒乓球比赛在青年宫健身中心乒乓球馆成功举办。

8月2日　第四届怀柔国际青少年"演电影、拍电影"夏令营开营，团市委副书记黄克瀛出席了活动。

8月3日　第十届北京青少年公益电影节中学生48H酷拍挑战营在雁栖湖畔正式开营。

8月9日　第十届北京青少年公益电影节圆满闭幕。

8月12日至24日　由北京市青年宫承办的关工委手拉手艺术团参加了"合唱，在你身边"国家大剧院八月合唱节演出活动。

8月20日　由北京市青年宫主办、创业就业办公室承办的"2014青年创业故事汇"征集赛决赛演讲会在青年宫成功举办。

8月27日　由团市委主办、北京市青年宫承办的"助创业促就业亮青春"系列主题活动之"就业服务日"活动在北京市青年宫成功举办。

9月25日　青年宫举办载誉归来——CCTV钢琴小提琴大赛参赛选手汇报演出音乐会。

10月1日　以国庆游园活动为内容的"北京七日"摄影采风创作活动在天坛公园等六大公园展开。

10月18日　2014年第三届北京青年攀岩挑战赛在中国地质大学圆满落幕，500余名青年参与了体验日和比赛日活动。

10月23日　2014 APEC会议水立方欢迎活动文化统筹团队动员对接会召开。

11月10日　青年宫圆满完成APEC水立方欢迎活动文化统筹团队综合保障任务。

11月5日至6日　《青少年生态环境大学堂》第二季完成录制工作。

12月5日　由市文化局、团市委主办，北京青年文化交流协会、北京文化艺术活动中心承办的第十二届"北京七日"摄影大赛获奖作品颁奖暨展览开幕仪式在北京市青年宫成功举办。

12 月 13 日　第四届（2014）北京青年艺术节以互动体验形式在首都图书馆开幕。

12 月 21 日　健身中心举办第十届青年宫台球俱乐部会员年终总决赛。

12 月 26 日　北京市青年宫微信公众号正式开通。

12 月 27 日　第四届（2014）北京青年艺术节闭幕。

2015 年大事记

1 月 14 日　"书梦想'汇青春'——第二届北京青年书画大赛"作品评选工作圆满完成，获奖作品在青年宫美术馆进行展览展示。

2 月 7 日至 10 日　"首届北京市青少年艺术体验营"活动在房山新华社培训基地成功举办。

3 月 4 日　北京市心理志愿者协会（筹）参加了"传承的力量——北京市 2015 年学雷锋志愿服务"推动日暨志愿服务主题交流活动。活动现场进行了心理志愿者协会 Logo 征集稿的公开票选以及心理志愿者招募活动。

3 月 16 日　北京市社会建设专项资金支持项目——"快乐我心，健康成长"心理项目在新学期正式开课。

3 月 18 日　北京市青年宫与北京市演出有限责任公司共建"青年剧场"战略合作签约仪式在青年宫四层会议室举行。

3 月 21 日　北京市社工委支持的政府购买专项基金项目"就业心伴侣"在北京联合大学正式启动。

3 月 21 日　由中国体育集邮与收藏协会主办，北京市青年宫承办的"助力申冬奥、喜迎世乒赛——中国体育收藏品展示交流活动"在北京市青年宫美术馆举行。

3 月 27 日　"书梦想 汇青春——第二届北京青年书画大赛"颁奖仪式在青年宫美术馆举行。

3 月 31 日至 4 月 2 日　北京市青年宫受团市委委托，由冯松青主任带队，组织创业导师对团市委"对口援助"的新疆和田地区 8 个青年创业项目进行实地考察。

4 月 10 日　创业就业办公室 2015 年首期"青年创业门诊"开诊。

4 月 11 日　北京青年压力管理服务中心举办的"暖心公益行"北京市应急志愿者心理减

压活动在北京密云华电培训中心举行，近百名应急志愿者参加了培训。

4月11日　"探秘心理咨询，关注心理健康"2015年第一期公益心理课堂成功举办。

4月23日　中国青少年宫协会青年专业工作委员会在山西成立，北京市青年宫主任冯松青当选为第一任主任。

4月29日　第十一届"百场电影进工地"活动在北京建工集团北京地铁16号线23标工地启动。

4月30日　团市委副书记熊卓到青年宫宣布任命孟宪青同志为北京市青年宫副主任（试用期一年）。

5月4日　北京市青年宫健身中心和西城区残疾人联合会合作开展全国助残日活动。

5月4日至9日　北京市青年宫举办"五四"青年就业服务周活动。

5月24日　"2015全国青少年宫体育舞蹈（北京赛区）比赛"在北京市青年宫圆满结束。

5月29日　北京青年压力管理服务中心联合腾讯教育共同发布《2015中国大学生就业压力调查报告》。

5月30日、31日　"我是未来星"青少年影视艺术新人选拔大赛海选在北京市青年宫举行。

5月31日　健身中心乒乓球馆举办了第五届"六一"健康杯乒乓球赛。

6月10日　青年宫志编委会召开第一次协调会。

6月26日　"国际禁毒日"系列禁毒科普宣传活动在北京市青年宫举办。

6月30日　北京市青年宫与北京演出有限公司共同合作成立的"北京青年剧场"开幕仪式暨演出季发布会在青年宫举行。

7月10日　北京市青年宫健身中心体测室正式挂牌并投入使用。

7月18日　第十一届北京青少年公益电影节在中国（怀柔）影视产业示范区隆重开幕。

7月23日　第十一届北京青少年公益电影节主体活动之一的"国际青少年影像教育峰会"在中国（怀柔）影视产业示范区圆满结束。

7月24日　第十一届北京青少年公益电影节在中国（怀柔）影视产业示范区圆满落幕。

7月25日　由北京市青年宫主办，北京市大兴区社会组织联合会承办的主题为"'互联网+'电商＆传统行业"的青年创业论坛在北京市大兴中科电商谷举办。

8月18日 由北京市关心下一代工作委员会主办，北京市青年宫、北京青年文化交流协会承办的"在阳光下成长——少年强 中国强"情景音乐会，在中山公园音乐堂隆重举行。

8月21日 "北京市青年宫20周年回顾展"在青年宫大厅正式开展，展览将持续到12月份，每月围绕一个主题进行展示。

9月14日 由市级社会建设专项资金支持的"快乐我心，健康成长"打工子弟小学心理服务与支持计划项目在北京青年压力管理服务中心正式启动。

9月22日 青年宫培训部联合《钢琴艺术》杂志举办"趣味钢琴 圆梦人生"钢琴音乐会。

9月20日至28日 由北京市青年宫主任冯松青为团长的北京青年代表团一行赴罗马尼亚、匈牙利进行友好访问。

9月29日 西城区残疾人乒乓球赛在青年宫健身中心乒乓球馆成功举办。

10月18日 由北京市社会体育管理中心和北京市青年宫共同主办的2015年第四届北京青年攀岩挑战赛及体验日活动在中国地质大学圆满落幕。

10月29日 北京青年压力管理服务中心在朝阳区霞光里瑞普综合楼开展公益讲座"做情绪的主人"，本次活动是团市委"楼宇服务计划"的首场心理学活动。

11月2日 北京青年压力管理服务中心举办"快乐我心，健康成长"项目的心理咨询督导与工作研讨会。

11月4日 "快乐我心，健康成长"活动在丰台区东罗园小学举行。

11月10日 大栅栏街道铁树社区居民来到北京青年压力管理服务中心聆听心理健康专场讲座。

11月10日 第七届"关爱眼部健康，减缓近视发展"青少年用眼卫生系列公益活动走进丰台区分钟寺小学，为该校的贫困学生免费验光配镜。

11月11日 北京青年压力管理服务中心受邀为北京首创股份有限公司党群办员工进行减压培训。

11月12日 北京青年压力管理服务中心于什刹海街道后海西沿社区举办"男孩女孩——心灵阳光青少年家长心理辅导"公益讲座。

11月14日 第六期"创业身边小课堂"在青年宫成功举办。

11月15日　北京青年压力管理服务中心举办主题为"有HR在，不迷茫"心理学公益讲座。

11月16日　"快乐我心，健康成长"活动在海淀区西二旗小学举行。

11月18日　第十一届"百场电影进工地"活动在路桥公司地铁6号线二期工地落下帷幕。

11月18日　"快乐我心，健康成长"项目活动走进丰台区东罗园小学。

11月19日　北京青年压力管理服务中心在大栅栏街道办事处开展"心心向荣"西城区社会心理干预与支持项目之社工心理培训。

11月21日　北京市青年宫、青年美术馆共同举办"庆贺北京青年宫20周年书画笔会"活动。

11月21日　由北京市青年宫、北京青年文化交流协会举办的"为爱而动"单身青年交友联谊活动在奥林匹克森林公园成功举办。

11月23日　北京青年压力管理服务中心在顺义石园东区居委会开展社工委政府购买项目"青春心家"流动青年心理服务活动。

11月25日　"快乐我心，健康成长"打工子弟小学心理服务与支持计划心理课本学期课程在丰台区东罗园小学圆满结束。

11月26日　第十一届"百场电影进社区"活动在新大都国际会议中心圆满收官，240余名来自展览路街道的社区居民观看了电影《战狼》。

12月起，市新闻出版广电局正式批准青年宫电影城成为全市艺术影院，以优惠低廉的票价进行"少儿电影"主题放映。

12月2日　北京青年压力管理服务中心主任熊汉忠博士为北京市外事办工作人员进行公务员压力管理培训。

12月5日　北京市青年宫开业20周年公益音乐会在青年宫大剧场举行。北京市政协主席吉林、北京市人大常委会副主任孙康林、北京市副市长王宁、中国残疾人联合会党组书记鲁勇、中国青少年宫协会会长许华平、西城区区长王少峰、团市委书记常宇、团市委副书记郭文杰等领导同志到场参加活动。

12月6日　北京青年压力管理服务中心和北京青年文化交流协会联合举办青年婚恋讲堂。

12月8日　由北京市青年宫、北京市工商业联合会、北京住宅房地产商会联合主办的"非公有制企业和谐劳动关系"专题讲座在金台夕照会馆开讲。

12 月 12 日   北京市青年宫 2015 年下半年公开招聘工作人员笔试考试在市总工会职工大学举行。

12 月 12 日   健身中心举办第五届乒乓球年度会员赛。

12 月 13 日   北京青年压力管理服务中心举办主题为"幸福生活的锦囊"心理学公益讲座。

12 月 13 日   北京市青年宫、北京青年文化交流协会举办"年终岁末相爱青年宫"交友联谊活动。

12 月 14 日   北京青年压力管理服务中心承接的北京市市级社会建设专项资金支持"快乐我心，健康成长"项目西二旗小学心理课圆满结束。

12 月 15 日   第七届"关爱眼部健康，减缓近视发展"青少年用眼卫生系列公益活动之青少年爱眼知识体验日活动在北京同仁医院眼视光健康科普展厅举行。

12 月 17 日   北京青年压力管理服务中心在西城区椿树街道举办心理减压讲座。

12 月 17 日   "关爱眼部健康，减缓近视发展"青少年爱眼护眼手抄报比赛的评比工作在青年宫 211 多功能厅顺利举行。

12 月 18 日   青年宫台球会员年终总决赛在健身中心举行。

12 月 19 日   第三届北京青年书画大赛评选工作圆满完成。

12 月 19 日   青年宫举办圣诞节交友联谊活动。

12 月 23 日   北京青年压力管理服务中心承接的北京市市级社会建设专项资金支持"快乐我心，健康成长"项目西罗园六小心理课圆满结束。

12 月 24 日   北京市青年宫创业就业办公室携导师为平谷区团干部及创业青年做主题为"商业模式与投融资"的创业培训。

12 月 26 日   由共青团北京市委员会、北京市武警总队九支队主办，北京市青年宫、北京青年文化交流协会承办的"走进橄榄绿"军地青年交友联谊活动成功举办。

12 月 27 日   北京市心理志愿者服务总队举办第四期专业技能培训暨首届年会。

12 月 28 日   北京青年压力管理服务中心承接的北京市市级社会建设专项资金支持"快乐我心，健康成长"项目总结会在中心会议室召开。

第四编　附　录

·附录（一）

历届党委会组成人员及各党支部组成部门

2003 年中国共产党北京市青年宫第一届党委组成人员如下：

党委书记：冯松青

副书记：高世英

纪检与群工委员：丁峰

组织委员：解青

宣传与文体委员：苑建立

同时，各分支部也配合党委选举工作，对分支部人选做了相应的调整。各部门分支部组成人员如下：

第一党支部：由办公室现有党员组成。

第二党支部：由人事部、保卫部的现有党员组成。

第三党支部：由部室主管领导和计财部、培训部、开发销售部现有党员组成。

第四党支部：由部门主管领导和物业部现有党员组成。

第五党支部：由部门主管领导和剧场部、康体部、活动部现有党员组成。

2004 年 1 月，北京市青年宫党委成立以后，根据《党章》和《党组织选举工作手册》的要求，对青年宫各分支部组成人员及分工也做了如下调整：

第一支部 书记：刘建茹；组织委员：徐桂敏；宣传委员：张磊

第二支部 书记：董军；组织委员：黄吉明；宣传委员：杜齐旺

第三支部 书记：刘晓玲；组织委员：马巽；宣传委员：吴文娟

第四支部 书记：孙明路；组织委员：孙淑卿；宣传委员：郭洪柏

第五支部 书记：李鹏；组织委员：韩钢；宣传委员：陈晓英

2005 年，因青年宫部门调整，又一次对北京市青年宫各分支部的组成人员进行了调整：

第二、第四党支部不变；

第三党支部由计财部、培训部党员组成；

第五党支部由剧场部、活动部党员组成；

新成立了第六党支部，由康乐部、人才中心、开发销售部组成。

5 月，北京市青年宫党委根据工作安排和人事变动情况，对各分支部人员进行了调整和改选。改选后各组织机构人员如下：

党委书记：冯松青

党委副书记：丁峰

纪检与群工委员：孙明路

组织委员：解青

宣传与文体委员：苑建立

第一党支部（办公室）：书记：张磊；组织委员：徐桂敏；宣传委员：姜庆玲

第二党支部（保卫部）：书记：董钧；组织委员：黄吉明；宣传委员：刘双红

第三党支部（计财部）：书记：赵秀敏

第四党支部（物业部）：书记：孙明路；组织委员：孙淑卿；宣传委员：郭洪柏

第五党支部（培训部）：书记：钮宏珉

第六党支部（剧场、活动部）书记：李鹏；组织委员：陈晓英；宣传委员：刘畅

第七党支部（康体、改扩建）书记：马巽

第八党支部（人才中心）：书记：任万娟

2011 年 6 月，北京市青年宫第二届党员代表大会召开，47 名党员代表出席了会议。选举产生了新一届党委组织机构，具体情况如下：

党委书记：冯松青

党委副书记：丁峰

纪检与群工委员：孙明路（1—6 月），解青（7—12 月）

组织委员：解青（1—6 月），李鹏（7—12 月）

宣传与文体委员：苑建立

2014 年 7 月，团市委任命张楠任北京市青年宫党委副书记，党委组成如下：

党委书记：冯松青

党委副书记：张楠、丁峰

纪检与群工委员：解青

组织委员：李鹏

宣传与文体委员：苑建立

·附录（二）

历届工会领导任职情况

1995 年工会领导组成人员如下：

工会主席：铁国杰

副主席：高世英、孙明路

组织委员：陈志芳

调解委员：高世英（兼）

福利委员：韩钢

女工委员：姚红艳

文体委员：李肖栋

福利委员会主管领导：高世英

组长：韩钢；副组长：高萍

组员：解青、王秀群、王斯玲、纪学燕、杨景宏、刘晓玲

女工委员会组长：王斯玲

组员：王秀群、刘晓玲

1998 年，工会新当选领导人员如下：

主席：铁国杰

副主席：孙明路、韩钢

组织委员：赵秀敏

调解委员：韩钢

福利委员：张忠国

女工委员：高双萍

文体委员：李笠

2000年3月，工会新当选领导人员如下：

主席：铁国杰

副主席：孙明路

组织委员：徐桂敏

调解委员：陈晓英

福利委员：李勇

女工委员：李玲

文体委员：李笠

当年5月，新增人口与计划生育工作委员会，责任分工如下：

主任：高世英

常务副主任：孙明路

副主任：王斯玲

财务委员：秦骏

宣传委员：于萍

维权委员：李玲

福利委员兼办公室干部：孙淑卿

2001年，选举新一届工会领导人员如下：

工会主席：铁国杰

副主席：解青

组织委员：赵永红

福利、调节委员：董军

财经委员：秦骏

女工委员：陈晓英

文体委员：李笠

第一分会：由物业部组成。

主席：王斯玲；组织委员：李玲；文体委员：石海松

第二分会：由宫领导、办公室、计财部、人保部组成。

主席：刘放；组织委员：张贵熙；文体委员：奚建平

第三分会：由剧场部、培训部、广告活动部组成。

主席：杨晓波；组织委员：孙春莲；文体委员：李笠

第四分会：由康乐部、商品部、开发销售部、舞蹈学校组成。

主席：高晓玫；组织委员：皇甫卫红；文体委员：田丽

2002 年，根据北京市青年宫人事职责调整，工会财务委员调整为马月萍，文体委员调整为刘放。

2003 年 2 月新一届工会领导人员如下：

主席：丁峰

副主席：解青

组织委员：徐桂敏

财经委员：马月萍

文体委员：何锦哲

女工委员：王斯玲

福利委员：于萍

分会改选结果：

第一分会主席：张忠国；组织委员：李玲；文体委员：石海松

第二分会主席：刘放；组织委员：张贵熙；文体委员：奚建平

第三分会主席：赵永红；组织委员：翟艳萍；文体委员：杨晓波

第四分会主席：皇甫卫红；组织委员：刘荣兰；文体委员：杨晶

当年 3 月，北京市青年宫工会改选了劳动调解委员会和伙食委员会。新改选的劳动争议调解委员会、伙食委员会组成人员如下：

劳动争议调解委员会

主任：丁峰

成员：于萍、孙明路、张忠国、杨晓波、赵永红、孙淑卿。

伙食委员会

主任：解青

成员：王靖、张忠国、刘放、翟艳萍、孙春莲、杨晶、赵永红、姜庆玲、孟荣梅、徐桂敏。

2006 年新一届工会领导组成人员如下：

主席：孙明路

副主席：解青

组织委员：徐桂敏

财经委员：赵秀敏

女工委员：王斯玲

文体委员：刘畅

福利委员：王靖

2008 年，徐桂敏兼任工会副主席，原工会副主席解青任职不变。2010 年，由于党、工会专职干事徐桂敏退休，北京市青年宫工会组织领导人选又一次进行了调整：

主席：孙明路

副主席：解青

组织委员、财经委员：赵秀敏

女工委员：王斯玲

文体委员：刘畅

2012 年 8 月，选取产生了北京市青年宫第六届工会委员会。具体组成人员如下：

主席：解青

副主席：苏伟

组织委员、财经委员：王萍

女工委员：王斯玲

福利委员：吴芃

权益委员：岳树丽

2013 年增设了文体委员，由张贵锡担任。

·附录（三）

历届工会积极分子表彰名录

2003 年工会积极分子：石海松、王凤英、李玲、赵福军、张忠国、翟艳萍、何锦哲、赵永红、关昕、刘荣兰、奚建平、姜庆玲、张贵锡、马月萍、刘放

2004 年工会积极分子：孔国权、吴满庆、石海松、王智岩、崔仁、姜庆玲、张丽茹、奚建平、王永华、张贵锡、翟艳萍、杨晓波、吕凯、刘荣兰、谢洪涛

2005 年工会积极分子：张磊、刘丽丽、赵秀敏、孙淑卿、石海松、戴振山、赵福军、李亚滨、张丽茹、何锦哲、翟艳萍、刘畅、杨芳、孟荣梅、杨卉

2006 年工会积极分子：朱建华、赵福军、石海松、王凤英、穆春媚、汤晓峰、刘双红、郝宗起、王永华、贾宁、王萍、郝斌、何锦哲、翟艳萍、吴芃、杨晓波、刘畅、杨芳、孟荣梅、张鹏、张秀艳

2007 年工会积极分子：张振鹏、王耀梅、石海松、叶永斌、彭涛、王智岩、李惠敏、岳林、张丽茹、王永华、孙杰、赵秀敏、米晓蕾、王艳、王靖羽、刘晶、粟国林、刘畅、谢洪涛、杨增驹、王秀群、孙春莲

2008 年工会积极分子：石海松、沈宏伟、戴振山、王智岩、刘双红、关红军、孙淑卿、张贵锡、郭正敏、曹凤兰、冯平平、张金榜、刘丽丽、王艳、何锦哲、刘晶、邢秋成、冯希远、谢洪涛、孟荣梅、杨卉、高双萍

2009 年工会积极分子：石海松、张亮、刘希荣、张丽茹、刘双红、朱建华、叶永斌、刘春林、郭洪柏、张明晖、李昂、贾宁、刘丽丽、王艳、何锦哲、杨晓波、刘畅、刘

金祥、谢洪涛、孟荣梅、王秀群、王萌、孙春莲

2010年工会积极分子：王永华、孙宏宇、曹凤兰、崔仁、沈宏伟、王飞、吴满庆、穆春媚、石海松、赵福军、冯伟、彭涛、王艳、刘晶、奚建平、王珍、邢秋成、张晓彦、谢洪涛、刘洁、王萌、米晓蕾、杨卉

2011年工会积极分子：王艳、张妍、李伟、冯希远、康亚琴、张晓彦、谢洪涛、孟荣梅、王萌、杨敬、王晶、李稳、任业雄、岳树丽、张磊、王凤英、王金辉、关宏军、张振鹏、朱京秀、王京蕊、孔国权、安保华、王耀梅

2012年工会积极分子：杨敬、贾宁、吴梓荣、王永华、高晓玫、李稳、王珍、王萌、邱颖、刘晶、吴芃、任凯、王晶、郝忠萌、任万娟、张晓彦、韩钢、孟荣梅、刘洁、彭涛、刘双红、石海松、何凤亭、李亚斌、叶永斌、沈宏伟、崔仁、徐崇恩、穆春媚

2013年工会积极分子：张金榜、孙宏宇、高新、岳树丽、任业雄、米晓蕾、黄吉明、汪海涛、汤晓峰、范维民、郭洪柏、戴振山、刘双红、石海松、谭连之、邱颖、吴芃、李春明、刘晶、王珍、毕建峰、韩钢、楚谊、孟荣梅、范斌、王立芝、杨英、陈曦

2014年工会积极分子：王永华、孙杰、贾宁、杨敬、李稳、王珍、邢秋成、刘晶、王艳、邱颖、吴芃、任凯、张鹏、张秀艳、丁卯、杨芳、吕超、杨迪、夏长发、杨卉、李东辉、伍岭、赵福军、郭宏柏、王凤英、崔仁、杨英、王立芝

2015年工会积极分子：吕超、岳树丽、吴满庆、杨敬、李稳、毕建峰、邢秋成、刘晶、张妍、邱颖、吴芃、张鹏、张晓彦、丁卯、孟荣梅、杨迪、刘春林、杨金录、冯伟、叶永斌、张振鹏、刘双红、杨卉、杨永哲

·附录（四）

历年荣获北京市青年宫先进集体、先进个人及单项奖名录

年份	宫级先进集体	宫级先进个人	部门先进个人
1996 年	办公室 工程部 剧场部 活动部		先进个人： 苑建立、马巽、刘岩、李孟君、钮宏珉、张金榜、王靖羽、于萍、王斯玲、刘宝琴、岳林、孙智荣、杨永哲、任万娟、赵秀敏、马月萍、吴小清、张丽茹、徐崇恩、朱建华、张振鹏、戴振山、伍岭、王智岩、冯伟、赵福军、刘放、王瑞堂、魏泽、李鹏、晋军、翟艳平、舒德成、田丽、安晓伟、高颖、谢洪涛、高晓玫、赵春兰、于秋玲、张爱菊、王洪霞、刘双红、赵虎威、姜庆玲、刘荣兰、马黎、布蔚清、罗海英 企业之星：钮宏珉、吴华威、徐崇恩、翟艳平、高晓玫、李肖栋
1997 年	剧场部被授予"勇于拼搏开拓市场"先进集体称号		王靖羽、陈志芳、吴小清、奚建平、赵秀敏、孙淑卿、吴文娟、刘宝琴、任万娟、宋文华、李东辉、张贵锡、吴守瑞、刘岩、李鹏、陈晓英、王红、查彧慧、杨芳、田丽、郭洪柏、张振鹏、王智岩、吴满庆、李笠、赵东红、刘荣兰、高晓玫、赵春兰、张爱菊、赵虎威
1998 年	剧场部 活动部 培训部 财务部		贾宁、张岩、姚红艳、于萍、刘晓玲、奚建平、王萍、刘春林、郭旭、王凤英、刘岩、李鹏、王艳、吴芃、魏泽、陈晓英、田丽、安晓伟、郝宗启、苑建立、楚谊、李孟君、姜庆玲、赵东红、张晨光、王靖、张忠国、郎继刚、孔国权、贺静毅、高晓玫、马月萍、赵春兰、吴守瑞
1999 年	剧场部 康乐部 培训部 总务部 保卫部		贾宁、王永华、于萍、奚建平、孙明路、王斯玲、张金波、林彤、石海松、孟祥彪、张民、沈宏伟、董钧、刘放、吴守瑞、刘岩、李鹏、陈晓英、马大玲、刘柱国、廉伊杰、田丽、谢洪涛、赵春兰、马月萍、苑建立、钮宏珉、张燕、李笠、刘荣兰、徐桂敏、陈志芳、肖红云、姚红艳

年份	宫级先进集体	宫级先进个人	部门先进个人
2000 年	培训部 剧场部 康乐部 财务部 人事部		赵永红、高双萍、张磊、解青、于萍、刘晓玲、王萍、秦骏、孙淑卿、王军育、荣立臣、刘宝琴、王智岩、崔仁、吴满庆、谭连芝、夏长发、王飞、吴守瑞、刘岩、李鹏、陈晓英、魏泽、马大玲、刘金祥、翟燕平、廉伊杰、谢洪涛、杨卉、皇甫卫红、高晓玫、马月萍、苑建立、钮宏珉、孙春莲、张丽茹、许建农、徐桂敏
2001 年	培训部 剧场部 物业部 计财部	吴满庆、贾宁、魏泽、楚谊、王萍、马大玲	张金榜、于萍、郝宗起、王瑞堂、马月萍、任万娟、孙淑卿、梁朝明、安保华、汤晓峰、李玲、朱建华、张振鹏、沈宏伟、孔国权、牛春青、查彧慧、刘金祥、王艳、高双萍、刘荣兰、皇甫卫红、谢洪涛、赵春兰、赵虎威
2002 年	培训部 剧场部 物业部 计财部 突出贡献奖：剧场部	孙淑卿、王永华、王靖、朱建华、徐桂敏、孙春莲、田丽、马大玲	张贵锡、李晓梅、刘双红、刘放、吴文娟、孔国权、石海松、戴振山、杨金录、何凤亭、叶永斌、杨永哲、乔义如、彭涛、穆春媚、张景芳、常洁、任鸿燕、魏泽、查彧慧、刘金祥、吴芃、王艳、张秀艳、赵永红、谢洪涛、吴守瑞、王洪霞
2003 年	计财部 物业部 剧场部 培训部 特殊贡献奖：计财部	特殊贡献奖：张岩、奚建平、石海松、孟祥彪、马大玲、高双萍	张磊、张贵锡、刘丽丽、王飞、黄吉明、张丽茹、赵秀敏、张明晖、沈宏伟、范维民、张振鹏、李惠敏、杨增驹、李亚滨、李玲、彭涛、穆春媚、刘淑萍、马大玲、刘柱国、魏泽、查彧慧、吴芃、刘金祥、楚谊、张秀艳、赵永红、孟荣梅、杨芳、杨晶
2004 年	计财部 物业部 剧场部 培训部	单项贡献奖：刘晶、曹小宁、皇甫卫红、刘丽丽、李晓梅、石海松	张金榜、王靖羽、孙杰、王飞、于连成、李晓梅、曹凤兰、王秀群、石海松、沈宏伟、孙淑卿、吴满庆、张忠国、杨增驹、戴振山、冀国智、邢宝芬、穆春媚、刘春林、马大玲、刘柱国、魏泽、查彧慧、吴芃、杨晓波、刘金祥、高双萍、孙春莲、杜娇、孟荣梅、杨晶
2005 年	特殊贡献奖： 剧场部 培训部 活动部 康体部 办公室 计财部 物业部	管理之星：吴满庆 经营之星：马大玲、楚谊 提名奖：王萍、谢洪涛	王永华、贾宁、张金榜、姜庆玲、刘丽丽、张明晖、吴文娟、孟祥彪、王凤英、孔国权、汤晓峰、张忠国、王智岩、朱建华、沈宏伟、林彤、张景芳、王耀梅、刘双红、李晓梅、夏长发、杨晶、任万娟、王秀群、马大玲、王洪霞、魏泽、何锦哲、刘柱国、吴芃、刘金祥、查彧慧、邢秋成、孙春莲、张秀艳、谢洪涛、杨增驹

年份	宫级先进集体	宫级先进个人	部门先进个人
2006 年	最佳服务奖： 物业部 办公室 培训部 康体部 最佳公益活动奖： 剧场部 青年人才服务中心 最佳贡献奖： 剧场部 计财部 活动部 最佳创新奖： 青年压力管理服务中心 活动部	徐桂敏、曹凤兰、孙淑卿、张忠国、马大玲、王洪霞、赵永红、孙春莲、谢洪涛、王秀群、薛俏敏	张磊、姜庆玲、高晓玫、赵秀敏、孔国权、谭连芝、杨金录、安保华、刘春林、关红军、穆春媚、彭景玲、黄吉明、杨永哲、李东辉、陈晓英、吴芃、魏泽、翟燕平、高双萍、马月萍
2007 年	最佳服务奖： 物业部 办公室 培训部 最佳公益活动奖： 青年人才服务中心 压力管理服务中心 剧场部 最佳贡献奖： 剧场部 活动部 计财部 最佳创新奖：活动部 最佳协作奖： 康体部 剧场部	贾宁、王湘萍、张明晖、刘双红、孟祥彪、张鹏、熊汉忠、李鹏、马大玲、刘杰民、冯希远、苑建立、高双萍、皇甫卫红	姜庆玲、张金榜、赵春兰、孔国权、李惠敏、李亚滨、张忠国、赵福军、王飞、郝宗起、彭涛、穆春媚、王耀梅、陈晓英、何锦哲、吴芃、王靖羽、刘金祥、楚谊、孟荣梅

年份	宫级先进集体	宫级先进个人	部门先进个人
2008 年	最佳服务奖： 办公室 物业部 康体部 最佳公益奖： 压力管理服务中心 青年人才服务中心 剧场部 最佳贡献奖： 剧场部 计财部 活动部 最佳创新奖： 活动部 青年人才服务中心 最佳协作奖：培训部	解青、孙杰、王湘萍、赵秀敏、岳林、石海松、张鹏、熊汉忠、米晓蕾、马大玲、刘杰民、刘畅、张秀艳、杨芳	王永华、康亚琴、高晓玟、汤晓峰、安保华、张振鹏、朱建华、张丽茹、王耀梅、林彤、刘希荣、刘淑萍、张亮、任万娟、吴文娟、奚建平、王艳、何锦哲、王靖羽、魏泽、孙春莲、杨增驹
2009 年	最佳服务奖： 办公室 培训部 康体部 最佳公益奖： 青年人才服务中心 压力管理服务中心 剧场部 最佳贡献奖： 剧场部 计财部 活动部 最佳创新奖： 活动部 培训部 压力管理服务中心 青年人才服务中心 最佳协作奖： 物业部 改扩建办公室	解青、刘建茹、王湘萍、王萍、孟祥彪、黄吉明、任万娟、冯平平、李鹏、马大玲、王靖羽、赵永红、冯希远、苑建立、楚谊、王萌、谢洪涛； 突出贡献奖先进个人：刘岩、赵永红、马巽、冯希远、刘畅、邢秋成、王珍、康亚琴、孙杰、李昂、范彬、孟祥彪	岳树丽、张磊、赵春兰、王秀群、何锦哲、刘杰民、刘金祥、魏泽、徐鹏、王洪霞、高双萍、李晓梅、杨永哲、张振鹏、沈宏伟、戴振山、王凤英、何凤亭、伍岭、王京蕊、邢宝芬、杨增驹

年份	宫级先进集体	宫级先进个人	部门先进个人
2010 年	最佳服务奖： 　办公室 　物业部 　康体部 最佳公益奖： 　青年人才中心 　压力管理中心 　剧场部 　活动部 　培训部 最佳贡献奖： 　计财部 　剧场部 　活动部 　青年人才中心 最佳创新奖： 　活动部 　培训部 　剧场部 最佳协作奖： 　改扩建办公室	刘丽丽、赵秀敏、张忠国、王瑞堂、王萌、张鹏、熊汉忠、李昂、陈晓英、王靖羽、王洪霞、赵永红、康亚琴、苑建立、钮宏珉、孙春莲、皇甫卫红	贾宁、张金榜、高晓玫、刘双红、王凤英、王智岩、张振鹏、崔仁、杨金录、李东辉、张丽茹、王耀梅、邢宝芬、马巽、范彬、米晓蕾、徐鹏、王艳、刘金祥、魏泽、何锦哲、刘杰民、张秀艳、杨增驹
2011 年	最佳服务奖 　办公室 　物业部 　康体部 最佳公益奖： 　青年人才服务中心 　剧场部 　压力管理服务中心 最佳贡献奖： 　活动部 　计财部 　剧场部 最佳创新奖： 　培训部 　活动部 　猎头中心	王永华、王湘萍、曹凤兰、岳林、彭涛、王萌、张鹏、米晓蕾、王晶、李鹏、王靖羽、何锦哲、邢秋成、苑建立、高双萍、皇甫卫红	孙杰、贾宁、孙宏宇、赵春兰、张明晖、刘放、李春莲、王京蕊、汤晓峰、冯伟、沈宏伟、崔仁、孔国权、刘春林、张贵锡、范彬、杨卉、刘琳君、徐鹏、魏泽、刘金祥、刘杰民、奚建平、刘畅、楚谊、刘洁

年份	宫级先进集体	宫级先进个人	部门先进个人
2012 年		孙宏宇、岳树丽、张亮、王湘萍、张明晖、孔国权、汪海涛、李鹏、王靖羽、王洪霞、冯希远、苑建立、楚谊、谢洪涛、钮宏珉、范彬、许晶、陈进喜、米晓蕾	张金榜、王萍、李晓梅、杨卉、王智岩、王飞、赵福军、朱建华、朱京秀、刘希荣、何锦哲、李春明、徐鹏、王艳、奚建平、杨增驹、邢秋成、李梦、杨英
2013 年	突出贡献奖：活动部	苏伟、王萍、刘丽丽、孙杰、吴满庆、刘放、杨金录、张鹏、刘琳君、李昂、李稳、王靖羽、王艳、赵永红、康亚琴、张晓彦、丁卯、皇甫卫红、刘洁	张磊、张振鹏、沈宏伟、刘春林、彭涛、关红军、叶永斌、伍岭、李梦、郝忠萌、何锦哲、任鸿燕、王洪霞、王萌
2014 年			苏伟、孙宏宇、张亮、岳树丽、王湘萍、曹凤兰、王智岩、张振鹏、刘双红、杨迪、王靖羽、何锦哲、毕建峰、楚谊、丁卯、孟荣梅、钮宏珉、范彬、郝忠萌、米晓蕾
2015 年			王永华、孙杰、贾宁、张明晖、张忠国、郭洪柏、李东辉、王艳、何锦哲、王珍、楚谊、刘洁、任万娟、米晓蕾

·附录（五）

YBC 模式扶助青年创业公益项目创业青年名录

年度	序号	姓名	性别	学历	公司名称
2005 年	1	夏道竹	男	硕士	环球职桥网络科技（北京）有限公司
	2	赵德龙	男	本科	北京汉风工艺品厂
	3	郑 坚	男	中专	24 小时家政服务中心
2006 年	4	李 栋	男	本科	北京学风文化传播有限公司
	5	贾 昊	男	大专	北京星光世纪旅行社
	6	王彬彬	女	本科	北京礼享鑫益科技发展有限公司
	7	哈 悦	女	硕士	睿智立邦教育科技有限责任公司
	8	万 江	男	硕士	摩潍德科技有限公司
2007 年	9	刘 霞	女	中专	润泽丰凯皮具设计部
	10	骆祖金	男	本科	北京易创天下科技有限公司
	11	邵 毅	男	本科	镜思斋民间手工艺品店
	12	杨 栋	男	本科	北京亚欧美佳文化推广有限公司
2008 年	13	王 劼	男	硕士	北京影子拼图文化传播有限公司
	14	丁瑞永	男	中专	北京幸福农场
	15	张帮炜	男	本科	北京妙茶轩茶庄
	16	张 一	男	本科	为家四海（北京）信息咨询有限公司
	17	梁 岩	男	大专	北京良棉优作商贸有限公司

年度	序号	姓名	性别	学历	公司名称
	18	郭 画	女	本科	北京鼓秀咖啡店
	19	杨 杨	女	本科	北京锦色花田商贸有限公司
	20	王莉凌	女	本科	北京青空万里文化传播中心
	21	曹致伟	男	中专	北京瑞志丰远科技发展有限公司
	22	曹苇纳	女	高中	北京泽思超市
	23	冯 波	男	高中	北京市延庆县千家店镇冯波养殖场
	24	韩春燕	女	中专	北京市延庆千家店镇韩春燕养殖场
	25	康 慷	男	大学肄业	北京锐勤时空科技有限责任公司
2009 年	26	陈 墨	男	本科	北京爱农星食用菌专业合作社
	27	隗合俊	男	本科	北京碧珺源食品有限公司
	28	耿 伟	男	大专	北京尚品通达经贸发展有限公司
	29	孟宪宝	男	本科	北京元鼎阁火锅店
	30	陈 楠	男	本科	盈趣（北京）科技有限公司
	31	李宏亮	男	大专	北京老泉宏梅养殖户
	32	薛 佳	女	大专	北京达人汇经贸有限公司
	33	关智超	女	本科	北京汇智伟达知识产权咨询有限公司
	34	李 伟	男	职高	北京樱川兴和餐饮有限责任公司
	35	乐 乐	女	本科	北京博浩盈誉服装店
	36	向 华	男	大专	北京大成铂睿信息技术有限公司
	37	王 锦	男	本科	北京承延鼎新教育科技有限公司
	38	谭中意	男	本科	中意斯（北京）科技有限公司
	39	赵 兵	男	本科	童歌天地教育科技发展有限公司
	40	马小英	女	高中	北京石城晓英手工艺品加工厂

年度	序号	姓名	性别	学历	公司名称
2010 年	41	李 娉	女	本科	北京小丑熊商贸有限责任公司
	42	刘金涛	男	大专	北京宇通乐道商贸有限公司
	43	孙京炜	男	本科	哈尼宝贝二手婴童用品店
	44	刘剑峰	男	大专	北京兴源祥和电器销售中心
	45	叶荣波	男	职高	叶荣波彩钢销售部
	46	王小卫	女	中专	北京亿品万家刷肉坊
	47	汪 硕	女	大专	北京柏拉风尚婚礼策划工作室
	48	程大凤	女	大专	北京京城娃娃服装商贸有限公司
	49	王明光	男	高中	北京绿都京园农产品专业合作社
	50	秦旭成	男	中专	北京旭东成防盗门销售中心
	51	岳吉凯	男	大专	北京利百加文化交流有限公司
	52	孙 雪	女	大专	北京嘉木茗品商贸有限公司
	53	唐 伟	男	本科	北京艺扬铭天文化艺术有限公司
	54	岳欢虎	男	本科	威虎商贸（北京）有限公司
	55	陈禹睿	男	大专	北京汉风流韵科技有限公司
	56	王艳军	男	大专	北京艳鸿越茂商贸中心
	57	宋瑞勇	男	硕士	北京华瑞康田生物科技有限公司
	58	范迎春	女	高中	迎春养牛场
	59	王瑞鹏	男	高中	北京青草山养殖户
	60	夏开鹏	女	高中	北京泊浒种植专业合作社
	61	郭英华	男	中专	北京石城双华养殖场
	62	邢 阳	男	大专	北京密云惠阳铭草莓种植屋
	63	郭海杰	男	大专	北京桃花盛开果品产销专业合作社

年度	序号	姓名	性别	学历	公司名称
2011年	64	王振	男	本科	北京淘趣格子商贸中心
	65	樊毅	男	本科	北京卓音教育科技有限公司
	66	关小争	男	大专	北京宏文博达通讯器材商店
	67	张青云	男	中专	北京金海恒信电脑维修中心
	68	于立俊	男	大专	北京俊丰快餐店
	69	赵镭	男	本科	北京绿水青山农产品专业合作社
	70	于洪光	男	初中	北京雨山虹眼镜中心
	71	杨朋	男	中专	北京红百年餐饮有限公司
	72	王雅莉	女	大专	北京虎旺肉食店
	73	赵燕舞	女	大专	北京为民宏皓冷鲜肉店
	74	王晓兰	女	大专	北京九个果子咖啡书吧
	75	李海征	男	本科	北京秋实园果品店
	76	丁奇	男	中专	北京衡平商贸中心
	77	刘马旺	男	中专	齐天汽车美容装饰
	78	周泰	男	本科	顺兴昌（北京）生物科技有限公司
	79	刘映麟	女	本科	北京东华盛康科技发展有限公司
	80	郑世杰	男	本科	北京若唯世纪科技有限公司
	81	张宸铭	男	本科	北京圣亚视格文化传播有限公司
	82	韩冰	男	中专	北京缤纷蜗牛文化传播有限公司
	83	王际凯	男	大专	北京友速众成商贸有限责任公司
	84	赵金星	男	本科	千宠百爱宠物生活馆
	85	陈泓男	女	大专	北京妈咪驾到摄影中心
	86	黄悌	男	本科	北京校友记文化传播有限公司

年度	序号	姓名	性别	学历	公司名称
	87	马颜菊	女	本科	北京万联同飞信息科技有限公司
	88	张　楠	女	高中	美轩艺雅工艺品店
	89	孔令旺	男	高中	北京缘梦红工艺美术品店
	90	郭燕超	男	本科	北京享盛名灯具城（筹划中）
	91	张海东	男	初中	北京海东立萍运输户
	92	杨春明	男	大专	北京谷峪香果蔬产销专业合作社
	93	陈伟杰	男	大专	北京圣水山种植专业合作社
	94	刘　硕	男	大专	温室蔬菜大棚种植
	95	赵丰丰	女	硕士	百优同行（北京）教育科技有限公司
	96	唐　可	男	大专	北京艾斯雷克科贸有限公司
	97	赵　烨	男	本科	北京瑞视宝科技有限公司
	98	张　楠	男	本科	北京美品美啡食品有限公司
	99	殷思源	男	本科	北京甲子思志文化发展有限公司
	100	刘　诚	男	硕士	北京硕客爱能科技有限公司
	101	张瀚文	男	本科	迈思麦田教育科技有限责任公司
	102	王家晨	男	本科	北京青藤教育科技有限责任公司
	103	李红刚	男	高中	北京德宇艺轩工艺品店
	104	赵　琪	男	本科	北京尚美康源科贸有限公司
	105	吴　静	女	本科	国维在线（北京）电子技术开发公司
	106	曹小明	男	高中	北京兴瑞权新型材料有限公司
	107	尹鹏超	男	本科	北京非鱼和朋友们文化传播有公司
	108	陈志勇	男	高中	北京市全通文化传媒有限公司
	109	姜　竹	女	本科	The Bloom 花开摄影机构

年度	序号	姓名	性别	学历	公司名称
2012年	110	刘　咏	男	本科	北京船长日记咖啡店有限责任公司
	111	刘士强	男	中专	北京财运强食品经营部
	112	许晶晶	男	高中	北京钓天下渔具店
	113	刘建洋	男	专科	北京梦蝶堂工艺品店
	114	刘佳豪	男	大专	北京中捷无忧网科技有限公司
	115	李　鹏	男	本科	北京香谷源生态农业科技开发公司
	116	王　杨	男	硕士	创新与创意产业的社交型孵化器
	117	张　博	男	专科	北京点心格信息技术有限公司
	118	赵春祎	男	硕士	北京找步客科技发展有限公司
	119	陈海荣	男	专科	北京宜人迪文化用品有限责任公司
	120	赵丽丽	女	本科	瀚崴机电设备（北京）有限公司
2013年	121	李　磊	男	本科	北京满蹊景观规划设计有限公司
	122	骆小荣	女	中专	北京恒晟博达投资咨询有限公司
	123	王利娟	女	本科	北京谷运发建材批发
	124	吴海涛	男	专科	北京市爱上美睫化妆品店
	125	于清华	女	本科	北京九易才聚文化发展有限公司
2014年	126	孙立峰	男	高中	北京靓车会友汽车用品有限公司
	127	程　辉	男	专科	北京鼓手之家文化交流有限公司
	128	周桐丞	男	本科	北京金英才教育咨询有限公司
2015年	129	金文涛	男	专科	北京金果开心科技有限公司
	130	韩雪松	男	大专	北京漫爱传媒顾问有限公司
	131	关　珊	女	硕士	北京希尔格文化艺术有限公司

·附录（六）

历年荣获省级以上单位先进集体、先进个人名录

年度	授予机关	授予奖项	获奖单位／获奖个人
1995 年	共青团北京市委员会	集体"五四奖状"	北京市青年宫
	共青团北京市委员会	"北京市青年宫建设功勋奖"荣誉称号	苏芮祥
	共青团北京市委员会	"北京市青年宫建设功勋奖"荣誉称号	赵东鸣
	共青团北京市委员会	"北京市青年宫建设功勋奖"荣誉称号	郭钟麟
	共青团北京市委员会	"北京市青年宫建设功勋奖"荣誉称号	冯松青
	共青团北京市委员会	"北京市青年宫建设功勋奖"荣誉称号	铁国杰
	共青团北京市委员会	"北京市青年宫建设功勋奖"荣誉称号	高世英
	共青团北京市委员会	"北京市青年宫建设功勋奖"荣誉称号	丁峰
	共青团北京市委员会	"北京市青年宫建设奖"荣誉称号	孙明路
1996 年	北京市委机关党工委	北京市先进党支部	北京市青年宫
	北京市委宣传部办公厅文化局联合授予	北京市九六年度最佳夏日广场	北京市青年宫
	北京市财政局	市级财务决算编报先进单位	北京市青年宫
	北京市公安局	市级治安先进单位	北京市青年宫

年度	授予机关	授予奖项	获奖单位/获奖个人
1997 年	共青团中央	全国青少年"千宫百万"系列培训竞赛先进集体	北京市青年宫
	北京市财政局	北京市财务决算编审先进单位	北京市青年宫
	北京市国有资产管理局	北京市国有资产统计报表先进单位	北京市青年宫
	共青团中央	全国青少年"千宫百万"系列培训竞赛先进个人	马黎
1998 年	北京市科学技术委员会	北京市先进科普工作者	郑文莲
1999 年		北京市语言文字先进集体	北京市青年宫
	北京市节水办公室	节水先进个人	石海松
	北京市三电办公室	节电先进个人	孟祥彪
	共青团中央	中国保护未成年人优秀公民	宗春山
	共青团中央	"千宫百万知识技能竞赛"先进个人	楚谊
2000 年	共青团中央、文化部	全国先进青少年宫	北京市青年宫
	北京市公安局	经保系统先进集体	北京市青年宫
	共青团中央、文化部	全国优秀青少年宫工作者	冯松青
2001 年	中共北京市委组织部 中共北京市委宣传部 中共北京市委政法委员会 北京市公安局 北京市民政局 北京市人事局 北京市防范和处理邪教问题办公室	北京市同法轮功邪教组织斗争先进集体	北京市青年宫
	第 21 届世界大学生运动会筹备委员会	第 21 届世界大学生运动会筹备组织工作先进集体	北京市青年宫
2002 年	北京市公安局	2002 年安全保卫工作集体奖	北京市青年宫

年度	授予机关	授予奖项	获奖单位/获奖个人
2003 年	共青团中央	全国先进青年宫	北京市青年宫
	中影公司	全国电影放映前三十名影院奖	北京市青年宫
	北京市登山协会	北京市登山先进集体	北京市青年宫
	北京市文化局	电影放映优秀奖	北京市青年宫
	北京市新影联公司	电影票款首次超七百万元奖	北京市青年宫
	北京市直机关党委	优秀基层党组织	北京市青年宫
		全国青少年宫先进工作者	刘岩
		全国青少年宫优秀教师	张秀艳
2004 年	共青团中央	全国青年创业培训先进单位	北京市青年宫
	共青团中央	"小海归"项目获"第七届共青团精神文明建设'五个一工程'优秀文化活动奖"	北京市青年宫
	北京市财政局	行政事业单位决算先进单位	北京市青年宫
	北京市消防局	2004 年度消防工作先进集体	北京市青年宫
2005 年	中央宣传部 教育部 国家广电总局 国家体育总局 全国妇联 中央文明办 文化部 新闻出版总署 共青团中央 中国科协	中国青少年社会教育银杏奖	北京市青年宫
		青少年校外活动示范基地	北京市青年宫
	奥利匹克文化节组委会	第三届奥林匹克文化节优秀组织奖	北京市青年宫

年度	授予机关	授予奖项	获奖单位/ 获奖个人
2006 年	中国青少年宫协会	"公益电影快车"系列活动荣获"为孩子鼓掌"主题活动"最佳活动组织奖"	北京市青年宫
	中国青少年宫协会	2006全国中小学生"绿色梦想，彩绘奥运"绘画比赛荣获"为孩子鼓掌"主题活动"最佳活动奖"	北京市青年宫
	中国青少年宫协会	"激情奥运，舞动北京"——首都青年街舞大赛荣获"为孩子鼓掌"主题活动"最佳活动展示奖"	北京市青年宫
	中国青少年宫协会	"小海归"寻根文化夏令营荣获"为孩子鼓掌"主题活动"最佳活动创意奖"	北京市青年宫
	第11届国际田联世界青年田径锦标赛组委会	"做出突出贡献"奖	北京市青年宫
	奥林匹克文化节组委会	"激情奥运 创意无限"——首都青年创意精品展演活动荣获"优秀组织"奖	北京市青年宫
	中国青少年宫协会	"小海归"双语文化培训项目获得"为孩子鼓掌"主题活动"优秀辅导奖"	高双萍
	第11届国际田联世界青年田径锦标赛组委会	"优秀工作者"奖	牛爽、廉伊杰、赵永红
	共青团北京市委员会	市直机关优秀党务工作者	徐桂敏
	共青团北京市委员会	2005-2006年度团市委系统优秀共产党员	贾宁
	全国青少年校外教育工作联席会议办公室 中国青少年宫协会	"为孩子鼓掌"主题活动最佳辅导员奖	高双萍
	共青团北京市委员会	2005—2006年度团市委系统优秀党务工作者	刘建茹
2007 年	北京市委宣传部 首都精神文明办 北京市文化局	"家庭文化艺术节"荣获"优秀活动组织工作奖"	北京市青年宫
	共青团北京市委员会	"北京市青年岗位能手"称号	刘畅
	北京市青少年校外教育工作联席会议办公室	"北京校外教育"网站信息征集工作优秀信息员	贾宁
	北京市财政局	北京市财政决算和部门决算先进单位二等奖	北京市青年宫
	第29届奥林匹克运动会组织委员会	北京奥运会、残奥会开闭幕式筹备工作突出贡献奖	北京市青年宫

年度	授予机关	授予奖项	获奖单位 / 获奖个人
2008 年	第 29 届奥林匹克运动会组织委员会	北京奥运会、残奥会志愿者工作突出贡献奖	北京市青年宫
	北京 2008 奥林匹克青年营场馆团队	奥林匹克青年营杰出贡献单位	北京市青年宫
	中共北京市委 北京市人民政府 北京奥组委	北京奥运会、残奥会先进集体	北京市青年宫
	北京"2008"城市奥运文化活动协调小组	2008 城市奥运文化活动优秀组织奖	北京市青年宫
	共青团北京市委员会	2007—2008 年度优秀共产党员	贾宁
	共青团北京市委员会	"北京市青年岗位能手"荣誉称号	贾宁
	北京市青少年校外教育工作联席会议办公室	"北京校外教育"网站优秀信息员	贾宁
	北京市妇女联合会	"奥运巾帼奉献奖"	赵永红
	奥组委	"为北京 2008 年奥运会、残奥会奥林匹克教育做出突出贡献"	赵永红、邢秋成、王珍、康亚琴
	中国共产党四川省委员会 四川省人民政府	四川省抗震救灾模范	熊汉忠
2009 年	国庆 60 周年北京市筹备委员会联欢晚会指挥部	首都国庆 60 周年突出贡献奖	北京市青年宫
	国庆 60 周年联欢晚会指挥部	"为国庆 60 周年联欢晚会做出突出贡献"	赵永红、冯希远、王珍、康亚琴、邢秋成
2010 年	共青团北京市委员会	北京团市委系统优秀共产党员荣誉称号	康亚琴、高双萍
	北京教育考试院	2008—2009 年度北京市剑桥少儿英语考试先进个人	张秀艳
2011 年	共青团北京市委员会	"团市委系统 2010—2011 年度优秀共青团员"	王珍
	北京国际电影节组委会	"第一届北京国际电影节先进个人"	李鹏、王艳、刘金祥
2012 年	北京市直机关党委	优秀基层党组织	北京市青年宫

年度	授予机关	授予奖项	获奖单位/获奖个人
	共青团北京市委员会	2012 年度团市委系统优秀共产党员	刘建茹
	共青团北京市委员会	北京青年中心工程突出贡献奖	马巽
	共青团北京市委员会	北京青年中心工程先进个人	王萌、刘洁、吕超
	共青团北京市委员会	北京团市委机关 2012 年度优秀共产党员	任业雄
	共青团北京市委员会		张晓彦
	北京国际电影节组委会	"第二届北京国际电影节先进个人"	王艳、王洪霞、张妍
2013 年	共青团北京市委员会	2013 年青年文明号	北京市青年宫
	共青团北京市委员会	2013 年度北京共青团信息工作先进个人	张亮
2014 年	2014 亚太经合组织会议北京市筹备工作领导小组	2014 年亚太经合组织会议积极贡献奖	北京市青年宫
	APEC 组委会	积极贡献证书	康亚琴、冯希远、毕建峰、王珍、邢秋成、赵永红
	北京市民政局北京市人力资源和社会保障局	北京市社会组织系统先进个人	米晓蕾
	共青团北京市委员会北京市人力资源和社会保障局	优秀团干部	李昂
2015 年	北京国际田联世界田径锦标赛组委会	2015 年北京国际田联世界田径锦标赛最佳支持单位	北京市青年宫
	中国关心下一代工作委员会中央精神文明建设指导委员会办公室	"全国关心下一代工作先进工作者"荣誉称号	冯松青
	北京国际田联世界田径锦标赛组委会	突出贡献荣誉证书	康亚琴、冯希远
	共青团北京市委员会	2015 年度北京共青团信息工作先进个人	张亮

后 记

在北京市青年宫主任会的领导下，经过青年宫全体员工的共同努力，这本详细记录北京市青年宫发展历程的《北京市青年宫志》终于问世了。

在这本志书中，详细记载了北京市青年宫党委、主任会、工会、团总支、办公室、人事部、信息中心、计财部、物业部、改扩建办公室、创业就业办公室、减压中心、剧场部、活动部、培训部、康体中心、健身中心、猎头中心等部门和机构，自1995年至2015年20年间所开展的助推青年宫发展的各项工作和活动。

编辑志书的目的在于"存史、资政、育人"。从《北京市青年宫志》所记载的工作和活动中，我们可以看出青年宫的各级领导和全体员工为了青年宫的发展呕心沥血的奉献精神和创造精神，更可以看出青年宫一步一个脚印的艰辛发展历程。"前事不忘，后世之师"，后人从这本志书中一定能够体会到老一辈青年宫人对自己所追求事业的奋斗精神，并从中受到深刻的教育和启迪。

在编辑《北京市青年宫志》的过程中，得到了青年宫各部门领导和员工的大力帮助与支持，同时也得到了原北京市教育年鉴编辑部马志鹏先生等人的真诚帮助和支持，在此对他们的付出表示深深的谢意！

由于编辑人员水平有限、资料不完整、时间仓促等原因，在这本《北京市青年宫志》编写过程中，可能会存在错误、疏忽、遗漏之处，敬请各位读者给予批评指正，以便在今后的工作中加以改进。

编 者

2016年1月